Crônicas anticapitalistas

Liliana Porter, *To Fix It (Man With Blue Shirt)*, 2018.

Liliana Porter, *To Fix It (Wall Clock IV)*, 2018.

David Harvey

Crônicas anticapitalistas
um guia para a luta de classes no século XXI

Tradução
Artur Renzo

© David Harvey, 2020
© desta edição, Boitempo, 2024
Título original: *The Anti-Capitalist Chronicles*

Direção-geral Ivana Jinkings
Edição e tradução Artur Renzo
Coordenação de produção Livia Campos
Assistência editorial Marcela Sayuri
Preparação Marina Ruivo
Revisão Gabriela Rocha
Capa e diagramação Antonio Kehl sobre instalação de Liliana Porter, *To Fix It (Man With Blue Shirt)*, 2018

Equipe de apoio Ana Slade, Davi Oliveira, Elaine Ramos, Frank de Oliveira, Frederico Indiani, Higor Alves, Isabella de Oliveira, Isabella Meucci, Ivam Oliveira, Kim Doria, Letícia Akutsu, Luciana Capelli, Marina Valeriano, Mateus Rodrigues, Maurício Barbosa, Pedro Davoglio, Raí Alves, Renata Carnajal, Thais Rimkus, Tulio Candiotto

---

CIP-BRASIL. CATALOGAÇÃO NA PUBLICAÇÃO
SINDICATO NACIONAL DOS EDITORES DE LIVROS, RJ

H271c
    Harvey, David, 1935-
    Crônicas anticapitalistas / David Harvey ; tradução Artur Renzo. - 1. ed. - São Paulo : Boitempo, 2024.
    23 cm.

    Tradução de: The anti-capitalist chronicles
    ISBN 978-65-5717-367-1

    1. Capitalismo. 2. Globalização – Aspectos econômicos. I. Renzo, Artur. II. Título.

24-91413   CDD: 330.122
                  CDU: 338.1

Gabriela Faray Ferreira Lopes - Bibliotecária - CRB-7/6643

Este livro compõe a 43ª caixa do clube Armas da Crítica.

É vedada a reprodução de qualquer parte deste livro sem a expressa autorização da editora.

1ª edição: maio de 2024

BOITEMPO
Jinkings Editores Associados Ltda.
Rua Pereira Leite, 373
05442-000 São Paulo SP
Tel.: (11) 3875-7250 / 3875-7285
editor@boitempoeditorial.com.br
boitempoeditorial.com.br | blogdaboitempo.com.br
facebook.com/boitempo | twitter.com/editoraboitempo
youtube.com/tvboitempo | instagram.com/boitempo

Sumário

Prefácio – *Jordan T. Camp* 7

Nota dos editores – *Jordan T. Camp e Chris Caruso* 15

Nota do autor – *David Harvey* 19

1. Mundo em turbulência 21

2. Uma breve história do neoliberalismo 33

3. Contradições do neoliberalismo 41

4. A financeirização do poder 49

5. A guinada autoritária 57

6. Socialismo e liberdade 67

7. A importância da China na economia mundial 77

8. A geopolítica do capitalismo 91

9. A síndrome do crescimento 111

10. A erosão das escolhas do consumidor 121

11. Acumulação primitiva ou originária 129

12. Acumulação por despossessão 137

13. Produção e realização 145

14. Emissões de dióxido de carbono e mudança climática 153

15. Taxa *versus* massa de mais-valor 161

16. Alienação 169

17. Alienação no trabalho: a política de um fechamento
    de fábrica 183

18. Política anticapitalista em tempos de coronavírus 195

19. A resposta coletiva a um dilema coletivo 205

Questões e leituras para aprofundar a discussão 217

Agradecimentos 227

Índice 229

Prefácio

Jordan T. Camp

Este livro foi concebido como uma intervenção nos debates em torno da crise do capitalismo neoliberal e da renovação da esquerda socialista. Ele foi desenvolvido a partir de discussões realizadas no The People's Forum, uma incubadora de movimentos sociais e espaço cultural e educacional sediado na cidade de Nova York. Nessa empreitada, tivemos a sorte de dialogar com movimentos políticos e sociais dos Estados Unidos e do Sul global, incluindo o Movimento dos Trabalhadores Rurais Sem Terra (MST), no Brasil; o Abahlali baseMjondolo, movimento sul-africano de moradores de favelas, e o Sindicato Nacional dos Metalúrgicos da África do Sul (NUMSA, na sigla em inglês); e, na América do Norte, o Poor People's Campaign, o movimento Fight for $15 e uma série de movimentos antiguerra, entre outros. Nessas lutas, vemos o surgimento de novas visões de transformações sociais fundamentais. Temos o imenso orgulho de trabalhar em colaboração com um dos principais estudiosos marxistas dos Estados Unidos e do mundo, a saber, David Harvey.

Poucos possuem a clareza e antevisão desse teórico marxista mundialmente renomado. Desde a publicação, em 2005, do seu *best-seller A brief history of neoliberalism**, Harvey tem acompanhado a evolução do capitalismo neoliberal, bem como as marés de oposição radical que se levantam contra ele. Agora, em meio a ondas de crise econômica, luta de classes e reação neofascista, Harvey esquadrinha as possibilidades de alternativas socialistas ao capitalismo e elucida como a transição para o socialismo pode e deve ser organizada pelos movimentos. Este *Crônicas anticapitalistas* apresenta suas reflexões sobre crise e possibilidade hoje, trazendo

---

* A edição brasileira saiu no mesmo ano da original: *O neoliberalismo: história e implicações* (trad. Adail Sobral e Maria Stela Gonçalves, São Paulo, Loyola, 2005). (N. E.)

uma atualização e um balanço lúcido dos anos que se seguiram à publicação do livro sobre neoliberalismo.

Enquanto há obras que decretam a morte do neoliberalismo, este livro insiste que o projeto neoliberal continua bastante vivo ainda que enfrente – e este dado é importante – uma crise de legitimidade. Incapaz de manejar o consentimento de que gozava no passado, o neoliberalismo passou a desenvolver alianças com o neofascismo a fim de garantir a sua sobrevida. A ascensão de forças reacionárias nacionalistas e violentas não é, portanto, acessória nem acidental à sobrevivência do capitalismo; como argumenta Harvey, essa violência tem estado presente desde o seu início sangrento[1]. Em seu livro de 2005, Harvey argumentou que o golpe militar apoiado pela CIA no Chile em 1973 marcou um momento crítico na virada para o neoliberalismo. Naquela época, o presidente dos Estados Unidos, Richard Nixon, mandou a CIA "fazer a economia gritar" no Chile a fim de evitar que o socialista democraticamente eleito Salvador Allende, chegasse ao poder ou então para preparar sua destituição. Allende foi empossado presidente, mas as forças democráticas foram violentamente reprimidas pelo exército. Em nosso momento atual marcado por golpes patrocinados pelos Estados Unidos na América Latina, apoio estadunidense à extrema direita e repressão aos movimentos políticos de esquerda no hemisfério, as elaborações de Harvey são fundamentais para entender a evolução do Estado neoliberal e, efetivamente, a luta que temos diante de nós[2].

Hoje, assim como naquela época, a ascensão do Estado neoliberal é inconcebível fora das lutas de classe travadas nos Estados Unidos e no mundo. Nas décadas de 1960 e 1970, eclodiam lutas socialistas e de libertação nacional pela África, Ásia e América Latina. Essas lutas estavam ligadas a uma geografia em expansão de insurgências urbanas na América do Norte e na Europa. As lutas anti-imperialistas travadas em lugares como o Vietnã estavam concretamente conectadas com os levantes que ocorriam em lugares como Watts, em 1965, e Detroit, em 1967. Tomadas no seu conjunto, essas lutas levaram a uma crise de hegemonia do capital e do Estado. A resposta política das forças estatais e capitalistas a essa crise produziu uma nova conjuntura histórica e geográfica. A ascensão do neoliberalismo não pode ser compreendida fora desse contexto global de insurgência[3].

---

[1] Jipson John e Jitheesh P.M., "'The Neoliberal Project is Alive but Has Lost its Legitimacy': An Interview with David Harvey", *The Wire*, 16 fev. 2019, disponível on-line.

[2] Richard Nixon citado em Peter Kornbluh, "Chile and the United States: Declassified Documents Relating to the Military Coup, September 11, 1973", *National Security Archive Electronic Briefing Book*, n. 8, disponível on-line; David Harvey, *A Brief History of Neoliberalism* (Oxford, Oxford University Press, 2005), p. 7-9.

[3] David Harvey, *Os limites do capital* (trad. Magda Lopes, São Paulo, Boitempo, 2015), p. 13-4; Vijay Prashad, *The Poorer Nations: A Possible History of the Global South* (Nova York, Verso, 2012), p. 5;

Nesse período, como descreveu Harvey, os interesses da classe dominante revelaram-se desconectados dos interesses das massas. O aumento dos gastos com guerra e militarismo, incluindo políticas de encarceramento em massa e policiamento, contribuiu para uma crise de legitimidade. A fim de resolver tal crise, os Estados capitalistas promoveram políticas autoritárias e soluções de livre-mercado. São esses esforços que marcam o início da guinada neoliberal. Essa contrarrevolução neoliberal global, vale lembrar, foi produto de lutas políticas e da luta de classes; lutas que poderiam ter tido, e que ainda podem vir a ter, desfechos diferentes[4].

Junto com o desenvolvimento do Estado neoliberal, temos visto a produção de um senso comum historicamente específico. Harvey emprega o conceito de senso comum conforme o fez o marxista italiano Antonio Gramsci para descrever as "suposições e crenças bastante difundidas" que asseguram o consentimento com a coerção[5]. O senso comum obscurece as fontes dos problemas políticos e econômicos por meio de narrativas culturalistas e nacionalistas sobre raça, gênero, sexualidade, religião, família, liberdade, corrupção e lei e ordem. Essas narrativas foram mobilizadas para garantir o consentimento com aquilo que Harvey descreve como a "restauração do poder de classe". Ele observa que, quando as questões políticas são disfarçadas como narrativas culturais, fica difícil dar uma resposta adequada a elas. O furacão Katrina que atingiu a cidade de Nova Orleans em 2005, por exemplo, representou uma catástrofe ambiental que exigia planos de evacuação organizados pelo Estado, a implantação de medidas emergenciais de saúde pública e a distribuição de alimentos e medicamentos. Essa catástrofe foi reapresentada de maneira racista como uma crise de lei e ordem, a ser resolvida pelo Estado por meio de polícia, intervenção militar e armas. Foi essa redefinição que legitimou a realocação das verbas federais, as quais, em vez de irem para esforços de sobrevivência, escoaram para finalidades repressivas e investimentos corporativos, um claro projeto de restauração do poder de classe[6].

Jordan T. Camp, *Incarcerating the Crisis: Freedom Struggles and the Rise of the Neoliberal State* (Oakland, University of California Press, 2016); Neil Smith, *Uneven Development: Nature, Capital, and the Production of Space* (Atenas, University of Georgia Press, 2010), p. 240.

[4] Giovanni Arrighi, *Adam Smith em Pequim: origens e fundamentos do século XXI* (trad. Beatriz Medina, São Paulo, Boitempo, 2007), p. 163-5; Ruth Wilson Gilmore, *California gulag: prisões, crise do capitalismo e abolicionismo penal* (trad. Bruno Xavier, São Paulo, Igrá Kniga, 2023); Jordan T. Camp, "The Bombs Explode at Home: Policing, Prisons, and Permanent War," *Social Justice*, v. 2-3, n. 44, 2017, p. 21; Gillian Hart, "D/developments after the Meltdown," *Antipode*, v. 41, n. S1, 2009, p. 117-41; Jordan T. Camp, *Incarcerating the Crisis*, cit.

[5] Antonio Gramsci, *Selections from the Prison Notebooks* (Nova York, International Publishers, 2003), p. 323, 328 [ed. bras.: *Cadernos do cárcere*, v. 1, trad. Carlos Nelson Coutinho, Rio de Janeiro, Civilização Brasileira, 1999, p. 93-113].

[6] David Harvey, *A Brief History of Neoliberalism*, cit., p. 39; Clyde Woods, *Development Drowned and Reborn: The Blues and Bourbon Restorations in Post-Katrina New Orleans* (Atenas, University of Georgia Press, 2017).

Por décadas, o senso comum neoliberal circulou pelos aparatos de mídia, universidades e *think tanks*. Opondo-se a ele, diferentes movimentos anticapitalistas na África, na Ásia, nas Américas e na Europa se valeram do trabalho teórico de Harvey para contrariar essa circulação. Junto com os ciclos de protesto contra a austeridade em diversas partes do mundo – do Chile ao Líbano, passando pelo Haiti –, esses movimentos de massa de esquerda revelam que o neoliberalismo não é mais capaz de assegurar o consenso. O atual estado de coisas representa aquilo que Gramsci denominou uma "crise de autoridade": um momento em que a "classe dominante perde o consenso, ou seja, não é mais 'dirigente', mas unicamente 'dominante', detentora da pura força coercitiva", o que "significa exatamente que as grandes massas se destacaram das ideologias tradicionais, não acreditam mais no que antes acreditavam". Esse momento é imprevisível, mas oferece uma oportunidade única para os ativistas e as forças de oposição se organizarem[7].

Estas *Crônicas anticapitalistas* argumentam que, embora a legitimidade do Estado neoliberal esteja corroída, seu projeto político segue muito vivo. Atualizando sua análise de 2005, Harvey defende que hoje o neoliberalismo não tem como sobreviver sem uma aliança com o neofascismo. Para sustentar seu argumento, ele examina como o governo do presidente de extrema direita Jair Bolsonaro se valeu de violência e apelos racistas, sexistas e reacionários ao senso comum como forma de promover um modelo neoliberal no Brasil. Ele destaca as semelhanças com o regime de Augusto Pinochet, alçado ao poder no Chile por meio de um golpe militar apoiado pela CIA. Ao longo de sua carreira política, Bolsonaro elogiou a ditadura militar que governou o Brasil entre 1964 e 1984, e exaltou publicamente um sujeito que na época do regime ditatorial torturou a ex-presidente Dilma Rousseff – a qual, por sua vez, foi vítima de um "golpe parlamentar" em 2016. Bolsonaro se aproveitou de ansiedades em torno de drogas, violência e criminalidade nas favelas para angariar consentimento a um projeto neofascista que combina um ataque à democracia com um compromisso de esmagar a esquerda socialista. Como sugere Harvey, Bolsonaro explora narrativas de senso comum para restaurar o poder de classe no país e na região[8].

A ascensão de Bolsonaro foi uma expressão política da crise do capitalismo e do Estado neoliberal; uma crise na qual o sistema se revela incapaz de se sustentar

---

[7] Antonio Gramsci, *Cadernos do cárcere*, v. 3 (trad. Luiz Sérgio Henriques, Marco Aurélio Nogueira e Carlos Nelson Coutinho, Rio de Janeiro, Civilização Brasileira, 2017), p. 195; Jordan T. Camp e Jennifer Greenburg, "Counterinsurgency Reexamined: Racism, Capitalism, and U.S. Military Doctrine", *Antipode*, v. 52, n. 2, 2020, p. 430-51.

[8] Vincent Bevins, "The Dirty Problems with Operation Carwash", *The Atlantic*, 21 ago. 2019; "Secret Brazil Archive", *The Intercept*,; disponível on-line; Jordan T. Camp, "The Rise of the Right in Latin America: An Interview with Stephanie Weatherbee Brito", *The New Intellectuals*, 12 mar. 2020, disponível on-line.

da mesma maneira. A crise, como argumenta João Pedro Stedile, economista e confundador do MST no Brasil, "se caracteriza por colocar em questão a essência do modo de produção capitalista, agora sob a hegemonia do capital financeiro e das grandes corporações internacionais" que controlam a produção global. Para Stedile, a atual crise expõe de maneira dolorosa a incapacidade do capitalismo de resolver as suas contradições inerentes. Em outras palavras, o capital não tem como conciliar a acumulação irrestrita de riqueza com a satisfação das necessidades da maioria empobrecida; ele não tem programa para o povo nem para o país. O governo Bolsonaro representou uma aliança instável entre financistas da Escola de Chicago, fundamentalistas evangélicos e os setores mais conservadores do exército, oferecendo "soluções" de livre-mercado a problemas sociais, e contando com o peso total da mão repressiva do Estado e da criminalização de protestos. Stedile argumenta ainda que os neoliberais no Brasil de Bolsonaro fomentaram ativamente o mesmo conjunto de políticas estreado na ditadura chilena, só que em novo contexto. Não é à toa que o governo brasileiro de extrema direita foi apoiado pela gestão Trump, que ativamente promoveu uma estratégia abertamente agressiva na América Latina[9].

Em 2010, Harvey participou do Fórum Social Mundial, em Porto Alegre. Na sua palestra, intitulada "Organizing for the Anti-Capitalist Transition" [Organizando para a transição anticapitalista], ele argumentou que a crise de hegemonia que tomou forma depois da crise financeira global de 2007-2008 representava uma oportunidade de construir um movimento anticapitalista verdadeiramente global. Harvey sugeriu que não era possível responder plenamente à questão leniniana sobre "o que fazer?" sem a formação de organizações políticas capazes de se apoderar do poder estatal e articular soluções alternativas para "futuras crises, que o capitalismo vai sempre gerar, com resultados cada vez mais mortíferos". E concluiu dizendo que "a questão de Lênin exige uma resposta"[10].

Para respondê-la hoje, Harvey defende a construção de movimentos anticapitalistas com o objetivo estratégico de controlar "tanto a produção quanto a distribuição de excedentes". O germe desse movimento começa a se tornar evidente à medida que as lutas se radicalizam e passam a compreender que a fonte de seus problemas é sistêmica e estrutural, "em vez de particular e local". Aqui, observa Harvey, "a figura do 'intelectual orgânico', de que tanto falou Antonio Gramsci, o autodidata que passa a compreender o mundo em primeira mão por meio de

---

9 João Pedro Stedile, "Contemporary Challenges for the Working Class and Peasantry in Brazil", *Monthly Review*, 1 jul. 2019, disponível on-line

10 David Harvey, "Organizing for the Anti-Capitalist Transition", conferência no Fórum Social Mundial de 2010, Porto Alegre, Brasil, disponível on-line no site oficial do autor, davidharvey.org.

12 / Crônicas anticapitalistas

experiências amargas mas molda sua compreensão do capitalismo de maneira mais geral, tem muito a nos dizer". A esse respeito, Harvey sugere que é imperativo aprender a escutar os intelectuais orgânicos de movimentos políticos e sociais no Brasil, na Índia e em todo o Sul global. "Nesse contexto", ele escreve, "a tarefa [...] é amplificar a voz subalterna para que sejam iluminadas as circunstâncias de exploração e repressão, bem como as respostas que podem vir a dar forma a um programa anticapitalista"[11].

Estas *Crônicas anticapitalistas* fazem parte desse esforço mais amplo de dar forma a um programa anticapitalista em meio a um momento ilustrativo da perversidade do neoliberalismo. Escrevo este prefácio em um momento em que a pandemia de covid-19 está assolando os Estados Unidos e o mundo. Enquanto as pessoas nos Estados Unidos precisam desesperadamente receber cuidados médicos, suprimentos protetivos emergenciais e recursos federais para dar conta de pagar seus aluguéis, comprar alimentos e permanecer vivos, a gestão Trump está procurando redefinir a crise a partir de narrativas racistas e nacionalistas. Em vez de investir na vida, sua gestão está defendendo que as pessoas voltem a trabalhar pelo "bem do país" e que os recursos federais continuem sendo direcionados para bancos e corporações, em vez de serem usados para intervenções médicas emergenciais. Com *As crônicas anticapitalistas*, Harvey ajuda ativistas a "extraírem significados políticos" dessas construções culturais que desviam a atenção do que é essencial[12]. Ao iluminar as causas e consequências da atual crise, Harvey demonstra que "no fundo não existe isso de desastre natural". Na verdade, como ele argumenta, as últimas quatro décadas de políticas neoliberais deixaram o público "totalmente exposto e mal-preparado para enfrentar uma crise de saúde pública deste tipo". A sobrevivência dependerá da superação dessas condições[13].

Neste presente momento, a irracionalidade das soluções neoliberais à crise se mostra mais vívida do que nunca. Os ideólogos da extrema direita estão defendendo que os pobres, os doentes e os idosos sacrifiquem as suas vidas ao irem ao trabalho pelo suposto bem da "nação". É evidente que o capital não tem como adotar soluções de livre-mercado à crise e ao mesmo tempo satisfazer as necessidades da maioria empobrecida. Os pobres, a classe trabalhadora e os despossuídos estão sendo tratados basicamente como descartáveis, ao mesmo tempo que seu trabalho é reconhecido como essencial. "Os índices de desemprego quase certamente chegarão a níveis comparáveis aos anos 1930", alerta Harvey, "se não houver intervenções do Estado que contrariem minimamente o dogma neoliberal." Essa

---

[11] Ibidem.
[12] David Harvey, *A Brief History of Neoliberalism*, cit., p. 39.
[13] Idem, "Política anticapitalista em tempos de coronavírus", capítulo 18 deste volume.

situação sem dúvida representa uma crise. Como mostra Harvey, ela também apresenta uma oportunidade sem precedentes de agir a contrapelo. Um esforço desses exigiria educação popular e mobilização política a fim de ilustrar as possibilidades de uma alternativa socialista. Esse, como nos mostra Harvey, é o imperativo anticapitalista do nosso tempo. Esperamos que este livro ajude todas as pessoas que se encontram engajadas nessa luta[14].

---

[14] Ibidem; "Coronavirus and the Crisis of Capitalism", *New Frame*, 13 mar. 2020, disponível on-line.

Nota dos editores

Jordan T. Camp e Chris Caruso

Neste livro, um dos principais geógrafos marxistas e teóricos do capitalismo contemporâneo intervém na conjuntura atual. David Harvey fornece observações oportunas e intervenções incisivas sobre acontecimentos e debates atuais. Propicia, igualmente, um arcabouço teórico marxista para analisar aspectos pouco considerados das lutas anticapitalistas e suas conexões internacionais.

Poucos autores estão mais bem situados para discutir a crise capitalista em curso e a atual encruzilhada de possibilidades políticas. Um dos principais teóricos no campo dos estudos urbanos, quem o *Library Journal* denominou "um dos geógrafos mais influentes da segunda metade do século XX", David Harvey é professor emérito de antropologia e ciências ambientais e da Terra na pós-graduação da Universidade da Cidade de Nova York (Cuny), e autor de mais de vinte livros.

Harvey é convidado a falar no mundo todo não apenas em *campi* universitários e institutos, mas também em acampamentos sem-teto, ocupações urbanas, escolas de educação popular, prisões, encontros de ativistas e muito mais. É um intelectual público em diálogo com dezenas de movimentos sociais em todo o globo. Ele obteve o seu PhD na Universidade de Cambridge e foi professor de geografia na Johns Hopkins, foi Miliband Fellow na London School of Economics e professor Halford Mackinder de geografia em Oxford.

Embora tenha sido apontado como um dos autores mais citados nas humanidades e ciências sociais, desde a publicação de *O novo imperialismo,* em 2003, Harvey tem se concentrado cada vez mais em escrever para um público popular, em livros como *O neoliberalismo: história e implicações* (2005), *O enigma do capital* (2010), *Dezessete contradições e o fim do capitalismo* (2014) e *A loucura da razão econômica: Marx e o capital no século XXI* (2017).

16 / Crônicas anticapitalistas

Além dessas publicações, Harvey também tem sido inovador no uso do espaço da internet por mais de uma década. Com mais de 180 mil seguidores no X, antigo Twitter (@profdavidharvey), ele tem um site (davidharvey.org) e uma presença muito ativa nas mídias sociais. O demógrafo sênior do Pew Research Center, Conrad Hackett, divulgou uma lista dos sociólogos mais seguidos no Twitter em 2017 e David Harvey figurou em quarto lugar. Hackett também citou uma lista dos maiores economistas no Twitter, por número de seguidores, na qual Harvey aparecia em 15ª colocação. O fato de ele ser o único nome a comparecer nas duas listas, mesmo não sendo nem sociólogo nem economista, já é um demonstrativo da sua ampla influência.

O presente livro é inspirado no *Anti-Capitalist Chronicles*, um podcast quinzenal em que Harvey analisa o capitalismo contemporâneo por meio de lentes marxistas. A iniciativa é viabilizada pela Democracy at Work, uma organização sem fins lucrativos que promove atividades midiáticas e presenciais. O trabalho deles encara o capitalismo como um problema sistêmico que requer soluções sistêmicas. Este não é o primeiro livro inspirado pelos projetos digitais de David Harvey. Em 2008, ele e o coeditor Chris Caruso produziram "Lendo *O capital*, de Marx, com David Harvey", um curso em vídeo on-line e gratuito. Seus cursos on-line, junto com seu site, atraíram um enorme público global, tendo acumulado mais de 4,5 milhões de visualizações em mais de duzentos países. Esse público se mobilizou de várias maneiras, incluindo a iniciativa autônoma de organizar centenas de grupos de estudos sobre *O capital* em todo o mundo e a empreitada espontânea de traduzir coletivamente as aulas do professor Harvey sobre o Livro I para 45 idiomas.

O êxito viral das aulas a respeito d'*O capital* ajudou a reavivar o interesse em estudar Marx, que havia arrefecido desde a queda do Muro de Berlim em 1989. O curso on-line "Lendo *O capital*, de Marx" antecipou o desenvolvimento posterior dos Cursos On-line Abertos e Massivos (MOOCs, na sigla em inglês) e representou uma inovação em tecnologia educacional que hoje é amplamente emulada. Essas aulas on-line inspiraram as obras *Para entender* O capital: *Livro I* (2013) e *Para entender* O capital: *Livros II e III* (2014).

A análise apresentada neste *Crônicas anticapitalistas* é essencial para ajudar movimentos políticos e sociais (bem como o público em geral preocupado com as injustiças) a mapearem o terreno atual da luta de classes. Escrito no estilo de uma conversa informal, o volume oferece um novo e acessível ponto de entrada para o conjunto mais amplo de sua obra. É proveitoso tanto para leitores de primeira viagem de David Harvey, quanto para quem já é bem versado nos seus escritos. Ao final do livro, acrescentamos sugestões de leitura para aprofundar os assuntos abordados, além de questões para discussão referentes a cada capítulo. Partindo do fenômeno global de grupos de estudos que estão surgindo espontaneamente em torno do curso de Harvey sobre *O capital*, estruturamos esta obra para ser usada como ferramenta de educação popular por militantes, ativistas e organizadores políticos, e também para ser utilizada em contextos mais formais de sala de aula.

Ao longo dos dezenove capítulos do livro, Harvey aborda questões contemporâneas como a concentração do poder financeiro e monetário na economia, a pandemia de covid-19, os fechamentos de fábricas da General Motors, a aliança entre neoliberais e neofascistas que está surgindo no Brasil e no mundo, a importância da China na economia global, as atuais emissões de dióxido de carbono e as mudanças climáticas. Ele apresenta conceitos-chave do marxismo e da tradição socialista, como as origens e o desenvolvimento do capital, alienação, socialismo, liberdade e a geografia e a geopolítica da acumulação de capital. Harvey discute as tentativas e fracassos da gestão Trump em resolver a crise do neoliberalismo, bem como a necessidade de organizar uma alternativa socialista.

São tempos sombrios e perigosos. Analisar e compreender profundamente as forças armadas contra nós é tarefa necessária, e há uma urgência por alternativas visionárias de transformação da sociedade a fim de atender às necessidades de todos. O trabalho de Harvey contribui com a renovação da tradição marxista que, por mais de um século, vem servindo de farol para revolucionários em todo o mundo. Este livro busca reacender essa tradição de modo a iluminar nosso caminho à medida que enfrentamos as lutas urgentes de vida e morte do nosso tempo.

Nota do autor

David Harvey

A ideia para o podcast que veio a ser chamado de *Anti-Capitalist Chronicles* nasceu em novembro de 2018, a partir de conversas que tive com o pessoal da iniciativa de mídia Democracy at Work. Sou grato a Rick Wolff por ter posto a ideia em marcha, bem como por propiciar a infraestrutura necessária para colocar os episódios no ar. Agradeço também a Maria Carnemolla Mania pela gestão da série, e a Bryan Isom pelo seu incansável empenho em gravar e configurar os podcasts em modo *broadcast*. Fiquei um tanto surpreso, mais tarde, quando Jordan Camp e Chris Caruso vieram com a proposta de criar uma versão em livro do podcast, por intermédio da Pluto Press. De início, não estava plenamente convencido de que essa era uma boa ideia, mas agora estou seguro de sua utilidade, mesmo que apenas para fins pedagógicos, dadas as desafiadoras circunstâncias políticas contemporâneas. Em todo caso, foi uma alegria apoiar as iniciativas do recém-fundado People's Forum, em Nova York, ao transferir algumas das minhas obrigações docentes, assim como a minha biblioteca, para a esfera pública, com a ajuda dessa organização. É um prazer ajudar a lançar a Red Letter*.

Não encarei esse projeto do podcast munido de um plano geral. O que ditou o fluxo das ideias foram acontecimentos da atualidade e a evolução dos meus próprios interesses, junto com os de amigos e colegas próximos. Embora o resultado possa parecer um tanto caótico, o astuto trabalho editorial de Jordan e Chris, juntamente com sugestões feitas pela própria editora, ajudaram a dar forma ao projeto. Por fim, sou muito grato à ajuda toda que Chris Caruso tem me oferecido

---

* Selo editorial desenvolvido pelo The People's Forum, espaço educativo e incubadora social situado em Nova York. (N. E.)

ao longo dos anos no sentido de trazer a perspectiva marxista da totalidade para o *mainstream* da elaboração de estratégias anticapitalistas. São tempos perigosos, mas também oportunos para explorar novas possibilidades.

I
Mundo em turbulência

De Santiago a Beirute, passando por Bagdá, Teerã, Paris, Quito, Hong Kong, Índia, Argélia, Sudão e muito mais, a enorme explosão de lutas políticas no outono de 2019 indica que há algo cronicamente errado no mundo. Os problemas podem ser em parte atribuídos a falhas de governança democrática e a uma alienação generalizada em relação às práticas políticas dominantes. A outra queixa recorrente diz respeito ao fracasso do modelo econômico dominante, que supostamente deveria nos garantir emprego digno, colocar comida a preços acessíveis nas nossas mesas, vestir camisas nas nossas costas, calçar os nossos pés, colocar celulares nas nossas mãos e automóveis nas nossas garagens, ao mesmo tempo que deveria nos oferecer uma gama de serviços coletivos (como saúde, educação, moradia e transporte) para garantir uma qualidade de vida cotidiana razoavelmente satisfatória.

Os acontecimentos recentes no Chile* parecem ser emblemáticos não só por conta da natureza dos problemas, como também dos meios típicos pelos quais eles foram tratados em termos políticos. Acompanho a política chilena há muito tempo. Afinal, o Chile foi peça-chave na guinada neoliberal. A história é conhecida: em 1973, o general Augusto Pinochet destituiu o presidente socialista democraticamente eleito, Salvador Allende, em um golpe militar e, com a ajuda dos "Chicago Boys", fez do país um laboratório de implantação do neoliberalismo.

Em uma entrevista concedida ao *Financial Times* em outubro de 2019, o presidente chileno Sebastián Piñera, um empresário conservador, retratou o país como um "oásis" de crescimento sólido, esbanjando uma economia forte e excelentes

---

* O autor se refere à onda de protestos conhecida como *Estallido social*, que tomou as ruas chilenas entre outubro de 2019 e março de 2020. Esta intervenção foi elaborada originalmente em dezembro de 2019, quando o processo ainda estava em curso. (N. E.)

indicadores macroeconômicos. O Chile, insistia ele, estava melhor do que nunca e era um modelo para o resto da América Latina*. Cerca de três semanas depois, os jornais de todo o mundo noticiavam um levante sério em curso no Chile. A questão inicial era um aumento nas tarifas de metrô. Assim como haviam feito em 2006, estudantes de ensino médio foram às ruas se manifestar contra o aumento. Piñera, do conforto de um restaurante de luxo, prometeu conter a turba de arruaceiros. O gesto era um convite tácito a que a polícia se mobilizasse para reprimir as manifestações com violência.. Foi exatamente o que aconteceu. Resultado: muito mais gente se somou aos protestos contra a repressão policial. Algumas estações de metrô foram incendiadas, junto com três igrejas. Supermercados foram atacados. Decretou-se estado de emergência. Os militares foram convocados e logo milhões de cidadãos indignados estavam protestando pacificamente contra tudo, inclusive contra a presença do Exército (que não era visto nas ruas desde a ditadura).

Piñera demorou para reconhecer que precisava escutar as ruas e fazer algo. A resposta tardia veio na forma de um anúncio de que haveria um incremento na previdência e na seguridade social e uma elevação do salário mínimo. Piñera cancelou o estado de emergência e ordenou o recuo das forças de segurança. Surgiu a pauta de que o Chile precisava de uma nova Constituição, já que a existente era da época da ditadura e tinha um desenho neoliberal de cabo a rabo: previa a privatização do sistema previdenciário, da saúde, da educação e por aí vai. Chegou-se a um consenso de que era preciso revê-la e foi proposto para abril de 2020 um plebiscito para decidir como isso se daria (depois adiado por conta do coronavírus**). Com isso, uma paz inquieta recaiu sobre a região.

Os acontecimentos no Chile não eram isolados. Algo parecido havia ocorrido um pouco antes no Equador. O Fundo Monetário Internacional (FMI) tinha imposto um pacote de ajustes estruturais, o que significava mais tributos e o fim dos subsídios aos combustíveis. Essa política provocou uma onda de protestos de massa. As populações indígenas já estavam se mobilizando e organizaram uma enorme marcha sobre Quito (com ecos da década de 1990 e dos protestos que haviam

---

* "Chile president Sebastián Piñera: 'We are ready to do everything to not fall into populism'", *Financial Times*, 17 out. 2019, disponível on-line. (N. E.)

** O plebiscito ocorreu em outubro de 2020 e deu ampla vitória ao "Apruebo" (78%), solidificando a vontade do povo chileno de uma nova Constituição, a ser elaborada por meio de uma convenção constitucional (79%). Em setembro de 2022, no primeiro ano de governo do presidente Gabriel Boric, um texto elaborado pela convenção foi submetido a plebiscito popular e rejeitado por 62% dos eleitores. Em dezembro de 2023, os chilenos voltaram às urnas para votar uma nova versão do texto, que acabou rejeitada por 56% dos eleitores. Após o segundo revés, Boric afirmou que não procurará apresentar uma terceira versão, optando por tentar avançar nas reformas tributária e previdenciária por outros meios. (N. E.)

levado o socialista Rafael Correa ao poder). Os protestos estavam crescendo de maneira tão acelerada que o governo, ameaçado, abandonou a capital do país e se instalou na cidade costeira de Guayaquil, deixando Quito nas mãos dos manifestantes. O presidente Moreno – cujo primeiro nome, ironicamente, é Lenín – depois acabou revogando o programa do FMI e regressou a Quito para negociar.

Se Chile e Equador estavam em polvorosa no outono de 2019, a Bolívia também estava enfrentando turbulências, ainda que numa direção bem diferente. Lá, o presidente Evo Morales estava sendo acusado por poderosas forças de direita – empoderadas por manifestações de rua organizadas – de manipular as eleições em seu favor. A "convite" dos militares, ele e sua equipe de governo fugiram do país para buscar asilo externo. Havia movimentos de massa nas ruas, com grupos conflitantes entrando em confronto. A Bolívia está um rebuliço enquanto aguarda novas eleições em junho (agora adiadas), embora Morales esteja proibido de concorrer (assim como ocorreu com Lula na eleição de Bolsonaro)*.

Do outro lado do mundo, o Líbano também estava em alvoroço. Uma juventude frustrada vinha tomando as ruas repetidamente em movimentos de protesto contra o governo. A mesma coisa vinha acontecendo em Bagdá, no Iraque, mas nesse caso foram mortas em manifestações de massa algo entre duzentas e trezentas pessoas, advindas sobretudo das regiões mais pobres e periféricas da cidade, por anos negligenciadas politicamente. Algo análogo também tem ocorrido em Teerã, no Irã**. Na França, os protestos dos *gilets jaunes* vêm se arrastando por mais de um ano (ainda que com intensidade decrescente), e mais recentemente se misturaram com manifestações antigoverno em torno da pauta do combate à reforma da previdência, que pararam Paris e outras grandes cidades francesas por dias.

Há protestos cívicos eclodindo em toda a parte. Se, de uma nave espacial sobrevoando o planeta Terra, pudéssemos identificar todos os locais em que há protestos piscando em vermelho, quase certamente concluiríamos que o mundo está sob turbulência total. Há também toda uma onda de protestos trabalhistas. Nos últimos anos, por exemplo, têm proliferado greves de professores (muitas não oficiais) nos lugares mais improváveis dos Estados Unidos, culminando na enorme demonstração

---

* Após dois adiamentos – período durante o qual permaneceu no poder, como autoproclamada presidente interina, a senadora Jeanine Áñez –, as eleições gerais bolivianas ocorreram no dia 18 de outubro de 2020, e deram vitória a Luis Arce, do MAS-IPSP (partido político de Morales), no primeiro turno com 55% dos votos válidos. (N. E.)

** Em novembro de 2019, um mês antes da elaboração desta intervenção, havia eclodido no Irã uma enorme onda de protestos. Deflagrada a princípio por um aumento no preço dos combustíveis, as manifestações rapidamente se alastraram em termos de pauta, escopo e dimensão. A violência da repressão, que inclusive contou com um elevado número de mortos, fez com que alguns se referissem ao ocorrido como "Novembro Sangrento". (N. E.)

de força dos sindicatos de docentes e funcionários do distrito escolar de Chicago, em setembro e outubro de 2019. Bangladesh e Índia têm sido palco de algumas greves expressivas; e mesmo a China tem testemunhado grandes movimentações trabalhistas (ainda que mais difíceis de mensurar e acompanhar).

Qual é, afinal, o sentido desses protestos todos? É possível dizer que eles compartilham algo? Em cada instância, há uma série de questões específicas, mas o fio condutor que os une parece ser a constatação de que a economia não está cumprindo com as suas promessas para a massa da população, e que o processo político está viciado de modo a sempre favorecer os ultrarricos. Para os 1% mais ricos, ou mesmo os 10% mais ricos, esse sistema pode até estar funcionando. Mas para as massas, ele definitivamente não está funcionando; e elas estão tomando consciência desse fato e indo às ruas para dizer que o atual modelo político-econômico não está atendendo às nossas necessidades básicas.

No Chile, os 1% mais ricos controlam cerca de um terço da riqueza do país. A situação é a mesma em quase todo o mundo. A raiz dos problemas parece estar na crescente desigualdade social. E não são apenas as classes mais baixas que sofrem com essa situação; as classes médias também têm sido muito impactadas. Mas o que, afinal, não está funcionando na economia? Em dois ou três casos – Teerã, Equador e Chile – o gatilho dos levantes foi semelhante: um aumento nos preços dos combustíveis e dos transportes. Para a maioria das pessoas, se locomover na cidade é fundamental; de tal forma que os custos de locomoção, portanto, são um fator crítico. Se esses custos se tornam proibitivos, as populações de baixa renda são duramente atingidas. Daí a sensibilidade aos aumentos nos custos de transporte e gasolina.

O interessante, no entanto, é observar como essa faísca inicial se alastra de modo a tornar as reivindicações generalizadas e sistêmicas. Os protestos geralmente são deflagrados por conta de alguma questão em torno dos preços de transporte e/ ou alimentação – e em algumas instâncias também da falta de serviços urbanos e da ausência de moradia digna a preços acessíveis. Essa costuma ser sua base econômica inicial. Mas as manifestações raramente permanecem nesse ponto. Elas tendem a se proliferar e generalizar com rapidez.

Há duas maneiras de pensar sobre isso. A primeira é atribuir os problemas à forma particular de acumulação de capital imperante na atualidade, isto é, ao neoliberalismo. Ou seja, o problema não seria tanto o capitalismo, mas sim a sua vertente neoliberal. No interior dos próprios setores corporativos há quem concorde com isso e apoie a importância de contemplar reformas. Mais recentemente, alguns grupos de empresários até reconheceram que as práticas e os discursos corporativos têm se concentrado muito em eficiência e rentabilidade, e que agora é importante tratar das consequências sociais e ambientais das suas ações. Isso significa dizer que foi o modelo neoliberal que nos trouxe até aqui, e que já estamos fartos dele e deveríamos passar a encarar e manejar a acumulação de capital de maneira mais ampla. Ou seja, trata-se da defesa de uma versão mais socialmente responsável e mais equitativa de capitalismo, um "capitalismo consciente". Admite-se que um dos grandes temas dos protestos é uma queixa diante da crescente desigualdade social, e que também é preciso lidar com essa questão. O problema, em suma, seria apenas a *forma neoliberal* do capital. No Chile, esse argumento até tem algum respaldo. Afinal os protestos e a violência só arredaram quando o presidente e o Congresso convocaram um referendo propondo substituir a Constituição neoliberal vigente.

Por mais que a forma neoliberal de capitalismo decerto tenha questões agudas que precisam ser corrigidas, não concordo que o neoliberalismo seja o problema fundamental. Para início de conversa, há partes do mundo em que o neoliberalismo não impera, mas o modelo econômico tampouco está atendendo às necessidades básicas da população como um todo. O problema, em suma, é o capitalismo, e não sua forma neoliberal particular. Penso que agora estamos coletivamente tomando consciência do fato de que esse pode muito bem ser o problema subjacente.

No fundo, a atual onda de protestos não tem muito de novo. A verdade é que, ao longo dos últimos trinta anos, temos testemunhado uma série de movimentos de protesto, muitos deles focados na deterioração das qualidades da vida cotidiana, em particular (embora não de modo exclusivo) nas regiões urbanas. Por mais que também tenha havido protestos trabalhistas e sindicais, é evidente que a maior parte dos movimentos efetivamente de massa tem base urbana e um desdobramento pautado por uma lógica diferente das lutas tradicionais da classe trabalhadora; são movimentos animados por uma composição social e de classe diferente das lutas proletárias que tradicionalmente ancoraram as lutas e a teorização anticapitalistas.

Por exemplo, em 2013, na Turquia, eclodiu um protesto contra a proposta de substituir o parque Gezi, no centro de Istambul, por um shopping center. Seguiu-se uma conhecida sequência de acontecimentos. A polícia, a mando do presidente Erdoğan, atacou violentamente os manifestantes. Resultado: a indignação com a violência policial levou mais pessoas às ruas. Antes que se desse conta, havia manifestações de massa não apenas na capital, mas em todas as grandes cidades da Turquia. Seguiu-se um período prolongado de protestos nacionais contra a falta de consulta pública ou governança democrática – um processo com efeitos que persistem até hoje.

A mesma coisa aconteceu algumas semanas depois no Brasil. Naquele ano de 2013, o aumento nas tarifas de ônibus deflagrou uma série de protestos de rua puxados pelo Movimento Passe Livre (MPL) em São Paulo. A polícia, controlada pelo governador do estado (e não pelo prefeito da capital), foi convocada para reprimir violentamente o movimento de protesto. A truculência das polícias acabou mobilizando grandes setores da população em defesa dos manifestantes (parte dessa defesa inclusive protagonizada por anarquistas *black blocs*). Os protestos se alastraram com rapidez e logo tomaram as ruas de cerca de uma centena de cidades brasileiras. No Rio de Janeiro, manifestações enormes se esticaram por dias e noites a fio. As queixas foram muito além das questões do transporte coletivo. A indignação pública diante dos rios de dinheiro que estavam sendo gastos com a construção de novos estádios e infraestruturas para a Copa do Mundo e as Olimpíadas também mobilizou uma enorme quantidade de manifestantes. E não é como se os brasileiros não ligassem para o futebol, não valorizassem o esporte; pelo contrário. Eles simplesmente não se conformavam de ver tanto dinheiro sendo gasto nessas infraestruturas, quando faltavam recursos para hospitais, escolas e serviços públicos básicos para melhorar a qualidade da vida cotidiana.

Já há uma longa história de mobilizações de massa desse tipo. Essas manifestações geralmente não duram tanto tempo. A maior parte delas acontece sem aviso prévio, depois arrefece. As pessoas se esquecem delas, e então elas voltam a eclodir. Ao longo dos últimos trinta anos, o número desse tipo de mobilização de massa tem crescido. Talvez seu início remonte ao movimento antiglobalização, com os protestos contra o encontro da Organização Mundial do Comércio (OMC), em 1999. As autoridades foram pegas de surpresa quando, de repente, todo tipo de gente apareceu em Seattle para se manifestar. Os delegados da conferência da OMC não conseguiam chegar aos encontros. Depois disso, houve um longo período em que todo encontro do G20, do G8, do FMI ou do Banco Mundial era recebido com piquetes e protestos com grandes quantidades de manifestantes. Em 2011 veio o Occupy Wall Street e toda sorte de movimentos de ocupação inspirados nele pelo mundo. Temos visto, repetidamente, movimentos de massa desse tipo que provocam efeitos de contágio. Muitas vezes os protestos em uma região acabam estimulando a eclosão de manifestações em outra parte bem diferente do mundo.

Mas apesar de retornarem periodicamente, nenhum desses protestos de fato persistiu. Outra característica recorrente deles é a fragmentação. Essas manifestações de massa contam com a presença de diferentes grupos e organizações que, apesar de estarem lado a lado na mesma rua, raramente se articulam entre si. Esse aspecto talvez esteja mudando. O Líbano, por exemplo, tem uma longa e amarga história de conflito e guerra civil, travada em larga medida por grupos e facções religiosas antagônicas. Mas pela primeira vez em muitos e muitos anos[*], todas as facções religiosas se reuniram (particularmente os jovens que não tinham qualquer perspectiva econômica) para protestar contra a forma cleptocrática, autocrática e oligárquica de governo que lá imperava, e exigir que algo fosse feito

---

[*] O autor refere-se aos protestos que eclodiram em 17 de outubro de 2019, no Líbano. (N. E.)

a respeito da total falta de oportunidades econômicas, em particular para a juventude. Em outras palavras, todos concordaram, independentemente da facção religiosa à qual pertenciam, que o modelo econômico não estava funcionando e que eles precisavam de algo radicalmente diferente. Pela primeira vez na história, facções antagônicas se reuniram e passaram a dialogar a fim de se contrapor ao modelo político-econômico e reivindicar uma alternativa (ainda que o conteúdo dessa alternativa permanecesse um tanto obscuro).

Testemunhei algo desse tipo em primeira mão no Brasil, depois da eleição de Bolsonaro, uma figura de extrema direita, autoritário, conservador e fundamentalista evangélico, comprometido ao mesmo tempo com a neoliberalização do país. Há no Brasil diversos partidos de esquerda na oposição. O maior deles é o Partido dos Trabalhadores (PT), que inclusive esteve à frente do governo federal no passado. Mas há diversos outros partidos de esquerda fragmentados que têm representantes eleitos. Cada partido político tem sua própria fundação financiada com dinheiro público. Conforme a quantidade de parlamentares eleitos, o partido tem direito a recursos para bancar uma fundação, que funciona entre outras coisas como uma espécie de *think tank* para pesquisar políticas públicas. Há seis partidos políticos de esquerda e o diálogo entre eles não era dos melhores. Pelo contrário, eles vinham se antagonizando ferrenhamente. Mas quando estive lá na primavera de 2019, todos os seis partidos tinham se reunido para refletir de maneira coletiva, durante uma semana, sobre a situação política. Ao final das atividades, houve uma manifestação pública conjunta que contou com a participação de lideranças de todos esses partidos. Todos discursaram, se abraçaram no palanque e de repente a visão era de uma esquerda que talvez pudesse trabalhar unida, de uma forma até então inédita. O mesmo, creio eu, aconteceu no Chile: diferentes facções políticas de esquerda se juntaram e começaram a discutir a possibilidade de criar uma nova Constituição.

Portanto, é possível que a guinada à direita da política no mundo esteja inspirando um *ethos* mais colaborativo na esquerda. Desta vez, quem sabe haja algo diferente. Talvez as mobilizações recentes possam ser institucionalizadas e organizadas de modo a ter algum poder de permanência. Há uma enorme diferença entre mobilização e organização. Ao longo dos últimos trinta anos testemunhamos uma espantosa capacidade de mobilização quase instantânea de massas. Até mesmo nos Estados Unidos ocorreram grandes manifestações populares: a marcha das mulheres no 8 de março, protestos por direitos de imigrantes, o movimento Black Lives Matter, a campanha MeToo e assim por diante. A mobilização tem sido espetacular. Mas parece faltar uma organização que dê conta de sustentar uma luta de mais longo prazo. O que estamos vendo agora talvez seja o começo de um processo de unificação de todos aqueles que sentem que há algo errado com nosso atual modelo

28 / Crônicas anticapitalistas

econômico e entendem que ele precisa mudar radicalmente de modo a proporcionar saúde, educação, previdência, moradia, qualidade de vida e tudo o mais para a população em geral, em vez de só entregar forte crescimento econômico e generosos ganhos financeiros para os 1% ou 10% mais ricos.

Tenho procurado refletir sobre o que isso pode significar. A pergunta que se coloca para mim, como marxista, é: existe uma contradição central na forma pela qual o capital está operando ultimamente que precisa ser abordada? Em caso positivo, que contradição seria essa? Um problema grave muito evidente é o grau espantoso de desigualdade social. Quase todo país no mundo experimentou um aumento na desigualdade social ao longo dos últimos trinta anos. Muitas pessoas sentem que a desigualdade chegou a patamares inaceitáveis e que precisa haver algum tipo de movimento para tentar reverter esse processo e garantir bens e serviços públicos de maior qualidade à população em geral. Essa é uma questão.

A segunda questão é sobre o problema da mudança climática e da degradação ambiental de maneira mais geral. Sabemos que a mudança climática chegou a um ponto em que precisa haver algum tipo de resposta coletiva. Isso está se tornando evidente para cada vez mais pessoas no mundo todo. A Administração Oceânica e Atmosférica Nacional (NOAA, na sigla em inglês), nos Estados Unidos, produziu um gráfico espantoso que mostra a evolução do nível de dióxido de carbono na atmosfera ao longo dos últimos 800 mil anos*. Esse gráfico circulou amplamente e suas implicações políticas têm sido muito debatidas. Há problemas graves e ao que parece intratáveis de desigualdade social e degradação ambiental. Mas há também outros motivos para considerar que o capital, em sua trajetória evolutiva, se mostra não apenas cada vez mais irracional e injusto, como efetivamente bárbaro e até mesmo suicida. Se assim for, fica evidente que é preciso substituir o capitalismo por outra ordem econômica. Marx se indignou diante das condições do chão de fábrica na Inglaterra, considerando-as desumanas e completamente inaceitáveis[1]. Da mesmíssima forma, podemos hoje nos debruçar sobre as atuais condições de trabalho nas fábricas de Bangladesh ou da China e afirmar que simplesmente não é assim que um mundo civilizado deve organizar a sua produção.

Há ainda um fator adicional, com o qual Marx não teve que lidar na sua época, mas que hoje se tornou crítico. O capital é indissociável de crescimento – afinal, ele é movido pela busca do lucro. Em uma economia capitalista saudável, todos têm

---

* Para uma discussão mais aprofundada sobre esta questão, ver o capítulo 14 deste livro. (N. E.)

[1] As condições de trabalho na Inglaterra do século XIX foram documentadas por Friedrich Engels no magistral *A situação da classe trabalhadora na Inglaterra: segundo as observações do autor e fontes autênticas* (trad. B. A. Schumann, São Paulo, Boitempo, 2007), e nos relatórios dos próprios inspetores de fábrica, citados amplamente por Marx em *O capital*.

lucros positivos, o que significa que, ao final do dia, há mais valor do que quando se começou. Sujeito às "leis coercitivas" da concorrência, esse mais-valor criado no final do dia é, por sua vez, reinvestido para gerar ainda mais valor. O crescimento capitalista é, portanto, um crescimento exponencial. E é esse crescimento exponencial que hoje se tornou um problemão.

O tamanho da economia global dobra a cada 25 anos. Na época de Marx, essa duplicação de tamanho não chegava a representar um problema. Hoje, contudo, as coisas já não são mais assim. A economia de 4 trilhões de dólares que existia em 1950 se tornou uma economia de 40 trilhões de dólares em 2000, e hoje está batendo a marca dos 80 trilhões de dólares (em dólares constantes de 1990). Esse é o caminho ditado pelas próprias leis de movimento do capital. Se as coisas continuarem nessa toada, em 2050 estaremos diante de uma economia de 160 trilhões de dólares; em 2075, esse número será de 320 trilhões; ao final do século, ele estará na casa dos 640 trilhões de dólares. Portanto, essa duplicação está se tornando um problema gravíssimo. É isso que o crescimento exponencial faz: desafia todas as barreiras e limites.

Em *O capital*, Marx cita um exemplo ilustrativo do matemático e filósofo britânico Richard Price, o qual, em 1771, havia escrito um tratado sobre juros compostos:

> O dinheiro que rende juros compostos cresce a princípio lentamente, mas, como a taxa de crescimento se acelera progressivamente, ela se torna tão rápida que ultrapassa toda a fantasia. Um *penny* emprestado a juros compostos de 5% na época do nascimento de Cristo teria hoje se multiplicado numa soma maior que a que estaria contida em 150 milhões de planetas como a Terra, todos de ouro maciço. Emprestado a juros simples, porém, esse mesmo *penny*, no mesmo período de tempo, não teria ultrapassado 7 xelins e 4 ½ *pence*.[2]

Marx é enfático ao sublinhar a impossibilidade de juros compostos de longo prazo. Mas as leis abstratas de movimento do capital implicam uma acumulação infindável, ilimitada. O potencial desse crescimento exponencial atingir limites intransponíveis não era um problema visível naquela época. É até possível que Marx pensasse que, de todo modo, seria inimaginável que o capital sobrevivesse por tanto tempo. O aumento cada vez maior da oferta monetária global e dos dinheiros globais de crédito ocorrido a partir de 1970 é expressão da trajetória subjacente de crescimento exponencial do capital e dos problemas críticos que ela coloca para a produção, distribuição, consumo e realização de valor no capitalismo globalizado.

---

[2] Richard Price, *An Appeal to the Public on the subject of the National Debt* (2. ed., Londres, T. Cadell, 1772), p. 19, citado em Karl Marx, *O capital: crítica da economia política*, Livro III: *O processo global da produção capitalista* (trad. Rubens Enderle, São Paulo, Boitempo, 2017), p. 445.

A economia capitalista está enfrentando dificuldades reais de encontrar oportunidades rentáveis de investimento para os 80 trilhões de dólares atualmente disponíveis. Onde e como será investido esse montante (que inclusive se encontra trancado em fundos de investimento)? Esse é um problema crucial da nossa época, que explica muitas das movimentações que têm ocorrido, sobretudo tendo em vista que só há um tipo de capital capaz de acumular sem limites: o capital-dinheiro, ou capital monetário.

Quando o dinheiro mundial era lastreado em ouro, ele não podia se acumular infinitamente. O mundo dispõe de uma quantidade finita de ouro, e boa parte dele inclusive já se encontra acima do solo. O padrão-ouro, no entanto, foi abandonado em 1971 e a oferta monetária mundial foi liberada de sua base metálica. A partir de então, passa a ocorrer esse enorme crescimento da oferta monetária. Ela se torna, essencialmente, qualquer coisa que definirem os bancos centrais do mundo, com a Reserva Federal dos Estados Unidos à frente, pois o dólar estadunidense é a moeda de reserva global e a maior parte das transações internacionais se dá em contratos denominados em dólar. Quando nos metemos em dificuldades econômicas, a Reserva Federal simplesmente imprime mais moeda, incrementando a quantidade de dinheiro em circulação. Mas aí a questão é: o que esse dinheiro fará, e como ele será investido de maneira lucrativa? Vimos todo tipo de ajuste sendo feito na economia global a fim de lidar com esse problema. É aquilo que Marx denomina um problema de realização: como é que todo esse dinheiro será reinvestido de forma a encontrar um mercado para gerar mais lucro? De onde virá esse lucro? De que maneira isso ajudaria a combater problemas sociais e ambientais?

Essa, por assim dizer, é a primeira metade do problema. A segunda metade é a seguinte. Hoje, embora o fracasso do modelo político-econômico dominante seja claramente visível e haja uma proliferação de protestos, há pouca atenção sendo dedicada a refletir sobre como enfrentar seus problemas subjacentes, seja dentro ou fora dos quadros existentes de gestão econômica da economia capitalista global. Os monstruosos desequilíbrios que estão surgindo na economia global são um lembrete gritante da necessidade de reajustes. Ou seja, o capital se tornou grande demais, monstruoso demais, enorme demais para sobreviver. Ele não tem como sobreviver na sua atual forma, na sua atual trajetória de crescimento. Ao mesmo tempo, já não podemos prescindir de imediato dele. Por um lado, o capital se encontra numa trajetória suicida, por outro, romper bruscamente com ele compromete a nossa sobrevivência. Eis o dilema central.

Há muitas contradições no sistema capitalista; algumas são mais salientes do que outras. As enormes desigualdades sociais, o abismo entre as classes e o colapso das condições ambientais são prioridades evidentes. Mas aí entra a contradição de ser ao mesmo tempo monstruoso demais para sobreviver e, conforme a expressão, *too big to fail**. Nem as questões de desigualdade social nem as de degradação ambiental podem ser abordadas sem enfrentar essa contradição subjacente. Um programa socialista e anticapitalista terá de negociar um caminho tênue entre, por um lado, preservar as infraestruturas que, na medida em que atendem demandas básicas da população mundial, parecem grandes e fundamentais demais para quebrarem, e, por outro lado, confrontar o fato de que o sistema está se tornando monstruoso demais para sobreviver sem ter que provocar conflitos geopolíticos que provavelmente elevarão as inúmeras pequenas guerras e disputas internas que já assolam o planeta numa conflagração global.

Esse é o cerne do problema. Na época de Marx, se houvesse um colapso repentino do capitalismo a maior parte das pessoas do mundo ainda seria capaz de se alimentar e se reproduzir. As pessoas eram razoavelmente autossuficientes nas suas áreas locais, obtendo as coisas que precisavam para viver e reproduzir. De uma forma ou de outra as pessoas conseguiam colocar um prato de comida sobre as suas mesas, sem depender do que estava acontecendo na economia global e nos mercados globais. Hoje, isso já não vale mais para muitas partes do mundo. A maioria das pessoas nos Estados Unidos, em boa parte da Europa, do Japão e agora cada vez mais da China, da Índia, da Indonésia e da América Latina estão dependendo cada vez mais da entrega de alimentos pela circulação do capital.

Na época de Marx, talvez algo da ordem de 10% da população global estava vulnerável a disrupções que ocorressem na circulação de capital, enquanto muito mais gente estava vulnerável a possíveis disrupções ambientais tais como fomes, secas e epidemias. A crise do capitalismo europeu em 1848 foi parcialmente produto de falhas de colheita e parcialmente produto de uma crise especulativa ligada ao financiamento de ferrovias. Desde então, o capital operando no mercado mundial eliminou em larga medida a perspectiva de fome devida a causas supostamente naturais. Quando há fome, suas causas subjacentes (em oposição aos seus gatilhos mais imediatos) vão sempre remeter a falhas no sistema social e político da governança e distribuição capitalistas. Hoje, boa parte da população mundial depende da circulação de capital para obter e garantir seu suprimento de alimentos, para acessar os combustíveis e a energia exigidos para sustentar a vida cotidiana e para manter as elaboradas estruturas e equipamentos comunicacionais que facilitam a coordenação das nossas exigências básicas de produção.

---

* *Too big to fail*, literalmente "grande demais para quebrar", se refere à noção de que certas corporações (em geral instituições financeiras) seriam tão grandes e interconectadas que sua falência geraria um impacto desastroso na economia como um todo. A ideia correlata, no debate público, é a de que, por conta disso, o governo sempre deverá arranjar algum jeito de socorrer essas corporações, tornando-as efetivamente blindadas da falência. A expressão, que já vinha sendo usada no debate político estadunidense na segunda metade do século XX, se tornou proeminente no rescaldo da crise de 2008-2009. (N. T.)

Hoje, é possível que o próprio capital esteja implicado com tanta profundidade na reprodução da vida cotidiana que não podemos nos dar ao luxo de vê-lo quebrar. As consequências econômicas e os impactos e custos sociais de uma quebra massiva e prolongada na continuidade da circulação do capital serão catastróficas e potencialmente letais para uma parcela significativa da população mundial. É certo que as populações indígenas e camponesas dos altiplanos andinos talvez até se virem muito bem, mas se o fluxo de capital for interrompido por um período mais prolongado, é possível que em algumas semanas dois terços da população mundial se vejam ameaçados de fome, privados de combustível e eletricidade, sem poder se movimentar e desprovidos de praticamente qualquer capacidade de reproduzir suas condições de existência efetivamente. Ou seja, a situação hoje é tal que não podemos nos dar ao luxo de uma quebra sustentada e prolongada da circulação de capital.

O tipo de fantasia que os revolucionários possam ter tido no passado – de que era possível destruir o capitalismo da noite para o dia e construir, de imediato, algo completamente diferente sobre seus escombros – é hoje impossível. É preciso que alguma forma de circulação de mercadorias, e portanto de capital monetário, permaneça operante por algum tempo para que a maior parte das pessoas não morra de fome. É nesse sentido que talvez possamos dizer que hoje o próprio capital se apresenta como *too big to fail*. Podemos aspirar fazer nossa própria história, mas, como observou Marx, nunca de livre e espontânea vontade, pois não temos como escolher as circunstâncias sob as quais ela é feita*. Essas condições ditam uma política balizada na sustentação de certos fluxos e cadeias existentes de mercadorias, socializando-os e modificando-os gradualmente de modo que se acomodem às necessidades humanas. Como observou Marx, em seu comentário sobre a Comuna de Paris, os trabalhadores,

> para atingir sua própria emancipação, e com ela essa forma superior de vida para a qual a sociedade atual, por seu próprio desenvolvimento econômico, tende irresistivelmente, terão de passar por longas lutas, por uma série de processos históricos que transformarão as circunstâncias e os homens. Eles não têm nenhum ideal a realizar, mas sim querem libertar os elementos da nova sociedade dos quais a velha e agonizante sociedade burguesa está grávida.[3]

A tarefa é identificar aquilo que se encontra latente na nossa sociedade existente a fim de encontrar uma transição pacífica a uma alternativa mais socialista. Revolução é um processo longo, não um acontecimento.

---

* "Os homens fazem a sua própria história; contudo, não a fazem de livre e espontânea vontade, pois não são eles quem escolhem as circunstâncias sob as quais ela é feita, mas estas lhes foram transmitidas assim como se encontram." Karl Marx, *O 18 de brumário de Luís Bonaparte* (trad. Nélio Schneider, São Paulo, Boitempo, 2011), p. 25. (N. E.)

[3] Karl Marx, *A guerra civil na França* (trad. Rubens Enderle, São Paulo, Boitempo, 2011), p. 60.

2
UMA BREVE HISTÓRIA DO NEOLIBERALISMO

Em 2005, escrevi um livro sobre neoliberalismo*. Não gosto de fazer propaganda das minhas próprias publicações, mas vale recapitular aqui o que aconteceu desde então. O tema central do livro era a história de como, nos anos 1970, a classe corporativa mobilizou poder político e econômico a fim de tentar capturar o máximo possível de acumulação, ampliando ainda mais seu poder e riqueza.

Na década de 1970, essa classe se sentia ameaçada porque havia muita legislação anticorporativa passando: regulações ambientais, proteção ao consumidor, saúde e segurança trabalhistas, coisas desse tipo. Em agosto de 1971, Lewis Powell, que pouco depois foi nomeado membro da Suprema Corte, circulou um famoso memorando que alertava, essencialmente, que a retórica anticapitalista estava muito forte e que era preciso reagir. "O sistema econômico americano – o 'sistema de livre empresa', o 'capitalismo' – está sob amplo ataque", dizia o texto, e "passou da hora [...] da sabedoria, da engenhosidade e dos recursos do empresariado estadunidense serem mobilizados contra quem quer a sua destruição." Para ele, no entanto, era preciso ir além da ação individual. A "força" estaria "na organização; [...] planejamento e implementação cuidadosos e de longo prazo; na consistência de ação ao longo de um período indefinido de anos, na escala de financiamento que só seria possível por meio de um esforço conjunto; e no poder político que só a ação unificada de organizações nacionais seria capaz de promover"**.

---

* David Harvey, *A Brief History of Neoliberalism* (Nova York, Oxford University Press, 2005) [ed. bras.: *O neoliberalismo: história e implicações*, trad. Adail Sobral e Maria Stela Gonçalves, São Paulo, Loyola, 2008]. (N. E.)

** Lewis F. Powell Jr., "Attack on American Free Enterprise System", 23 ago. 1971, memorando confidencial endereçado a Eugene B. Sydnor Jr., presidente do Comitê de Educação da Câmara do Comércio dos Estados Unidos [ed. bras.: "O Memorando Powell", trad. Henrique Braga, *Marx e o Marxismo: Revista do NIEP-Marx*, Niterói, v. 4, n. 7, jul/dez, 2016, p. 363-79]. (N. E.)

Por mais que seja difícil precisar o efeito do memorando em si, o fato é que na sequência, houve toda uma mobilização – articulando desde a Câmara de Comércio dos Estados Unidos à Business Roundtable [Mesa-redonda de Negócios], e uma variedade de *think tanks* de direita, alguns recém-criados naquela época – com a finalidade de reverter a maré da retórica anticapitalista, que estava de fato ganhando força. Um dos intuitos centrais do meu livro era contar a história de como isso se deu. Sempre defini o neoliberalismo como um projeto de classe, um projeto para acumular mais riqueza e poder no interior de uma pequena classe de elite. E aqui estamos nós, vários anos depois, constatando que aquele projeto de acumular riqueza e poder nas mãos de uma classe muito pequena de fato foi mais longe do que nunca.

Muitas vezes me perguntam se o neoliberalismo teria acabado em 2007-2008, se aquela crise foi, afinal, a crise do neoliberalismo. Se sim, como ficamos? Onde estaríamos agora? Essa é uma das questões que devemos considerar seriamente em termos políticos. Para respondê-la, precisamos compreender como o neoliberalismo funcionou enquanto projeto. Eu reconhecia, por exemplo, que, embora se tratasse de um projeto de uma pequena elite da classe capitalista e de grandes corporações, ele precisava de uma base popular sólida. A partir da década de 1970, houve uma tentativa de capturar o Partido Republicano a fim de angariar um respaldo popular para esse projeto de uma elite minoritária. Essa base popular foi, em larga medida, a direita religiosa, que foi se tornando cada vez mais politizada.

Houve também uma tentativa de elaborar uma justificação teórica. Não creio, por exemplo, que os capitalistas que se reuniram nos anos 1970 pensaram especificamente sobre essa questão, mas eles encontraram à sua disposição uma doutrina econômica que ficaria conhecida como monetarismo ou economia pelo lado da oferta. Esta nada mais era que uma forma elegante de dizer: "Bem, precisamos mudar a dinâmica. Precisamos que o Estado deixe de intervir na economia. Precisamos criar mercados mais livres. Precisamos nos livrar do poder dos sindicatos, em particular". Assim, a chamada economia pelo lado da oferta entrou em cena como uma teoria econômica conveniente para fundar o projeto neoliberal.

Dizia-se que a economia deveria ser gerida por meio do controle das condições de oferta, e a condição de oferta mais crucial de ser administrada era, é claro, a da força de trabalho. Os trabalhadores tinham acumulado muita força nos anos 1970. Havia sindicatos fortes e, na Europa e na Inglaterra, havia partidos trabalhistas e partidos social-democratas, e até mesmo o Partido Democrata nos Estados Unidos tinha que prestar contas às grandes centrais sindicais. As fases iniciais do neoliberalismo giraram em torno da tentativa de reduzir o poder dos sindicatos e das grandes organizações trabalhistas, e reconfigurar a situação política a fim de enfraquecer o papel dos trabalhadores por todos os meios possíveis.

Para tanto, a elite corporativa precisava encontrar uma forma de alcançar o poder político. Isso significava desembolsar dinheiro no processo eleitoral. Houve muitas controvérsias sobre o volume de recursos que começou a entrar nas eleições na década de 1970 – aquilo era justificável? Uma série de casos sobre essa questão foram à Suprema Corte naquela época. Para resumir a história, passou-se de uma situação em que o dinheiro nas eleições era considerado necessário, mas deveria ser modesto, para uma situação marcada pela abertura total do processo eleitoral à monetização. Em última instância, a Suprema Corte determinou que o gasto de dinheiro nas eleições seria uma forma de liberdade de expressão a ser protegida. Portanto, ninguém deveria impedir o livre fluxo de dinheiro nas disputas políticas. Com isso, as grandes corporações e os indivíduos ricos passaram a dominar cada vez mais a política.

Outra frente importante era a mídia, e eles começaram a se apoderar dela de maneira muito eficaz por meio da consolidação e centralização da posse e dos controles corporativos sobre o setor. Em algum momento, eles também precisariam capturar as universidades. Mas no início da década de 1970, isso ainda era pouco viável: o movimento estudantil era demasiado anticorporativo e antiguerra, e o corpo docente tendia muito ao progressismo. Houve uma tentativa de cercar as universidades com *think tanks* – o Instituto Manhattan, o Bureau Nacional de Pesquisa Econômica, a Fundação Olin, a Fundação Heritage e assemelhados. Todos financiados pelo grande capital. Eles produziram uma enxurrada de publicações e uma cascata de argumentos contra a classe trabalhadora e em prol das corporações, da liberdade de mercado e da sua abertura a níveis muito maiores de concorrência. Esse foi o clima que prevaleceu a partir da década de 1970, e foi um projeto muito bem-sucedido.

Quando chegamos aos anos 1990, os trabalhadores já estão em larga medida desempoderados, boa parte do aparato regulatório para controlar as corporações está desmantelado, e o Partido Democrata, sob Bill Clinton, converteu-se num agente da política neoliberal. Clinton chegou ao poder prometendo uma reforma progressista da saúde pública e melhores condições de vida para a população. O que ele acabou entregando ao país, contudo, foi o Tratado Norte-Americano de Livre-Comércio (Nafta), um acordo fundamentalmente contra os interesses dos trabalhadores. Não havia ninguém das grandes organizações trabalhistas e sindicais na mesa quando esse tratado foi assinado. O Partido Democrata se afastou de sua base tradicional nas grandes organizações trabalhistas e começou a cultivar as elites profissionais urbanas cosmopolitas como sua nova base de apoio.

Além do Nafta, Clinton desfez as políticas de bem-estar social tal como as conhecíamos, nos entregou um projeto de encarceramento (que criminalizou uma enorme parcela da juventude negra) e revogou medidas de regulação financeira – uma legislação crucial que estava em vigor desde os anos 1930, a Lei Glass-Steagall, foi rescindida. Clinton foi, com efeito, um dos principais agentes do projeto neoliberal. Do outro lado do Atlântico, Tony Blair desempenhou um papel semelhante na Grã-Bretanha. Tínhamos que colaborar com as empresas em vez de sermos antagônicos a elas, dizia ele.

Na década de 1990 já dava para perceber que o projeto neoliberal tinha funcionado muito bem. Se analisarmos os dados, constatamos um enorme aumento da desigualdade social em quase todos os principais países da Organização para a Cooperação e Desenvolvimento Econômico (OCDE): Inglaterra, Estados Unidos e muitos países europeus. Essa crescente desigualdade social está documentada no livro *O capital no século XX**, de Thomas Piketty. Não é bem um livro sobre o capital, mas sobre a criação de níveis cada vez maiores de desigualdade sob o capitalismo a partir dos anos 1970.

Isso é o que se poderia chamar de um projeto político bem-sucedido. A classe trabalhadora ficou desarticulada e perdeu força, as regulamentações ambientais deixaram de ser cumpridas e os mecanismos reguladores do mercado financeiro diminuíram. E então você pensa na eleição do socialista Salvador Allende, no Chile, e na contrarrevolução neoliberal encabeçada por Pinochet em 1973 naquele país. Foi toda uma era, liderada inicialmente por Margaret Thatcher e Ronald Reagan em seus respectivos países, e depois por outras figuras ao redor do mundo.

No meu livro sobre neoliberalismo, tentei repassar essa história toda e fazer um balanço do estado em que nos encontrávamos logo depois do ano 2000. Era uma situação em que aquele projeto neoliberal tinha sido implementado de maneira exitosa. Parecia que havia pouquíssima oposição possível. Margaret Thatcher popularizou a frase "*there is no alternative*" (Tina) [não há alternativa]. Mais do que transformar a economia, ela queria transformar a maneira de pensar das pessoas e toda a cultura econômica. "A economia é o método", dizia ela, "o objetivo é mudar a alma". O modo de pensar que estava sendo promovido era pautado por uma ideologia de individualismo, responsabilidade pessoal e aperfeiçoamento de si. A ideia era que nos tornássemos todos empresários de si e investíssemos em nós mesmos.

Ou seja, se acabássemos pobres, era porque não havíamos investido corretamente em nós mesmos. Se caíssemos na pobreza, a culpa era nossa. A culpa não era do sistema; era do indivíduo. Se você perdesse sua casa por conta de uma execução hipotecária, a culpa não era do sistema; era só sua. Havia essa noção de não depender de ninguém. Quando chegamos nos anos 1990, essa ideia já havia se tornado dominante. Mas ela tem raízes muito profundas. Essa é uma das coisas que sublinhei bastante no livro. A década de 1960 testemunhou um movimento

---

* Thomas Piketty, *O capital no século XXI* (trad. Monica Baumgarten de Bolle, São Paulo, Intrínseca, 2014). (N. E.)

muito forte de pessoas reivindicando liberdade individual, autonomia, mas também justiça social. Esse movimento da geração de 68, se quisermos chamá-la assim, antagonizava com o capital. A resposta do capital foi, por assim dizer, "ceder" no quesito liberdade individual como forma de escamotear as demandas de justiça social. A ideologia neoliberal conseguiu incorporar a pauta da liberdade do indivíduo via mercado, isto é, produzindo uma enorme inflação na variedade e segmentação das mercadorias ofertadas. Em compensação, o horizonte coletivo de justiça social foi saindo de cena.

Esse foi o acordo com o diabo que Reagan e Thatcher ofereceram à geração de 68 nas décadas de 1970 e 1980, e que se estendeu também à era Clinton nos anos 1990. Na década de 1990, muitas pessoas já tinham começado a aceitar que, se elas estavam tendo problemas, a culpa era delas mesmas. E que o sistema, na verdade, ia muito bem. Ele estava funcionando muito bem para os ultrarricos e os empresários bem-sucedidos. Os ultrarricos estavam enriquecendo cada vez mais. Era crescente o abismo entre o que os altos executivos estavam ganhando e os salários dos funcionários individuais.

Depois veio a enorme crise de 2007-2008. A impressão era a de um fracasso retumbante do sistema. Aqui, penso eu, chegamos a um ponto muito crucial para entender o que está acontecendo à nossa volta hoje. Nos anos 1990, e até meados dos anos 2000, o público tinha sido convencido de que esse sistema era ao menos viável. Depois de 2007-2008, a percepção é de inviabilidade. Além disso, todo mundo começou a ver que quem estava se beneficiando eram os ultrarricos. Os bônus que os banqueiros de Wall Street receberam, coletivamente, naquele ano em que quebraram o sistema financeiro mundial, ultrapassaram 30 bilhões de dólares. Em 2007-2008, quando o governo socorreu os bancos, entregou tudo a eles, muitos passaram a dizer que o sistema é manipulado para favorecer os ultrarricos. Isto é, começamos a ver um ataque àquilo que o sistema neoliberal sempre representou.

Mas aí a grande questão é: o poder do capital realmente sofreu um golpe ou será que ele de alguma forma conseguiu se esquivar do ataque, de modo a dar sobrevida ao neoliberalismo? Defendo que o neoliberalismo não terminou em 2007-2008. O que se perdeu foi sua legitimidade; sua legitimidade *política*, em particular. O descontentamento com o sistema estava lá. O descontentamento se tornou, e tem se tornado, mais e mais profundo. Em outras palavras, as pessoas começaram a se sentir alienadas do sistema econômico em que se encontravam. Ao mesmo tempo, o sistema em si não estava mudando.

De fato, quem mais se beneficiou depois da crise de 2007-2008 foram os ricos. Eles fizeram valer a doutrina do "nunca desperdice uma boa crise" e efetivamente a usaram em benefício próprio. Se você pegar os dados da Inglaterra e dos Estados Unidos, verá que de 2008 pra cá os 1% mais ricos aumentaram seu poder e riqueza em 14%, 15%, talvez 20%, enquanto o resto da população ou perdeu, ou permaneceu estagnado. O projeto neoliberal não terminou. Na verdade, ele continua. Porém agora sua continuidade se dá em uma situação na qual ele já não é mais legitimado como antes. Foi preciso encontrar uma nova forma de legitimação para o projeto neoliberal. No meu entender, temos de prestar muita atenção nessa nova forma de legitimação.

Em 2007-2008 houve um *crash* nos mercados imobiliários. Cerca de 7 milhões de famílias perderam suas casas nos Estados Unidos. Quando algo dessa ordem acontece, seria de esperar que houvesse um movimento de massa por parte daqueles que foram privados de seus lares. Você esperaria ver essas pessoas nas ruas protestando. Houve um pouco disso, mas no geral o que aconteceu em 2007-2008 foi que as pessoas que perderam as suas casas culparam a si mesmas pela situação. A cultura neoliberal que havia sido construída a partir dos anos 1980 – com todo o falatório sobre aperfeiçoamento de si e investimento em capital pessoal – fez com que as pessoas culpassem a si mesmas e internalizassem os problemas sociais. Também não faltou gente, é claro, na mídia e em outros lugares, disposta a cair em cima dessas pessoas e culpabilizar as vítimas.

Agora, quando isso acontece, há sempre uma vozinha residual, escondida, que se pergunta: "Será mesmo que eu sou o culpado dessa história?". Há um desconforto, um sentimento de inadequação. E assim, toda a população que foi afetada por 2007-2008 foi deixada em uma espécie de limbo. Essas pessoas viram o governo socorrendo os banqueiros e cuidando das feridas do setor bancário. Mas não viram ninguém chegando para ajudá-las. Pelo contrário, receberam uma política de austeridade ainda mais severa nos serviços públicos e foram hostilizadas como indivíduos fracassados e nocivos. E austeridade para quê? Para pagar os banqueiros? Para remunerar os ultrarricos? Isso deixou as vítimas com uma suspeita de que algo estava errado.

Essa suspeita levou as pessoas a indagarem, afinal, o que teria dado errado no sistema financeiro a ponto de termos um colapso tão grande, de repercussões globais. A resposta típica era esquivar a pergunta dizendo que isso era assunto de peritos. Ou seja, começamos a ver a mídia e as autoridades requentando aquele discurso de que o sistema financeiro seria complexo demais, e que seria impossível explicar as complexidades de seus instrumentos para meros mortais. Há todo um "economês" – uma linguagem cifrada com siglas como CDSs, CDOs e assim por diante – que muitas vezes funciona só para impor essa blindagem.

Ora, se essas coisas são assunto de grandes especialistas, como é que esse pessoal errou tão feio? Foi o que muita gente começou a questionar – e com razão. Como é que essas grandes mentes à frente do sistema financeiro não viram o que poderia dar (e realmente deu) errado? Diz-se que houve um momento maravilhoso em que a rainha da Inglaterra, de todas as pessoas, sentou-se com um grupo de economistas para tomar um chá no Palácio de Buckingham e virou-se para eles e disse: "Olha, como é que vocês não anteciparam esse colapso?". Os economistas simplesmente ficaram sem saber o que dizer. Convocaram uma reunião da Royal Economic Society e tentaram elaborar algumas respostas para que da próxima vez que se sentassem para tomar um chá com Sua Majestade pudessem apresentar uma explicação mais satisfatória sobre o que teria dado errado. A única resposta que conseguiram formular, contudo, foi que eles não teriam levado em conta o risco sistêmico existente.

É surpreendente que eles tenham admitido isso. Se há um sistema, e há um risco embutido no sistema – ademais um risco *sistêmico*, e não acidental –, era de supor que haveria um monte de gente prestando atenção nele. Ocorre, porém, que nenhum dos economistas, nenhum dos teóricos, nenhum dos especialistas estava prestando qualquer atenção nos riscos que vinham se acumulando no interior do sistema. Todos foram pegos de surpresa pelos riscos quando eles finalmente provocaram a crise. Ora, isso foi uma falha de capacidade intelectual, e foi uma falha de imaginação. É um sintoma de que havia algo de muito errado dentro do próprio sistema que precisava ser corrigido. Essa, no meu entender, é a situação em que a crise de 2007-2008 nos deixou em termos de como começar a refletir sobre o que deu errado, e sobre como legitimar, no fundo, aquilo que estava acontecendo, isto é, o favorecimento continuado dos ultrarricos nas políticas do governo. Então, que tipo de respostas poderiam surgir disso tudo?

3
CONTRADIÇÕES DO NEOLIBERALISMO

Analisei o projeto neoliberal através das lentes d'*O capital*, de Marx. Procurei identificar a contradição central do neoliberalismo enquanto projeto. O tema das contradições na obra marxiana tem várias dimensões, mas há uma maneira simples de encarar a questão. No Livro I d'*O capital*, Marx analisa o que acontece em uma sociedade caracterizada por um considerável grau de mudanças tecnológicas e uma forte busca por lucro. Ele analisa a "produção de mais-valor" que repousa sobre a exploração da força de trabalho na produção. Portanto, a supressão da força de trabalho levada a cabo na década de 1970 correspondia à análise que Marx apresentou no Livro I d'*O capital*.

Ao final do Livro I d'*O capital*, Marx descreve uma situação em que os capitalistas, dado que têm tanto poder, podem aumentar a exploração dos trabalhadores com a finalidade de maximizar a sua taxa de lucro. A maximização da taxa de lucro repousa na redução do salário. Um dos principais gráficos que você verá em meu livro sobre neoliberalismo* mostra que a parcela dos salários na renda nacional diminuiu progressivamente desde a década de 1970. Os aumentos de produtividade não foram acompanhados por nenhuma elevação nos salários reais (Fig. 1). O Livro I d'*O capital* prevê um empobrecimento crescente de grandes segmentos da população, elevação do desemprego, geração de populações descartáveis e precarização da força de trabalho. Essa é uma análise que sai do Livro I d'*O capital*.

Mas se você ler o Livro II d'*O capital*, a história já é outra, porque Marx analisa a circulação do capital e estuda como ela relaciona oferta e demanda, como ela

---

* David Harvey, *O neoliberalismo: história e implicações* (trad. Adail Sobral e Maria Stela Gonçalves, São Paulo, Loyola, 2008). (N. E.)

Figura 1. O ataque aos trabalhadores: salários reais e produtividade nos EUA, 1960-2000.
Fonte: Robert Pollin, *Contours of Descent* (Nova York/Londres, Verso, 2003).

mantém seu equilíbrio à medida que o sistema se reproduz. A fim de sustentar um equilíbrio, é preciso estabilizar a taxa salarial. Dito de maneira simplificada, se você reduzir continuamente o poder dos trabalhadores, e os salários reais seguirem caindo, a grande pergunta é: "Cadê o mercado? Como fica a demanda de mercado?". De modo que Marx começa a dizer que a história do Livro I produz uma situação em que os capitalistas enfrentarão dificuldades na ponta do mercado porque estão remunerando cada vez menos os trabalhadores e, com isso, vão secando o mercado cada vez mais. Esta é uma das contradições centrais do período neoliberal, da era neoliberal, a saber: "Como resolver o problema da demanda efetiva? De onde vai vir o mercado?".

Há uma série de respostas possíveis para esse problema. Uma delas é a expansão geográfica. A incorporação da China, da Rússia e dos países da antiga União Soviética no Leste Europeu ao sistema capitalista global representou uma enorme abertura de novos mercados e possibilidades. Há muitas outras formas de tentar lidar com esse problema da demanda efetiva. A maior estratégia de todas, no entanto, foi começar a dar cartões de crédito às pessoas e estimular níveis cada vez mais elevados de endividamento.

Em outras palavras, se os trabalhadores não têm dinheiro suficiente para comprar uma casa, você empresta dinheiro para eles. E então o mercado imobiliário fica aquecido porque você emprestou dinheiro aos trabalhadores. Ao longo da década de 1990, cada vez mais dinheiro foi sendo emprestado a pessoas que tinham rendas familiares cada vez mais modestas. Essa foi uma das raízes da crise de 2007-2008. Em determinado momento, estava-se oferecendo crédito a quase todo mundo, independentemente da sua renda ou capacidade de bancar seu financiamento

Contradições do neoliberalismo / 43

imobiliário a longo prazo. Isso não era nenhum problema enquanto os preços dos imóveis estavam subindo. Se os moradores acabassem entrando numa situação difícil, eles (ou seu banco) tinham sempre a opção de repassar o financiamento com uma margem de lucro.

A grande questão, contudo, era como administrar a demanda em uma situação de arrocho salarial. Como sugeri, uma das maneiras de dar conta desse descompasso é expandindo o sistema de crédito. As cifras aqui são um tanto espantosas. Em 1970, o endividamento total em um país capitalista típico era relativamente modesto. E a maior parte dele não tinha caráter cumulativo. Era o tipo de coisa em que você pega emprestado aqui e devolve ali. De modo que o endividamento total não estava crescendo de forma muito rápida até então.

A partir dos anos 1970, porém, o endividamento total começa a subir em relação ao produto interno bruto (PIB), e hoje temos uma situação em que o endividamento total no mundo é cerca de 225% da produção mundial de bens e serviços. Claro, esses são apenas números crus e a dificuldade é contextualizá-los devidamente. Uma forma de tentar captar esse processo é lembrando que quando o México entrou numa crise de dívida externa no início dos anos 1980, o endividamento do país só representava cerca de 80% ou 90% de seu PIB. Ou seja, naquela época, estar endividado em 80% ou 90% era visto como uma situação crítica que precisava ser abordada. Hoje, contudo, o mundo está afundado em três ou quatro vezes mais endividamento e a questão parece não incomodar muito ninguém. Portanto, uma das coisas que testemunhamos ao longo desse período de neoliberalismo foi um crescente endividamento.

Outro aspecto que considerei absolutamente importante entender durante os anos 1980 era que, dadas essas contradições, o projeto neoliberal não tinha como sobreviver sem um Estado forte. Em termos ideológicos, essa afirmação pode soar um pouco controversa, porque boa parte da retórica neoliberal vai na linha de antagonizar com o Estado, de praguejar contra o "Estado inchado" e se opor às intervenções estatais. Para pegar a famosa frase de Ronald Reagan: "O governo não é a solução [...]. O governo é o problema".

Mas a verdade é que no neoliberalismo o Estado não saiu de cena, só mudou de função: ele deixou de amparar as pessoas mediante a criação de estruturas de bem-estar social – como saúde, educação e um amplo leque de serviços sociais – e passou a amparar o capital. O Estado se tornou um agente ativo de apoio, e por vezes até de subvenção, ao capital. A partir da década de 1980, começamos a ver o Estado fazendo todo tipo de jogo para apoiar o capital.

Um exemplo recente foi quando a Amazon decidiu montar um novo centro de distribuição e convidou estados e municípios a apresentarem propostas e lançarem suas ofertas. "O que vocês nos oferecem em troca?", disse a Amazon. "Quem dá mais?" Eis uma das empresas mais ricas do mundo afirmando, basicamente, que precisa de subsídios para operar. "Nova Jersey disse que vai oferecer isso, outra cidade prometeu oferecer aquilo." Hoje virou normal que corporações sejam subsidiadas pelos cofres públicos em troca de fazerem o seu trabalho. O estado e a cidade de Nova York ofereceram todo tipo de incentivo, mas a população, nesse caso, se revoltou, e a Amazon foi obrigada a se retirar. Isso é raro, no entanto.

A Foxconn, que acabou de fechar um acordo para montar uma fábrica em Wisconsin, recebeu do governo do estado incentivos equivalentes a 4 bilhões de dólares. Em vez de investir esses recursos em educação, saúde e outras coisas que as pessoas precisam, o governo estadual vai lá e entrega 4 bilhões à Foxconn. A justificativa, claro, é a suposta geração de empregos, mas a verdade é que esse tipo de iniciativa não cria tantos postos de trabalho assim, e pior, quando você faz as contas cada emprego sai o equivalente a 230 mil dólares em subsídios. A título de comparação, como muitos estados, Wisconsin já havia oferecido subsídios a empresas no passado, mas nunca a um valor superior a 35 mil dólares por emprego gerado. Ou seja, o Estado essencialmente deixou de amparar as pessoas para apoiar empreendimentos corporativos de todas as formas possíveis: acordos tributários, subsídios diretos, fornecimento de infraestruturas e evasão de restrições regulamentares. Para tanto, é preciso um Estado forte. Não dá para ter um Estado fraco no neoliberalismo.

Outro aspecto que discuti no meu livro de 2005 é a aliança que estava surgindo entre neoliberalismo e neoconservadorismo. Os "neocons", como eram chamados na década de 1990, formavam uma poderosa facção no governo. Chegaram ao poder na gestão George W. Bush, que estava muito focada em combinar a ética neoconservadora – representada por figuras como Donald Rumsfeld e Dick Cheney – com princípios econômicos neoliberais. Os neocons defendiam um Estado forte, o que significava um Estado militarizado que também apoiaria o projeto neoliberal do capital. Ocorre que esse Estado militarizado acabou entrando em guerra com o Iraque, o que se mostrou absolutamente desastroso. Mas a questão é que o projeto neoliberal se articulava com um forte Estado neoconservador. Essa aliança foi muito importante e se fortaleceu com o tempo à medida que o neoliberalismo foi perdendo sua legitimidade popular.

O apoio do Estado ao grande capital não desapareceu em 2007-2008. Durante a era Bush, por uma série de motivos, o projeto neoconservador foi se deslegitimando. Um dos principais fatores foi a referida guerra do Iraque. Tinham sido os neocons que haviam nos metido naquela desastrosa aventura estrangeira. Ao fim do governo Bush, a aliança entre neocons e neoliberalismo estava desgastada. Os neocons estavam efetivamente acabados. Suas principais figuras, como Condoleezza Rice e Donald Rumsfeld, simplesmente desapareceram no segundo

Contradições do neoliberalismo / 45

plano da política. Isso significava que a legitimidade que o movimento neocon fornecia à política neoliberal da era Bush deixava de existir. Aí veio a crise de 2007- -2008. O Estado precisava se mostrar firme e resgatar o grande capital. Essa foi a grande história de 2007-2008.

Aqui, nos Estados Unidos, o que nos tirou da crise foi uma forte mobilização de poder estatal a partir das cinzas do projeto neoconservador. Isso pode até ter sido ideologicamente incoerente com o argumento neoliberal contra grandes intervenções estatais. Mas o Estado foi obrigado a mostrar a que veio e interviu em nome do capital. Diante da escolha entre, por um lado, socorrer os bancos e as instituições financeiras, e por outro, amparar o povo, optou-se claramente pela primeira alternativa. Essa passou a ser uma das regras-chave do jogo político neoliberal que veio a ser trilhado de maneira impiedosa nos anos seguintes.

A crise de 2007-2008 poderia ter sido resolvida oferecendo subsídios maciços aos proprietários que corriam risco de sofrer uma execução hipotecária. Não teria havido uma enorme onda dessas execuções. O sistema financeiro teria sido salvo dessa forma, sem que as pessoas perdessem as suas casas. Então por que é que essa solução óbvia sequer foi tentada? Ora, a resposta é simples: no fundo, deixar as pessoas perderem as suas casas, interessava ao capital. Porque assim haveria um monte de imóveis que o capital financeiro – na forma de fundos de cobertura (*hedge*) e grupos de *private equity* – poderia arrematar a preço de banana para depois vender e lucrar horrores quando o mercado imobiliário reavivasse. De fato, um dos maiores detentores de imóveis nos Estados Unidos hoje é a Blackstone, uma firma de *private equity*. Eles adquiriram o máximo que puderam de casas que tinham sofrido execução hipotecária e as transformaram em um empreendimento muito rentável. Ganharam uma bolada em cima da catástrofe no mercado imobiliário. Da noite para o dia, Steven Schwartzman, diretor da Blackstone, se tornou uma das pessoas mais ricas do planeta.

Tudo isso ficou evidente em 2007-2008. O Estado não estava atendendo às necessidades das pessoas; estava servindo aos interesses do grande capital. O movimento neocon já havia perdido credibilidade. Então de onde o sistema tiraria sua legitimidade política? Como reconstruí-la no rescaldo de 2007-2008? Isso nos leva a um dos pontos-chave do que tem ocorrido mais recentemente. Sugeri que o povo foi deixado para trás em 2007-2008. As pessoas sentiram que ninguém estava disposto a ajudá-las, que ninguém se importava com a situação delas. Já havíamos passado por quase três décadas de um processo de desindustrialização que arrasou comunidades inteiras e deixou muitas pessoas desprovidas de oportunidades decentes de emprego. As pessoas estavam alienadas, e populações alienadas tendem a ser muito instáveis. Tendem a cair na melancolia e na depressão. Algumas das consequências são drogadição e alcoolismo. A epidemia dos opioides se impôs e o índice de suicídios aumentou. Em muitas partes do país a expectativa de vida realmente decaiu, de modo que o estado da população não é nada bom. As pessoas como um todo passaram a se sentir cada vez mais fustigadas.

A essa altura, as pessoas começam a se perguntar quem seria responsável por tudo isso. A última coisa que os grandes capitalistas e seus meios de comunicação querem é que as pessoas passem a culpar o capitalismo e os capitalistas. Isso já tinha acontecido antes, nos idos de 1968 e 1969. As pessoas começaram a culpar o capital e as corporações, e o resultado foi um movimento anticapital. Dito e feito. Em 2011, como sabemos, eclodiu o movimento Occupy, apontando o dedo firmemente para Wall Street como responsáveis pelo que estava acontecendo. As pessoas começaram a sentir que havia algo profundamente errado. Viam que os banqueiros estavam se dando muito bem enquanto a maioria da população enfrentava os impactos da crise. Notavam que muitos desses executivos estavam sempre metidos em atividades criminosas e práticas eticamente questionáveis, mas ninguém ia preso. Aliás, o único país do mundo que prende grandes banqueiros (e não apenas um ou outro subordinado desgarrado) é a Islândia.

A turma de Wall Street de fato ficou um tanto aflita quando o movimento Occupy começou a nomear os 1% e dizer que o problema estava nesse andar de cima. De imediato, a mídia e todas as grandes instituições (que àquela altura já estavam totalmente dominadas pelo capital) passaram a apresentar todo um leque de explicações alternativas (muitas vezes com colorações étnico-raciais) para desviar da narrativa incômoda que os "ocupas" estavam promovendo. Vale tudo para insistir que o problema não eram os ultrarricos, mas sim os imigrantes, "os encostados que estão se aproveitando de políticas assistencialistas", "a concorrência desleal por parte da China", "os fracassados que não cuidam de investir adequadamente neles mesmos", e assim por diante. Aliás, toda a explicação sobre a epidemia dos opioides foi construída em torno de uma narrativa individualista sobre a tragédia do fracasso da força de vontade.

Começa, portanto, a aparecer esse tipo de discurso e de rumor na grande imprensa e no interior de muitas das instituições controladas pela extrema direita e pela *alt-right* – que àquela altura de repente passa a ser financiada pelo Tea Party, pelos irmãos Koch e por algumas facções do grande capital, que também começam a destinar uma enxurrada de dinheiro para a compra de poder eleitoral a fim de controlar os governos estaduais e o governo federal. Era a continuação de uma tendência dos anos 1970, que implicava a consolidação do poder de classe capitalista em torno de um projeto político. Mas agora os culpados da vez seriam os imigrantes, a concorrência chinesa, a situação do mercado mundial, o estorvo provocado pelo excesso de regulamentações e por aí vai. Culpe tudo, menos o capital!

Em última instância, acabamos ficando com Donald Trump, que é paranoico, errático e um pouco psicopata. Mas veja o que ele fez: desregulamentou tudo que pôde. Destruiu a Agência de Proteção Ambiental (EPA, na sigla em inglês), uma das coisas das quais os grandes capitalistas estavam tentando se livrar desde os anos 1970. Fez uma reforma tributária que entregou quase tudo aos 1% mais ricos e às grandes corporações e aos acionistas, deixando quase nada ao resto da população. Está garantida a desregulamentação da exploração de minérios, a abertura de terras federais, e assim por diante. Esse é um conjunto de políticas puramente neoliberais. Os únicos elementos que escapam um pouco da cartilha neoliberal são as guerras tarifárias e talvez as políticas anti-imigração. Do ponto de vista da economia, Trump está basicamente seguindo o evangelho neoliberal.

Mas como ele justifica essa política econômica? Como ele a legitima? Ele tenta garantir essa legitimação por meio de uma retórica nacionalista, anti-imigrante. Essa é uma jogada clássica do capital. Vemos os irmãos Koch controlando a política eleitoral com o poder do seu dinheiro, dominando a mídia por intermédio de veículos como a Breitbart e a Fox News. Eles estão descaradamente levando a cabo esse projeto neoliberal (sem as guerras tarifárias e a política anti-imigração).

Neste momento, contudo, a classe capitalista não está tão consolidada e unificada como na década de 1970. Algumas alas da classe capitalista percebem que há algo de errado com o modelo econômico neoliberal. Há, além do mais, aspectos de Trump que não necessariamente vão ao encontro dos interesses dos irmãos Koch – por exemplo, as políticas tarifárias, anti-livre comércio e anti-imigração. Não é isso que a classe capitalista como um todo quer. Ou seja, temos uma situação em que a própria classe capitalista está um pouco esgarçada, ainda que a movimentação desesperada de "culpar qualquer um menos o capital" depois da crise de 2007-2008 tenha sido visivelmente uma jogada de classe. Por enquanto, a classe capitalista tem sido bem-sucedida nesse movimento. Mas a situação como um todo é claramente frágil e instável. E populações instáveis, particularmente populações alienadas, podem tomar um sem-número de diferentes direções políticas.

4
A FINANCEIRIZAÇÃO DO PODER

Permita-me voltar a uma faceta desta história toda que considero significativa e que merece ser analisada à parte: a crescente financeirização de tudo e o aumento espantoso do poder financeiro. Há alguns aspectos interessantes disso porque historicamente as finanças tendiam a ser vistas como uma função parasitária, como algo que não produz nada. Até a década de 1970, as atividades financeiras não eram incluídas na contabilidade social; não entravam no cálculo do PIB porque eram vistas como meras atividades transacionais, não propriamente produtivas. Com o crescimento do poder financeiro, no entanto, que vemos é uma tentativa cada vez maior por parte dos integrantes do setor financeiro de dizer que eles são sim produtivos e que, portanto, o que eles fazem deveria ser incluído na contabilidade social. Essa se tornou uma enorme questão, como você pode imaginar, com o fator Brexit na Inglaterra, porque a City de Londres é supostamente produtiva para a economia inglesa. Todo mundo quer preservar esse papel da City de Londres. Em 1970, a atividade financeira não teria sido classificada como produtiva; seria considerada uma atividade transacional e circulatória que, portanto, não estaria ligada de maneira direta à produção de nada. A Inglaterra produzia carros, produzia coisas, e os negócios financeiros eram irrelevantes. Mas Lloyd Blankfein, o antigo diretor executivo do Goldman Sachs, chegou a defender veementemente que eles não apenas faziam o "trabalho de Deus" como eram, no fundo, um dos setores mais produtivos da economia estadunidense*. Os funcionários do Goldman Sachs são, insistia ele, alguns dos trabalhadores mais produtivos do mundo.

---

* Matt Phillips, "Goldman Sachs' Blankfein on Banking: 'Doing God's Work'", *The Wall Street Journal*, 9 nov. 2009, disponível on-line. (N. E.)

50 / Crônicas anticapitalistas

Isso levanta a interessante questão a respeito do valor dos serviços financeiros. Daria para todos nós vivermos só de serviços financeiros? Quer dizer, eles não são de comer, de vestir nem de morar; e no fundo, é bem forte o argumento de que os serviços financeiros seriam em larga medida parasitários. Se acabar sendo classificado como parasitário e improdutivo – um tema comum na retórica do movimento Occupy Wall Street –, o setor financeiro perderá sua posição privilegiada, tanto política como economicamente. Porque por enquanto, o Goldman Sachs continua sustentando que eles seriam tão fundamentais e produtivos que Nova York sequer cogitar existir sem eles equivaleria a flertar com um desastre econômico. O aprofundamento da desregulamentação dos serviços financeiros é uma pauta recorrente e de longa data em Nova York. Logo antes da crise de 2007-2008 houve forte pressão por parte do então prefeito Michael Bloomberg no sentido de ampliar a desregulamentação dos serviços financeiros na cidade, visando torná-los mais competitivos em relação a Londres. Essa maior desregulamentação supostamente liberaria uma capacidade produtiva latente que já estava ali presente. A capacidade produtiva, dizia-se, estava sendo estorvada e suprimida por todo esse aparato regulatório. O resultado é conhecido: em 2007-2008 veio a crise, na sequência, as regulações financeiras na forma da lei Dodd-Frank. Mas o que vemos agora? Há uma campanha nada sutil de esvaziar a lei Dodd-Frank e ampliar a desregulamentação dos serviços financeiros. O governo Trump, que deu continuidade à tradição de contratar ex-executivos do Goldman Sachs para tocar o Departamento do Tesouro dos Estados Unidos, tem colaborado de muito bom grado nesse quesito.

Mas afinal, o setor financeiro produz valor? Se sim, de que forma? Essa questão, no meu entender, tem um aspecto muito intrigante. Para compreendê-lo melhor, é preciso voltar a Marx. Capital é sinônimo de crescimento, e sempre crescimento exponencial – 3% ao ano, ao que parece, é o horizonte ideal. A função exponencial, porém, produz uma curva de crescimento cada vez mais íngreme. Há uma famosa lenda sobre o sujeito que inventou o xadrez que ilustra bem as armadilhas da progressão geométrica. Fascinado com o jogo, o rei ofereceu uma recompensa ao sujeito. O inventor, que não era bobo, pediu para ser recompensado em arroz, mas formulou sua proposta de quantidade da seguinte maneira: um grão de arroz no primeiro quadrado, depois o dobro no quadrado seguinte, e assim por diante até terminar o tabuleiro. O rei prontamente concordou, não vendo problema algum na solicitação. A questão é que o tabuleiro tem 64 quadrados, na altura do 34º já havia se esgotado toda a reserva de arroz do mundo! É isso que os juros compostos fazem. Você salta de 1 para 2, para 4, para 8, para 16, para 32, para 64 e assim por diante. Vai seguindo nessa toada. O capital vem crescendo numa taxa exponencial de cerca de 3% ao ano desde 1750. Na média um pouco menos que isso, historicamente, porque essa trajetória de crescimento foi interrompida por períodos de depressão como o da década de 1930. Mas digamos que ela é de 3% ao ano. Na época de Marx, uma taxa de crescimento exponencial de 3% em cima de tudo que estava acontecendo na Europa Ocidental e na Inglaterra, e talvez também na costa leste dos Estados Unidos, não era grande coisa. Hoje, no entanto, uma taxa de crescimento exponencial de 3%, como horizonte futuro, é uma enormidade. Há um problema real de como absorver essa taxa de crescimento composto. Afinal, você precisa encontrar e expandir oportunidades de investimento para quantias vertiginosamente maiores de dinheiro.

Neste momento, estima-se que o PIB global esteja próximo de 80 trilhões de dólares. Logo, é preciso encontrar novas oportunidades de investimento a 3% para essa quantidade de dinheiro. Nos idos do ano 2000, só precisávamos absorver 40 trilhões de dólares. Daqui a uns vinte anos, estaremos falando em algo da ordem dos 160 trilhões. A economia global precisa dobrar de tamanho a cada duas e tantas décadas. Que forma uma ampliação tão extraordinária poderia assumir? Haveria limites físicos para a economia expandir? Vejamos a dimensão que essa expansão tomou, em termos concretos, ao longo dos últimos quarenta a cinquenta anos: todo os países da ex-União Soviética foram incorporados ao sistema capitalista, a China também; muitos países que até há pouco eram bastante comedidos, e não eram palco de muito desenvolvimento capitalista, como a Indonésia e a Índia, agora estão plenamente integrados à economia capitalista global em expansão. Uma taxa exponencial de crescimento físico é algo potencialmente catastrófico por vários motivos, inclusive ambientais.

O dado que mais gosto de citar sobre esse assunto é o histórico do consumo de cimento na China. Em apenas dois anos os chineses consumiram a mesma quantidade de cimento que os Estados Unidos consumiram no último século inteiro[1]. Se isso é o que crescimento exponencial significa em termos físicos, fica claro que temos um desastre pela frente. Daqui a sessenta anos estaremos afundados até o pescoço em cimento. Há, portanto, um problema bastante real sobre como o sistema vai fazer para expandir. Ele tem como expandir em termos das mercadorias produzidas e consumidas? Tem como expandir em termos de atividade produtiva e produção de mais-valor? Tem como expandir em termos de poder monetário? A única dessas alternativas que a princípio é ilimitada é a última. Trata-se de simplesmente acrescentar zeros à oferta mundial de dinheiro.

---

[1] Segundo dados do Serviço Geológico dos Estados Unidos, a China consumiu 6,651 bilhões de toneladas de cimento entre 2011 e 2013, em contraste com os 4,405 bilhões de toneladas que os Estados Unidos utilizaram durante todo o século XX. Ver "Towering Above", *National Geographic*, v. 229, n. 1, 2016, e a Fig. 2 na p. 81 desta edição.

Com efeito, é isso que os bancos centrais fazem com a chamada flexibilização quantitativa. A oferta mundial de dinheiro vem expandindo de maneira exponencial desde os anos 1970. A princípio esse tipo de expansão pode continuar indefinidamente. Mas se você tem cada vez mais dinheiro circulando no mundo, logo surge a questão de saber para o que ele pode ser usado e o que afinal ele é capaz de comprar. E a verdade é que é difícil que todo esse dinheiro novo escoe para investimentos reais. Quando os bancos foram socorridos com uma enorme injeção monetária depois do colapso de 2007-2008, a esperança era a de que boa parte dele iria para estimular a atividade produtiva. Contudo, menos de um quinto desse dinheiro teve essa finalidade. O resto foi usado para readquirir ações, investir em ativos e no mercado financeiro em geral. Ou seja, a maior parte não foi destinada para nada produtivo. Só foi usada em instrumentos monetários e especulação com valores fundiários e imobiliários.

Veja só que curioso: uma das respostas à crise de 2007-2008 – que começou nos mercados imobiliários – foi reavivar e acelerar a especulação com alguns dos principais mercados imobiliários! A situação na China é de arregalar os olhos: desde a crise de 2008 nos setores exportadores chineses, a construção de casas tem representado cerca de 15% do crescimento de todo o país. Um relatório da filial de São Francisco do Banco Central dos Estados Unidos disse certa vez que os Estados Unidos têm uma longa história de superar situações de crise construindo casas e enchendo-as de coisas. Se você observar os mercados imobiliários de todas as principais regiões metropolitanas do mundo, verá que houve uma enorme inflação nos valores, a ponto de deixar grandes segmentos da população sem moradia decente. Tente encontrar um lugar para morar em Nova York agora para quem está se desdobrando para se sustentar com uma renda anual de 50 mil dólares – esqueça, não há moradia a preços acessíveis para essa população. A crise habitacional é real e generalizada.

Essa é a insanidade da situação toda. O lado monetário recuperou-se rapidamente depois de 2007-2008; sem que isso representasse nenhum grande "progresso" do lado, digamos, físico. Em algumas partes do mundo até houve avanços concretos, mas a esmagadora maioria da recente expansão monetária de fato acabou indo desproporcionalmente para as mãos dos mais ricos.

Isso vale sobretudo para as políticas de flexibilização quantitativa, em que os bancos centrais (a Reserva Federal nos Estados Unidos, o Banco da Inglaterra, o Banco Central Europeu e o Banco Central Japonês) saem comprando empréstimos hipotecários e títulos de dívida dos bancos comerciais. Os bancos centrais pagam em dinheiro. Isso aumenta a liquidez (dinheiro livre) da economia ao passo que efetivamente armazena as hipotecas e títulos que, de outra forma, pesariam nos bancos comerciais, comprometendo sua atividade. Isso é flexibilização quantitativa. Essa foi uma das principais respostas dadas depois de 2007-2008. Os bancos centrais aumentaram a oferta monetária global. Porém, esse dinheiro extra não foi necessariamente para a atividade produtiva; ele foi, em larga medida, para a aquisição de valores de ativos.

A impressão geral era mesmo a de que a flexibilização quantitativa beneficiava as classes altas em detrimento das classes mais baixas. Foi quando o Banco da Inglaterra resolveu fazer um estudo detalhado para demonstrar que isso era um mito e o publicou com uma chamada que dizia que, proporcionalmente, a flexibilização quantitativa beneficiou mais as classes baixas do que as classes altas*. Era só no finalzinho do artigo que você entendia o que essa afirmação de fato significava. A fatia demográfica dos 10% mais pobres tinha recebido ao longo de cinco anos, em média, algo como 3 mil libras esterlinas. Os 10% mais ricos haviam recebido 350 mil libras esterlinas. Mas a questão era que a *taxa* de melhoria das classes mais baixas era mais elevada que a taxa de melhoria das classes mais altas. Ou seja, no fundo é um comentário sobre quão miseráveis os 10% mais pobres eram. O que você preferiria: uma taxa de retorno de 10% sobre 10 dólares, ou uma taxa de retorno de 5% sobre 1 milhão de dólares? É isso que, na prática, estava acontecendo. As classes mais altas aumentaram imensamente seu montante de riqueza e poder, enquanto os 10% mais pobres agora têm condições de comprar uns dois cafezinhos a mais por semana por conta dessa flexibilização quantitativa. A chamada do estudo, no entanto, destacava que os pobres na verdade teriam se beneficiado proporcionalmente mais que os ricos, e a imprensa financeira estampou nas suas manchetes: "Flexibilização quantitativa 'reduziu a desigualdade de renda no Reino Unido', dizem pesquisadores do Banco da Inglaterra"**.

Essa distinção entre a taxa e a massa do crescimento é muito, muito importante. As grandes corporações podem até ter taxas mais baixas de retorno, mas a sua massa absoluta de retorno representa uma quantidade esmagadoramente maior de dinheiro. Não dá para comparar a massa absoluta de retorno de uma Exxon, por exemplo, com a de um restaurante familiar ralando para conseguir cobrir os cada vez mais altos preços de aluguel e custos de entrega em Manhattan, mesmo que a taxa relativa de retorno deste segundo seja maior***.

As mudanças relativas na disposição da massa são indicadores de como o lado monetário das coisas se tornou cada vez mais significativo. Aqui reside a crescente

---

* Ver Philip Bunn, Alice Pugh e Chris Yeates, "The distributional impact of monetary policy easing in the UK between 2008 and 2014", Bank of England, Staff Working Paper n. 720, mar. 2018. (N. E.)

** Gavin Jackson, "Quantitative easing 'reduced UK wealth inequality', says BoE", *Financial Times*, Londres, 1 abr. 2018, disponível on-line. (N. E.)

*** Para uma reflexão sobre a importância da diferença entre taxa e massa de mais-valor, ver o capítulo 15 deste livro. (N. E.)

desigualdade social. O lado monetário das coisas desempenha um papel até mesmo na maneira pela qual as corporações operam. Por exemplo, costumamos pensar na General Motors como uma empresa que fabrica automóveis. Mas uma das suas partes mais rentáveis era a General Motor Acceptance Corporation, cuja atividade consistia efetivamente em emprestar dinheiro para quem queria comprar um carro. Essa corporação ficou tão grande e lucrativa que acabou virando um banco independente. Muitas das grandes corporações automotivas ganham mais dinheiro com operações financeiras do que com a fabricação de carros em si. Vi recentemente alguns dados sobre linhas aéreas, e a verdade é que as companhias aéreas, ao investirem em fundos de cobertura vinculados aos preços dos combustíveis e fazerem estratagemas desse tipo, ganham mais dinheiro com suas manipulações financeiras do que de fato transportando as pessoas de um lugar para outro. Portanto, houve uma financeirização inclusive de corporações supostamente de produção. Hoje todas participam de manipulações financeiras, contanto que haja perspectiva de uma boa taxa de retorno. Isso significa, contudo, que você precisa de uma corporação ágil, muito sofisticada e com acesso a informação de boa qualidade, de modo a alavancar fundos de um lugar para o outro e maximizar a rentabilidade em cima desses diferenciais. Os cargos de direção de muitas corporações são cada vez mais compostos por pessoas especializadas em finanças do que, por exemplo, por engenheiros.

Os governos federais e estaduais costumam ajudar a estruturar acordos financeiros atraentes. Por exemplo, um banco pode pegar emprestado do Federal Reserve a uma taxa de, digamos, 1,5%, e colocar esse dinheiro no Tesouro com um retorno de 3%. Ao proceder dessa maneira, os bancos não estão gerando nada além de dinheiro. Mas isso se tornou muito comum depois de 2007-2008. Uma quantidade enorme de dinheiro foi injetada no sistema, porém pouquíssimo dele foi realmente destinado para atividades produtivas. A maior parte foi para artimanhas do sistema financeiro. Incluindo compras de ativos. No mundo todo tem ocorrido muito daquilo que às vezes se denomina *land grabbing* [abocanhamento de terras*]. Li um relatório dizendo que o fundo patrimonial da Universidade de Harvard está se envolvendo pesadamente em aquisições ou arrendamentos de terras na América Latina**. Outras instituições do tipo estão muito envolvidas na África, onde hoje o preço da terra e dos imóveis está disparando.

---

* O termo *land grabbing* é por vezes traduzido como "usurpação de terras" e às vezes aproximado do nosso termo "grilagem". Aqui optamos por "abocanhamento de terras" para ressaltar a escala massiva e o caráter oportunista dessas práticas com finalidade geralmente especulativa que nem sempre são feitas por meios formalmente ilegais (ainda que muitas vezes o sejam). (N. T.)

** Ver, por exemplo, *Harvard's billion-dollar farmland fiasco/O fiasco agrícola bilionário da Universidade de Harvard*, GRAIN e Rede Social de Justiça e Direitos Humanos, ago. 2018, disponível on-line. (N. E.)

Ou seja, estamos entrando nessa economia especulativa, cada vez mais difícil de legitimar como atividade produtiva. Uma das consequências dessa situação é que passa a ser consideravelmente desafiador compreender todas as complexidades do sistema financeiro. Outra é o surgimento de uma classe distinta de investidores (por exemplo, fundos de cobertura e de *private equity*), cujo único interesse é obter uma taxa mais alta de retorno de todo e qualquer meio possível, e sem nenhuma restrição política, social ou econômica.

Os fundos de pensão são centrais para esses investidores. São fundos robustos que estão parados esperando a taxa mais elevada de retorno que lhes for oferecida – nem que seja uma jogada de abocanhamento de terras em algum país africano, por exemplo. Meu fundo de pensão, o TIAA [Teachers Insurance and Annuity Association], está supostamente envolvido em operações desse tipo na América Latina. Isso não me agrada em nada e eu me queixo da situação. Mas aí o administrador responde que o fundo de pensão tem uma obrigação fiduciária de conseguir a taxa de retorno mais alta possível e, se isso implica participar desse tipo de atividade na América Latina, é isso que faremos. Caso contrário, poderemos ser acusados de descumprimento contratual. Ou seja, estamos mergulhados em uma economia completamente insana, que é tão financeirizada a ponto de se esquecer da produção, ao mesmo tempo que está cada vez mais chafurdada em dívidas que, ou eclipsam nosso futuro, ou se revelam apenas impagáveis.

Na visão de Marx, o setor financeiro sempre comporta um elemento parasitário, bem como um elemento construtivo. Afinal, precisamos do sistema financeiro para equilibrar o descompasso entre todos os diferentes tempos de rotação na compra e venda de mercadorias. Muitas funções financeiras são bastante úteis e prestativas para coordenar os fluxos de capital. Por exemplo, já houve associações de ajuda mútua, pequenas instituições de poupança e empréstimo, nas quais a população local podia colocar o seu dinheiro em troca de uma pequena taxa de juro, mas depois esse dinheiro podia ser emprestado a outra pessoa da comunidade a fim de adquirir uma casa. A maioria das pessoas tende a concordar que esse seria um uso benevolente do sistema de crédito. O sistema de crédito permitia às pessoas arrecadarem dinheiro coletivamente a fim de empreender projetos muito necessários (tais como a construção de um hospital).

Há, portanto, um aspecto construtivo do sistema de crédito. Mas há também esse outro lado insano, especulativo, em jogo em situações em que são adquiridas enormes quantidades de terras no Brasil com a única e exclusiva finalidade de especular. O papel do Estado deveria ser controlar o lado especulativo, e facilitar o lado benevolente do sistema de crédito. Mas evidentemente é o lado especulativo que mais interessa aos capitalistas, em especial se ele oferecer uma taxa de retorno mais elevada. Por isso, buscam sempre abolir ou contornar intervenções e regulamentações estatais.

Neste momento, eles estão fazendo uma nova investida de desregulamentação do sistema financeiro, de modo que há, penso eu, uma grande batalha prestes a ser travada em torno da questão dos serviços financeiros: como eles estão operando e até que ponto são produtivos.

Na minha avaliação, os executivos da Goldman Sachs são trabalhadores improdutivos. Temos que proclamar isso aos brados. Mas não devemos descartar o bebê junto com a água do banho. Precisamos, no interior do quadro do capitalismo, de um sistema de crédito decente e bem-regulado que seja organizado e regulamentado como utilidade pública, a fim de proporcionar crédito a funções e necessidades sociais adequadas e oportunas. Precisamos que ele invista em projetos de longo prazo que tragam benefícios futuros tais como infraestruturas físicas e sociais de, digamos, educação. Em outras palavras, precisamos de um sistema e de instituições de crédito adequados para ajudar a definir e financiar o futuro. Isso é certo. O que não precisamos, no entanto, é do Goldman Sachs. Desde a década de 1990, o cargo de secretário do Tesouro dos Estados Unidos é ocupado por alguém vindo do Goldman Sachs. De modo que é efetivamente o Goldman Sachs que tem conduzido a política econômica estadunidense. E no interesse de quem? Do Goldman Sachs, é claro. Essa é a essência do projeto neoliberal. Precisamos ressuscitar aquela retórica do Occupy Wall Street, que põe em evidência os elementos especulativos parasitários do sistema de crédito. É vital compreender o que é e o que não é produtivo no sistema financeiro. Esse é um desafio intelectual e teórico, bem como uma questão prática.

A financeirização é uma cobrança sobre o trabalho futuro. Os estudantes endividados entendem bem isso. Eles carregam dívidas da ordem de 100 mil dólares e precisam passar de dez a quinze anos trabalhando para conseguir quitá-las antes que possam ter uma vida que possam chamar de sua. Trata-se do trabalho futuro deles. É também o nosso futuro coletivo. Estamos mergulhando em uma situação de servidão por dívida, de peonagem, em que muitos de nós estamos atolados em dívidas. Isso se conecta a algo que mencionei anteriormente. Uma vez que os salários vêm caindo em termos relativos, foi preciso recorrer cada vez mais ao crédito a fim de manter a demanda efetiva. O sistema capitalista sobrevive por meio da extensão e ampliação do sistema de crédito. Crescimento de crédito é crescimento de capital. Esse é o nosso dilema atual. Dito de modo simples: isso não tem como continuar para sempre e, todavia, precisa continuar para que o capital sobreviva. O que talvez possamos fazer diante dessa situação é algo que abordaremos mais adiante neste livro.

5

A GUINADA AUTORITÁRIA

Todo mundo sabe que os dados são viciados
Todo mundo joga com os dedos cruzados
Todo mundo sabe que a guerra acabou
Todo mundo sabe que os bons perderam
Todo mundo sabe que a luta foi comprada
Os pobres continuam pobres, os ricos enriquecem
Assim são as coisas
Todo mundo sabe
Leonard Cohen*

O fato de que "os pobres continuam pobres e os ricos ficam cada vez mais ricos" é algo que, como diz a canção de Leonard Cohen, "todo mundo sabe", afinal, "assim são as coisas". Mas se todo mundo sabe disso, por que é que "todo mundo" não faz algo a respeito?

A questão interessante para mim é: o que é que todo mundo efetivamente sabe sobre a nossa atual conjuntura? Considere, por exemplo, as eleições presidenciais brasileiras de 8 de outubro de 2019. Um sujeito chamado Jair Bolsonaro obteve 46% dos votos no primeiro turno. Foi um desempenho 10% maior do que as pesquisas estavam prevendo; ele se saiu muito melhor do que o esperado. Contra ele, em segundo lugar, estava o candidato do PT, que obteve cerca de 29% dos votos, e depois uma série de outros candidatos. Ou seja, haveria um segundo turno, mas já estava bem claro que Bolsonaro muito provavelmente prevaleceria.

Agora, há uma série de coisas interessantes nesse resultado, porque Bolsonaro é um candidato de extrema direita indecoroso, intolerante e imprevisível. Para começar, os resultados provocaram uma enorme agitação na bolsa de valores brasileira.

---

* *"Everybody knows that the dice are loaded / Everybody rolls with their fingers crossed / Everybody knows the war is over / Everybody knows the good guys lost / Everybody knows the fight was fixed / The poor stay poor, the rich get rich / That's how it goes / Everybody knows."* Leonard Cohen e Sharon Robinson,, "Everybody Knows", Leonard Cohen, *I'm Your Man* (Nova York, Columbia, 1988), faixa 3. (N. E.)

58 / Crônicas anticapitalistas

As ações subiram 6% no dia seguinte. O real valorizou 3% nos mercados mundiais, num momento em que os mercados emergentes estavam, em geral, enfrentando dificuldades. A resposta do mercado ao desempenho de Bolsonaro foi muito positiva. A grande questão é: por quê? Afinal, não havia nada no histórico de Bolsonaro que sugerisse que ele era particularmente a favor das pautas do mercado e do empresariado. Como parlamentar, ele tinha sido uma figura errática agindo sozinho na extrema direita e com posições por vezes críticas à privatização, por exemplo. Sua campanha se deu basicamente em torno da pauta de acabar com a corrupção, o que ameaçaria muitas empresas e políticos.

Acabar com a corrupção ou, como dizemos em Washington, "drenar o pântano", está se tornando uma espécie de artimanha política nos dias de hoje. Há uma grande diferença, no entanto, entre lidar com a corrupção e usar a corrupção como forma de perseguir seus adversários. Parece de fato haver muita corrupção rolando no Brasil. Mas não há dúvida de que essa pauta está sendo usada essencialmente para castrar a esquerda, em vez de ir atrás da direita. Dilma Rousseff foi destituída da Presidência por conta de uma acusação irrisória de corrupção, as chamadas pedaladas fiscais. Não foi corrupção pessoal nem desvio de dinheiro. O sujeito que abriu o processo de *impeachment* acabou preso por corrupção, e o novo presidente que assumiu o lugar dela foi gravado dizendo coisas bastante comprometedoras. Mas ninguém foi atrás dele. Fora a conspiração para prender Lula por corrupção, o que foi, para dizer o mínimo, um processo dúbio. Então quando Bolsonaro diz que está querendo acabar com a corrupção, o que ele quer dizer, muito claramente, é que vai cair em cima do PT e da esquerda. Mas isso é algo que está acontecendo no mundo todo hoje. Os chineses, por exemplo, têm agora um programa enorme de combate à corrupção e não está claro se é um mero instrumento para perseguir opositores ou se é algo que está de fato enfrentando as raízes da corrupção, que certamente existe, em especial no nível local da política chinesa.

Bolsonaro também expressa admiração pela ditadura militar brasileira. As Forças Armadas, diz ele, garantiram a segurança (de certo tipo). O discurso era o de que talvez fosse necessário recorrer aos militares para fornecer segurança à população e conter a criminalidade desenfreada, sobretudo nas favelas onde o tráfico e as quadrilhas supostamente dominavam. Bolsonaro dizia que, se fosse preciso, traria de volta os militares para resolver esses problemas. Ele manifestou também admiração pelo presidente das Filipinas, Rodrigo Duterte, que havia recorrido a meios extrajudiciais para lidar com o tráfico e a criminalidade. Se você se deparar com um traficante, é só fuzilar ele e pronto. Bolsonaro é esse tipo de pessoa. Para completar, ainda havia fartos registros dele fazendo todo tipo de declaração misógina, racista e violenta; comentários horríveis e degradantes sobre mulheres, pessoas LGBT, negros e nordestinos. Em suma, tudo aquilo que nós, nos Estados Unidos, nos acostumamos a ter que escutar de Trump. Não à toa, Bolsonaro ganhou o apelido de "Trump dos trópicos". Foi com esse discurso político baixo que Bolsonaro acabou se elegendo.

Então a questão é: por que todos os operadores financeiros e do mercado se uniram no Brasil pra dar respaldo a um candidato desses? Bem, o detalhe é que Bolsonaro tem um economista chamado Paulo Guedes, que foi treinado na Escola de Chicago. Repare bem: *Chicago*! Lembre-se, foi de lá que vieram os Chicago Boys do general Pinochet, que tomou posse no Chile após o golpe de 1973 que depôs o presidente socialista Salvador Allende e reimaginou a sociedade nos termos da teoria econômica neoliberal. Foi ali que os Chicago Boys ganharam importância na primeira onda de neoliberalização, deflagrada na América Latina por intermédio do golpe de Pinochet. E aqui estamos nós, cerca de quarenta anos depois, diante de um economista de Chicago que se diz a favor da privatização, da austeridade fiscal e de priorizar o balanço orçamentário em detrimento de programas sociais para os pobres, particularmente em detrimento de programas que o PT havia implementado, como o Bolsa Família. Esse programa proporcionou certo poder de compra às classes mais baixas no Brasil. Guedes é a favor de fazer reformas na previdência. O sistema previdenciário brasileiro é considerado generoso demais e precisaria ser cortado. Ele também defende a privatização de todos os ativos do Estado. Ou seja, é a favor de um programa neoliberal clássico. Era isso que o mercado estava celebrando. A Faria Lima não se importava com Bolsonaro. Só queriam saber de ver Guedes como ministro da Economia entregando essas políticas neoliberais. Quando ele assumiu o cargo, Guedes anunciou que seguiria os passos do Chile de Pinochet.

O perturbador aqui é que parece estar surgindo uma aliança entre programa econômico neoliberal e populismo de direita. Vários exemplos comparativos reforçam essa ideia. Pegue o recém-fundado Alternative für Deutschland (AfD), partido alemão de direita que tem uma forte postura anti-imigrante, xenofóbica e nacionalista. Fundado em 2013, ele cresceu da quase insignificância para se tornar o terceiro maior partido do Bundestag. Eles tinham que representar algum tipo de programa econômico. Quando indagados, responderam apenas "ordoliberalismo", que nada mais é do que uma modalidade alemã de neoliberalismo. Essa versão não se apoia inteiramente numa ideologia de livre-mercado. Ela gira em torno de livres-mercados balizados pelo Estado. Na verdade, esse tipo de configuração sempre esteve no centro do neoliberalismo europeu em geral, não só do alemão. Na prática, é claro, a maior parte dos países que abraçam uma ideologia neoliberal dependem de forte apoio estatal. De todo modo, o fato é que o partido nacionalista de direita AfD declarou como sua política econômica a versão alemã de neoliberalismo.

60 / Crônicas anticapitalistas

Portanto já temos dois exemplos claros de movimentos políticos populistas de extrema direita abraçando discursos neofascistas (ou até mesmo nazista, no caso alemão) e que promovem o neoliberalismo. Parece estar surgindo uma aliança entre esses movimentos populistas de direita e o projeto neoliberal. Será que é algo desse tipo que está acontecendo nos Estados Unidos agora?

Trump está certamente articulando uma alternativa de extrema direita. Ele não rejeita influências supremacistas e neonazistas, como vimos em Charlottesville*. Ele não nega as políticas da *alt-right* de Steve Bannon. Em que medida ele também está comprometido com a perpetuação do neoliberalismo? Pode até ser uma conexão repleta de atritos, mas não deixa de ser uma conexão.

Se eu estiver correto e o neoliberalismo sempre tiver sido um projeto das classes altas e da classe capitalista visando primordialmente sustentar e, se possível, ampliar a riqueza e o poderio dessas classes, isso significa que o sucesso do projeto neoliberal é inegável, dadas as evidências do aumento da desigualdade social onde quer que tenham sido implementadas políticas neoliberais. Essa é a história para a qual realmente precisamos atentar.

Nos tempos que correm, não é fácil estabelecer definições claras de estrutura de classe, em especial quando estamos às voltas com o conceito de classe trabalhadora, porque hoje há muitos empregos temporários e diversos empregos no setor de serviços. As fábricas não estão mais lá da mesma forma, ao menos não nos Estados Unidos. As linhas de produção foram quase todas realocadas para a China. A classe trabalhadora foi dividida e fragmentada de uma série de maneiras nos países capitalistas avançados.

Por outro lado, não há nenhuma dificuldade em definir a classe capitalista. Nós sabemos quem eles são e a que vieram. Pegue o caso dos irmãos Koch, por exemplo. Eles herdaram sua posição de classe e seu império industrial. A Koch Industries é uma enorme empresa privada, uma das maiores dos Estados Unidos. Trata-se de uma corporação química, mas também de uma corporação de fabricação de materiais. Diz-se que quase tudo que usamos hoje em dia provavelmente contém algum produto dos irmãos Koch.

---

* Em 11 e 12 de agosto de 2017, a manifestação "Unite the Right" [Unir a direita] reuniu diversos grupos de extrema direita, tais como neoconfederados, neofascistas, neonazistas, milícias armadas, nacionalistas brancos e membros da Ku Klux Klan (KKK) na cidade de Charlottesville, Virgínia. Uma coalizão ampla de movimentos progressistas e antifascistas organizou uma contramanifestação para fazer frente aos grupos que abertamente empunhavam bandeiras nazistas, confederadas e da KKK, bem como materiais trumpistas, bradando slogans racistas, antissemitas e fascistas. Em um dos episódios de confronto entre os dois grupos, um supremacista branco arremessou seu carro de propósito sobre uma multidão de manifestantes pacíficos, matando uma mulher e ferindo outras 35 pessoas. Diante do ocorrido, o então presidente Donald Trump limitou-se a dizer que "ambos os lados têm culpa" e que "havia ótimas pessoas dos dois lados". (N. E.)

Os interesses industriais dos irmãos Koch são, portanto, muito amplos e abrangentes. É um empreendimento bastante lucrativo e os dois são terrivelmente ricos. Que tipo de política eles adotam? A resposta é que eles são neoliberais clássicos em alguns aspectos. Acreditam no livre-mercado e no livre-comércio. Tendem para o lado libertário do neoliberalismo. Querem um Estado fiscalmente conservador e pouco intervencionista. São contra as políticas tarifárias, por exemplo, e inclusive atacaram Trump por ter promovido atritos com a China. Apesar de não gostarem de regulações estatais, eles até que são coerentes no sentido de também terem posições relativamente progressistas: acreditam, por exemplo, numa imigração adequada e na reforma prisional.

Esses últimos dois pontos – imigração e reforma prisional – têm muito a ver com desregulamentar e abrir o mercado de trabalho, o que é, por óbvio, de grande interesse à classe capitalista. O fato de muitos prisioneiros não conseguirem se reintroduzir na força de trabalho por conta das diversas restrições que enfrentam significa que o sistema prisional está promovendo certa inflexibilidade no mercado de trabalho, o que não agrada aos irmãos Koch. Portanto, eles têm algumas posições aparentemente progressistas em meio a esses outros compromissos com o livre-mercado e o livre-comércio. Os irmãos Koch chegaram a ajudar a financiar o Tea Party nas suas fases iniciais. Apoiaram o Partido Republicano de maneira muito, muito, vigorosa – e o fizeram em benefício próprio. Em 2019, David Koch chegou a declarar publicamente que os últimos cinco anos tinham sido os melhores cinco anos da história da Koch Industries.

Mas é interessante que ele tenha dito *cinco* anos, porque esse período vai além da eleição de Trump, abarcando, antes dela, o final da gestão Obama, quando os republicanos controlavam todas as alavancas do Congresso e foram capazes de barrar quase qualquer tipo de intervenção regulatória por parte do Executivo. Eles conseguiram barrar todo tipo de ampliação orçamentária. Naqueles anos, não ampliar o teto da dívida, garantir o balanço orçamentário e reduzir os impostos tornaram-se pautas prioritárias da equação política. Muitas coisas desse tipo impediram o governo de introduzir mais regulações (ambientais, por exemplo). Para os irmãos Koch, essa situação era excelente. Obama só tinha condições de legislar por meio de decretos executivos. Não à toa, essa prática foi duramente criticada no Congresso, com os republicanos acusando-o de extrapolar a autoridade da Presidência ao entrar com medidas de proibir, por exemplo, a exploração de minérios em terras federais. Obama emitiu uma série de decretos regulatórios sobre imigração, mineração, meio ambiente etc. que não eram do agrado dos irmãos Koch. Entretanto, aquilo que se faz por decreto do Executivo pode também ser desfeito por decreto do Executivo, de tal forma que quando Trump assumiu a Presidência, uma das primeiras coisas que ele fez foi reverter quase todas as ordens executivas de seu antecessor. Isso foi ótimo para os irmãos Koch. Já não se podia mais falar em mudança climática, por exemplo: a EPA não podia nem mencionar o assunto. Foram afrouxados os controles regulatórios sobre a mineração em terras federais. Foi liberada a perfuração do Ártico. Foram liberadas perfurações marítimas. Basicamente todo o aparato regulatório do setor financeiro foi sendo removido aos poucos por meio de decretos do Executivo e, é claro, os decretos executivos da gestão sobre imigração também entraram na jogada.

No que diz respeito aos irmãos Koch, a política dos últimos anos tem sido extremamente favorável, com exceção das duas questões internas em que estão muito interessados: imigração e reforma prisional. Eles também se indispuseram com as políticas tarifárias de Trump, que aliás nem fazem parte da cartilha neoliberal. No geral, porém, a Presidência de Trump e o controle republicano do Congresso beneficiaram muito os irmãos Koch. Eles dispõem de um enorme comitê de ação política, atuante já há algum tempo. Por intermédio dele, foram investidos cerca de 100 milhões de dólares na campanha do Partido Republicano para manter o controle de ambas as casas do Congresso. Ao mesmo tempo, os irmãos também apoiaram alguns democratas conservadores para ajudar a contrariar a guinada à esquerda de certas facções no interior do Partido Democrata.

Os irmãos Koch são partidários ferrenhos do projeto neoliberal. Eles não estão apoiando os candidatos republicanos que estão se posicionando fortemente contra a reforma na imigração e que defendem as guerras tarifárias que a gestão Trump está travando. Do ponto de vista de sua política libertarianista e do ponto de vista dos interesses comerciais em geral, nem as guerras tarifárias nem os controles de imigração são uma boa ideia. São medidas que interferem no livre fluxo de bens e serviços e também da força de trabalho. O apoio à política tarifária de Trump vem tanto do lado democrata quanto do lado republicano. Houve um apoio bipartidário à aprovação do acordo recente entre Estados Unidos, México e Canadá*. Muito se fala sobre como isso foi exitoso para os Estados Unidos, mas no fundo não foi nem tão exitoso nem tão bom assim. Há todo um falatório sobre muitos novos acordos comerciais que estariam em prospecção. Já há um novo acordo tarifário com a Coreia do Sul e há outro surgindo de maneira gradual com os europeus que também, ao que tudo indica, será concretizado. O único país com o qual não se firmará um acordo tarifário forte e vinculativo é a China. Trump claramente vai cair em cima da China e até certo ponto isso não deve chegar a ser nenhum problema para algumas instâncias do setor empresarial e do

---

* Iniciativa do governo Trump, o Acordo Estados Unidos-México-Canadá (USMCA, na sigla em inglês) entrou em vigor em julho de 2020, efetivamente substituindo o Nafta. (N. E.)

Partido Democrata. Mas muitas empresas e agricultores estadunidenses também não gostam das tarifas chinesas.

A gestão Trump está recuando na questão das tarifas, talvez por motivos eleitorais. No entanto, uma área em que Trump realmente se empenhou foi a da reforma tributária. A reforma tributária de 2017 foi um presentão para as corporações. Foi algo que beneficiou bastante a Koch Industries e os indivíduos ricos ligados à empresa. Essa é, mais uma vez, uma das áreas em que a política de Trump e os interesses da classe capitalista se sobrepuseram de forma muito clara. Vejamos a situação. Os irmãos Koch têm interesse em uma reforma tributária e em benefícios fiscais. Eles conseguiram. Têm interesse na desregulamentação de tudo. Conseguiram afrouxar desde regulações ambientais às regulamentações do setor financeiro. Ou seja, basicamente conseguiram tudo que queriam. É o mesmo tipo de política que está ocorrendo no Brasil. Também é o tipo de política que você verá na Polônia e na Hungria, bem como na Índia de Modi. A extrema direita está unida em seu apoio a projetos neoliberais, ao aumento da concentração e centralização da riqueza na sociedade; unida inclusive no seu apoio ao endurecimento da repressão a movimentos de oposição.

O resultado é que figuras como os irmãos Koch enriquecem ainda mais a cada minuto que passa. Mas aí eles usam parte dessa riqueza para lançar grandes empreitadas filantrópicas. Essa é uma das formas pelas quais os ricos buscam justificar as suas fortunas. Hoje se você for ao Lincoln Center, em Nova York, assistir ao balé ou a um espetáculo de dança contemporânea, você estará numa auditório financiado pelos irmãos Koch: o Teatro David H. Koch. Quem visita o Museu de História Natural em Nova York para aprender sobre dinossauros ou sobre as origens da espécie humana vai passar pelo "Salão David H. Koch de Origens Humanas" ou pelo "Salão David H. Koch de Fósseis – Tempo Profundo". Em termos de relações públicas, quando as crianças passeiam pelo museu e veem que aquilo é patrocinado pelos irmãos Koch, isso é ótimo para a imagem deles como bons cidadãos que ajudam a promover esse tipo de iniciativa. Os ricos fazem todo um jogo filantrópico para cultivar apoio e visibilidade por parte do público, bem como para desenvolver certo tipo de cultura pública e certas formas de pensar e conhecer.

Estou usando os irmãos Koch como emblemáticos do que é a classe capitalista. Não considero nada difícil nestes tempos definir a classe capitalista e identificar a que ela veio. É só olhar os irmãos Koch. Poderíamos, no entanto, olhar também para a figura de Michael Bloomberg. É aqui que as coisas começam a ficar interessantes. Porque a classe capitalista não é homogênea. Talvez todos defendam coisas como o livre-mercado, o livre-comércio, a desregulamentação, a privatização, a retidão fiscal e por aí vai – então quanto a esses pontos, há uma homogeneidade. Para além disso, contudo, cada um deles tem preocupações particulares próprias.

Por exemplo, os irmãos Koch odeiam regulações ambientais. Eles rechaçam e inibem qualquer discussão sobre mudanças climáticas. Estão muito satisfeitos com o que Donald Trump diz sobre esse tema e com o fato de ele ter colocado no comando da EPA uma figura qualquer de direita que detesta proteções ambientais e trabalha no sentido de transformar a EPA numa instituição morta. Desde Ronald Reagan, a tática é converter a EPA numa organização inoperante. Extingui-la seria demais, mas é fácil neutralizá-la por dentro. Michael Bloomberg, por outro lado, leva a sério a questão das mudanças climáticas. Ao que se diz, nas eleições de 2018 ele chegou a desembolsar algo da ordem de 100 milhões de dólares para apoiar candidatos democratas favoráveis a regulações ambientais e políticas para reduzir emissões de carbono.

Quando falo de neoliberalismo como projeto de classe, não estou falando de uma classe capitalista inteiramente homogênea. Há diferenças internas. Bloomberg é a favor de regulamentações ambientais; mas não de regulações sobre o setor financeiro. Os irmãos Koch não gostam de nenhuma das duas formas de regulação. Bloomberg não é a favor de que uma grande parte do governo federal se volte para atender às necessidades das populações de baixa renda. Os irmãos Koch também concordam com ele nesse quesito. Bloomberg difere dos irmãos Koch e de muitos outros em questões de mudanças climáticas ou controle de armas, por exemplo, mas não quanto ao básico do apoio ao capitalismo.

A política estadunidense é de fato dirigida por um número relativamente pequeno de corporações e indivíduos super-ricos. Muitas vezes parece que no fundo temos apenas um único partido político nos Estados Unidos. São duas alas de um mesmo partido, que poderíamos denominar o Partido de Wall Street. Metade do partido é financiada e tocada pelos irmãos Kock e sua caterva: essa é a parte republicana. A outra metade é financiada por Michael Bloomberg, Tom Steyer, George Soros e outros de sua laia: o lado do Partido Democrata. Ambas dependem de financiamento da classe capitalista. Ambas são amplas apoiadoras do projeto neoliberal em geral, com apenas divergências específicas, em particular no quesito mudança climática e gestão. As duas alas apoiam o ensino superior, mas cada uma tem um tipo diferente de educação em mente. Uma defende a educação neoliberal, a educação do empreendedorismo, a promoção do espírito empreendedor nas escolas numa base meritocrática. A outra defende o cultivo da responsabilidade social e da autossuficiência. Ambas apoiam projetos sociais e culturais, porém, mais uma vez, de gêneros diferentes. Ambas defendem um tipo limitado de multiculturalismo. Ambas tendem a apoiar pautas sociais sobre os direitos das mulheres (desde que não se vá muito longe) e direitos LGBT+ (de novo, só até certo ponto).

Há uma configuração do poder econômico que está intervindo na política, mas que se encontra atualmente em uma situação de se perguntar o que fazer em relação ao ressurgimento da política de extrema direita, seja ela etnonacionalista ou mesmo neonazista. A tendência a uma política de neoditadura militar no caso do Brasil está ganhando algum apoio na comunidade empresarial, ainda que não necessariamente entre as grandes corporações. A comunidade empresarial segue apoiando políticas de direita. Porém, uma vez que ela já não tem mais condições de levá-las a cabo por meios neoliberais convencionais (como nas décadas de 1980 e 1990, ou através do apoio às políticas autoritárias surgidas nos anos 2000), parece disposta a apostar em políticas neofascistas. Utilizo o termo fascismo de maneira consequente. É só lembrar de Franco, Hitler e Mussolini: todos eles mantiveram ligações com as grandes corporações e trabalharam de forma muito próxima delas ao longo do tempo.

Não estou dizendo que um movimento desse tipo seja inevitável, só estou apontando que há sinais de alerta de que o projeto neoliberal está em perigo e está perdendo sua legitimidade, e que as grandes figuras do universo empresarial que encabeçam o neoliberalismo estão à procura de mecanismos populares de apoio. A oligarquia global dominante é um grupo muito pequeno e concentrado. O último relatório da Oxfam sobre distribuição de riqueza, por exemplo, informa que oito indivíduos controlam uma riqueza equivalente à de metade da população mais pobre do mundo. Vinte anos atrás, eram 340 indivíduos que detinham essa quantidade de riqueza e poder. De certa forma, o projeto neoliberal foi exitoso até demais ao perseguir seu objetivo de crescente centralização de poder e riqueza da classe capitalista.

Como eles buscarão justificar, legitimar e preservar essa concentração de riqueza na atualidade? Essas são as grandes questões que precisamos encarar. Vamos tolerar essa suposta aliança entre a economia neoliberal e formas políticas neofascistas? Tais alianças estão de fato começando a surgir ao redor do mundo de maneiras preocupantes. O fenômeno Bolsonaro no Brasil é bastante real. Temos Duterte nas Filipinas, Erdoğan na Turquia, Orbán na Hungria, Modi na Índia – vemos todas essas figuras e fica evidente que a situação é perigosa. O *establishment* liberal, o Partido Democrata de Michael Bloomberg, por exemplo, não é forte o bastante para resistir a essa evolução política. Será necessário um movimento oposicional de massas para se contrapor a essa aliança neofascista que ameaça dominar o cenário mundial. Para que isso ocorra, contudo, todos precisam ter ciência da profunda natureza dos problemas que estamos enfrentando, bem como do leque de respostas plausíveis à nossa disposição.

6
SOCIALISMO E LIBERDADE

A direita sequestrou o conceito de liberdade; apropriou-se dele, como se este fosse seu, e passou a utilizá-lo como arma na luta de classes contra os socialistas, que supostamente representariam a "ausência de liberdade". Esse fenômeno é bastante visível nos Estados Unidos, mas está longe de ser exclusivo do país. Estive há pouco tempo no Peru participando de uma série de conferências e foi levantado o tema da liberdade. Os estudantes estavam muito interessados na questão: "O socialismo exige abrir mão da liberdade individual?". Eles traziam o discurso de que era preciso evitar a todo custo a submissão, imposta pelo socialismo/comunismo, do indivíduo ao controle estatal. Respondi que a liberdade individual não só faz parte como deve ter centralidade em qualquer projeto socialista emancipatório. Insisti que concretizar as liberdades individuais é um objetivo central dos projetos emancipatórios socialistas. Mas argumentei que para alcançar isso é preciso construir *coletivamente* uma sociedade na qual cada um de nós tenha oportunidades e possibilidades de vida adequadas para realizar plenamente as nossas potencialidades.

Marx tinha algumas coisas interessantes a dizer sobre essa questão. Uma delas é que "o reino da liberdade só começa onde cessa o trabalho determinado pela necessidade e pela adequação a finalidades externas"[1]. Liberdade não significa nada se você não tem o que comer. Liberdade é uma palavra oca se lhe é negado o acesso a saúde, moradia, transporte e educação decentes. A função do socialismo é fornecer essas necessidades básicas, satisfazer essas necessidades humanas básicas para que as pessoas fiquem livres para fazerem exatamente o que quiserem. O ponto de

---

[1] Karl Marx, *O capital: crítica da economia política*, Livro III: *O processo global da produção capitalista* (trad. Rubens Enderle, Boitempo, 2017), p. 882.

68 / Crônicas anticapitalistas

chegada de uma transição socialista, e o ponto de chegada da construção de uma sociedade comunista, é um mundo em que as capacidades e poderes individuais estão inteiramente libertos de vontades, necessidades e outras amarras políticas e sociais. Em vez de entregar à direita o monopólio da noção de liberdade individual, precisamos reivindicar a ideia de liberdade para o socialismo.

Mas Marx também observa que a liberdade é uma faca de dois gumes. Ele tem uma forma curiosa de olhar para isso do ponto de vista dos trabalhadores. Os trabalhadores em uma sociedade capitalista, diz Marx, são livres num duplo sentido. Eles têm a liberdade de oferecer sua força de trabalho para quem bem entenderem no mercado de trabalho. Podem oferecê-la em quaisquer condições contratuais que conseguirem negociar livremente. Ao mesmo tempo, eles estão "livres" de todo e qualquer controle ou acesso aos meios de produção. Precisam, portanto, entregar sua força de trabalho ao capitalista para conseguir seu sustento[2].

Eis a sua liberdade de dois gumes. Para Marx, essa é a contradição central da liberdade sob o capitalismo. No capítulo d'*O capital* sobre a jornada de trabalho[3], ele oferece a seguinte formulação: o capitalista é livre para dizer ao trabalhador: "quero empregá-lo com o menor salário possível pelo maior número de horas possível fazendo exatamente o trabalho que eu especificar. É isso que exijo para contratá-lo". E o capitalista tem liberdade de fazer isso numa sociedade de mercado porque, como sabemos, a sociedade de mercado tem a ver com oferta, demanda e negociação. Por outro lado, o trabalhador também tem a liberdade de dizer: "Você não tem direito de me fazer trabalhar catorze horas por dia. Você não tem o direito de fazer o que quiser com a minha força de trabalho, particularmente se isso encurtar a minha vida e colocar em risco a minha saúde e bem-estar. Só estou disposto a fazer uma jornada de trabalho justa por um salário justo".

Dada a natureza da sociedade de mercado, tanto o capitalista quanto o trabalhador estão corretos em termos do que cada um está exigindo. "Ambos", diz Marx, estão "igualmente apoiados na lei da troca de mercadorias. Entre direitos iguais, quem decide é a força"[4]. Ou seja, é a luta de classes entre capital e trabalho que define a questão. O resultado repousa na relação de poder entre capital e trabalho, que pode sempre se tornar coercitiva e violenta. É a luta entre capital e trabalho que

---

[2] "Para transformar dinheiro em capital, o possuidor de dinheiro tem, portanto, de encontrar no mercado de mercadorias o trabalhador livre, e livre em dois sentidos: de ser uma pessoa livre, que dispõe de sua força de trabalho como sua mercadoria, e de, por outro lado, ser alguém que não tem outra mercadoria para vender, livre e solto, carecendo absolutamente de todas as coisas necessárias à realização de sua força de trabalho." Idem, *O capital: crítica da economia política*, Livro I: *O processo de produção do capital* (trad. Rubens Enderle, São Paulo, Boitempo, 2013), p. 244.

[3] Ibidem, p. 305-73.

[4] Ibidem, p. 309.

efetivamente determina a extensão da jornada de trabalho, o salário e as condições de trabalho. O capitalista é livre para maximizar a taxa de exploração dos trabalhadores sob a lei da troca de mercadorias; e o trabalhador é livre para resistir. A colisão entre as duas liberdades está embutida no dia a dia do capitalismo.

Essa ideia de liberdade como uma faca de dois gumes é muito importante de ser analisada em detalhes. Uma das melhores elaborações sobre o tema é de um historiador econômico chamado Karl Polanyi. Veja, Polanyi não era marxista. Não subscrevia à visão marxista das coisas, mas com certeza leu Marx e evidentemente refletiu bastante sobre essa questão de direitos e a questão da liberdade sob o capitalismo. Em *A grande transformação*, Polanyi diz que existem boas formas de liberdade e más formas de liberdade. Entre as más formas de liberdade que elenca estavam as liberdades de explorar sem limites os seus semelhantes; a liberdade de obter ganhos excessivos sem prestar um serviço proporcional à comunidade; a liberdade de impedir que invenções tecnológicas sejam usadas para benefício público; a liberdade de lucrar com calamidades públicas ou calamidades naturalmente induzidas, algumas das quais são secretamente projetadas para tanto (uma ideia que Naomi Klein discute em *A doutrina do choque*[5]). No entanto, continua Polanyi, a economia de mercado sob a qual essas liberdades se alastraram também produziu liberdades que prezamos muito: liberdade de consciência, liberdade de expressão, liberdade de reunião, liberdade de associação, liberdade de escolher o próprio emprego. Por mais que valorizemos essas liberdades por si mesmas – e penso que muitos de nós ainda o fazemos, mesmo os marxistas (eu incluso) –, elas são, em grande medida, subprodutos da mesma economia que também é responsável pelas liberdades malignas.

A resposta de Polanyi a essa dualidade pode soar muito estranha dada a atual hegemonia do pensamento neoliberal e a forma pela qual a liberdade nos é apresentada pelo poder político existente. Ele escreve: "O fim da economia de mercado" – isto é, a superação da economia de mercado – "pode se tornar o início de uma era de liberdade sem precedentes"[6]. Ora, essa é uma afirmação um tanto chocante – dizer que a liberdade real começa a partir do momento que deixarmos a economia de mercado para trás. Ele continua:

A liberdade jurídica e real pode se tornar mais ampla e mais geral do que em qualquer tempo; a regulação e o controle podem atingir a liberdade, mas para todos e não apenas para alguns. Liberdade não como complemento do privilégio, contaminada em

---

[5] Naomi Klein, *A doutrina do choque: a ascensão do capitalismo de desastre* (trad. Vânia Cury, Rio de Janeiro, Nova Fronteira, 2008).

[6] Karl Polanyi, *A grande transformação: origens da nossa época* (trad. Fanny Wrobel, Rio de Janeiro, Campus, 2000), p. 297.

sua fonte, mas como um direito consagrado, que se estende muito além dos estreitos limites da esfera política e atinge a organização íntima da própria sociedade. Assim, as antigas liberdades e direitos civis serão acrescentados ao fundo da nova liberdade gerada pelo lazer e pela segurança que a sociedade oferece a todos. Uma tal sociedade pode-se permitir ser ao mesmo tempo justa e livre.[7]

Agora, essa ideia de uma sociedade baseada em justiça e liberdade me parece ter sido pauta política do movimento estudantil dos anos 1960, e da assim chamada Geração 68. Havia uma demanda generalizada por justiça e liberdade: liberdade da coerção estatal, liberdade da coerção imposta pelo capital corporativo, liberdade das coerções do mercado, mas também temperadas pela demanda por justiça social. Foi nesse contexto que escrevi o meu primeiro livro radical, *Justiça social e a cidade*[8]. A resposta política que o capitalismo deu a isso na década de 1970 foi interessante. Tratou-se, como vimos no capítulo 2, de "ceder" e incorporar certas pautas de liberdade individual como forma de escamotear as demandas de justiça social. Ceder no quesito liberdades foi um movimento circunscrito. Significou, basicamente, a liberdade de escolha no mercado. Ou seja, o livre-mercado e a liberdade em relação à regulação estatal foram as respostas dadas à questão da liberdade. Quanto à justiça social, o próprio mercado cuidaria disso com seus mecanismos de concorrência, supostamente tão organizados que garantiriam a cada um o que lhe seria justo e devido. O efeito, no entanto, foi fomentar muitas das liberdades malignas (por exemplo, a exploração dos outros) em nome das liberdades virtuosas.

Polanyi identificou com clareza essa guinada. A passagem ao futuro vislumbrado está bloqueada por um obstáculo moral que ele denomina "utopismo liberal". Penso que ainda enfrentamos os problemas postos por essa utopia do livre-mercado. É uma ideologia muito presente na mídia e nos discursos políticos. O utopismo liberal do Partido Democrata, por exemplo, é uma das coisas que impede a realização de uma verdadeira liberdade. "O planejamento e o controle", escreveu Polanyi, "vêm sendo atacados como negação da liberdade. A empresa livre e a propriedade privada são consideradas elementos essenciais à liberdade."[9] Essa era a visão que os principais ideólogos do neoliberalismo promoviam. É isso que Milton Friedman e Friedrich Hayek vivam martelando: que a liberdade do indivíduo perante a dominação estatal só pode ser assegurada numa sociedade baseada nos direitos à propriedade privada e à liberdade individual em mercados livres e abertos.

---

[7]   Ibidem.

[8]   David Harvey, *Justiça social e a cidade* (trad. Armando Corrêa da Silva, São Paulo, Hucitec, 1980).

[9]   Karl Polanyi, *A grande transformação*, cit., p. 297.

O planejamento e o controle são, portanto, atacados como sendo negações da liberdade; e postula-se a propriedade privada como essencial à liberdade. Nas palavras de Polanyi: "Não é digna de ser chamada 'livre' qualquer sociedade construída sobre outros fundamentos. A liberdade que a regulação cria é denunciada como não liberdade; a justiça, a liberdade e o bem-estar que ela oferece são descritos como camuflagem da escravidão"[10]. Para mim, essa é uma das questões-chave do nosso tempo. Seremos capazes de ir além das liberdades limitadas do mercado, das suas determinações e da regulação das nossas vidas pelas leis da oferta e da demanda (aquilo que Marx denominou as leis do movimento do capital), ou simplesmente aceitaremos, como disse Margaret Thatcher, que não há alternativa? Tornamo-nos livres do controle estatal, mas escravos do mercado. A isso não há alternativa. Para além disso, não há liberdade. É o que prega a direita, e é o que muitas pessoas passaram a acreditar.

Eis o paradoxo da nossa atual situação: que em nome da liberdade acabamos no fundo adotando uma ideologia liberal utópica que efetivamente funciona como uma barreira à realização de uma liberdade real. Penso que não faz sentido falar em um mundo livre quando alguém que quer uma educação precisa desembolsar uma enorme quantia de dinheiro para obtê-la, a ponto de contrair dívidas estudantis que acabam por colonizar boa parte do seu futuro. Isso é servidão por dívida, é peonagem. E é algo que precisa ser evitado e circunscrito. A educação precisa ser gratuita; ninguém deveria pagar para se educar. O mesmo vale para saúde e moradia, bem como os elementos básicos para garantir uma nutrição saudável.

Observando de uma perspectiva histórica, passamos de um mundo, nos anos 1960, em que se oferecia moradia social, para um mundo em que isso não existe mais. Na Inglaterra, por exemplo, uma grande parcela da provisão habitacional na década de 1960 se encontrava no setor público; era moradia social. Na minha infância, essas moradias populares constituíam um fornecimento básico de uma necessidade, a um custo relativamente baixo. Depois veio Margaret Thatcher e privatizou tudo, com um discurso de que as pessoas seriam muito mais livres se pudessem ser donos dos seus imóveis de modo a participar de uma "democracia de proprietários". E assim, em vez de 60% da moradia se concentrar no setor público, de repente passamos a uma situação em que apenas cerca de 20% (ou até menos que isso) da habitação é pública. A moradia vira uma mercadoria que, por sua vez, torna-se parte de uma atividade especulativa. À medida que se converte em veículo de especulação, o preço do imóvel sobe e o resultado é uma elevação no custo da moradia sem que haja um aumento efetivo na provisão habitacional direta.

---

[10] Ibidem.

Fui criado naquilo que se poderia denominar uma comunidade respeitável de classe trabalhadora em que as pessoas tinham casa própria. A maior parte das pessoas da classe trabalhadora não tinha casa própria, mas havia um segmento que tinha, e a comunidade em que cresci pertencia a esse segmento. A casa era vista como valor de uso; isto é, era um lugar em que morávamos e fazíamos coisas – nunca falávamos sobre seu valor de troca. Recentemente vi alguns dados que mostravam que, até a década de 1960, o valor das moradias de classe trabalhadora não apresentou nenhuma mudança ao longo de cem anos ou mais.

A partir dessa década, no entanto, a moradia começou a ser vista como valor de troca, em vez de valor de uso. As pessoas começaram a indagar sobre o valor monetário desses imóveis e a indagar se (e como) seria possível alavancar ele. Ou seja, de repente, começaram a aparecer considerações sobre valor de troca – o que foi totalmente ao encontro da política thatcheriana de privatizar a moradia social por completo com a promessa de que assim todos poderiam participar do mercado imobiliário e passar a se beneficiar da escalada dos valores de troca.

Uma das consequências disso é que quem estava nos estratos mais baixos da população, do ponto de vista de renda, passou a enfrentar uma dificuldade crescente de encontrar um lugar para morar. Em vez de viver em localizações muito centrais, onde havia fácil acesso a oportunidades de emprego, eles foram sendo expulsos dos centros das cidades e das melhores regiões e passaram a ter que se deslocar cada vez mais entre casa e trabalho. Mas quando chegamos à década de 1990, a casa já se converteu novamente em instrumento de ganhos especulativos. Sob pressões especulativas, os valores dos imóveis cresceram de maneiras muitas vezes vertiginosas (embora também erráticas). O resultado geral é que muitas das pessoas nos estratos mais baixos de renda não conseguem encontrar onde morar. O resultado é uma crise habitacional, e a produção de uma escassez de moradia a preços acessíveis.

Cresci na Inglaterra. Lembro que, na minha juventude, havia pessoas em situação de rua, mas muito poucas. Hoje, entretanto, em grandes cidades como Londres, você encontra cada vez mais moradores de rua. Em Nova York, temos cerca de 60 mil pessoas em situação de rua. Uma enorme quantidade de crianças não tem lar – não no sentido de que você as vê nas ruas, mas de que elas ficam pingando de casa em casa, dormindo no sofá de parentes ou amigos; o chamado "*couch surfing*". Não se criam comunidades solidárias assim.

Hoje vemos muita atividade de construção civil acontecendo em cidades ao redor do mundo. Porém, é tudo especulativo. A verdade é que estamos construindo cidades para que as pessoas especulem, e não cidades para que as pessoas vivam. Quando criamos cidades visando investimento em vez de moradia, o resultado é o tipo de situação que vemos em Nova York, onde há uma enorme crise de falta de moradia a preços acessíveis em meio a uma explosão de construção de imóveis para o mercado de alta renda. Você precisa de ao menos 1 milhão de dólares para entrar nesse mercado. A esmagadora maioria da população está mal servida em termos de valores de uso de moradia; tem pouquíssimo acesso a valores de uso adequados. Ao mesmo tempo, estamos construindo enormes apartamentos de luxo para os ultrarricos. Michael Bloomberg, o ex-prefeito de Nova York, tinha a ambição de que todo bilionário do mundo viesse investir na cidade e tivesse seu apartamento de luxo em um lugar como Park Avenue. Foi de fato o que aconteceu: há xeiques árabes e bilionários indianos, russos ou chineses que não moram em Nova York; eles só vêm para cá uma ou duas vezes ao ano e pronto. Isso não é base para sustentar condições dignas de vida e moradia para a massa da população.

Estamos construindo cidades, construindo imóveis, de uma forma que proporciona uma enorme liberdade para as classes altas, ao mesmo tempo que produz uma falta de liberdade para o resto da população. Penso que era algo dessa ordem que Marx tinha em mente quando fez o referido comentário segundo o qual o reino da necessidade tem de ser superado para que o reino da liberdade seja alcançado. O que temos hoje em Nova York é liberdade de investimento, liberdade para as classes mais altas escolherem onde querem morar, enquanto a esmagadora maioria da população fica quase sem escolha alguma. É assim que as liberdades de mercado limitam as possibilidades e, desse ponto de vista, penso que a perspectiva socialista seria seguir a sugestão de Polanyi, isto é: coletivizar a questão do acesso à liberdade, do acesso à moradia. Fazer com que ela deixe de ser algo balizado pelo mercado ao recolocá-la na esfera pública. Nossa bandeira seria: *moradia como um bem público.*

Esta é uma das ideias básicas do socialismo no sistema contemporâneo: colocar as coisas no domínio público. Encoraja-me um pouco o fato de que, na Inglaterra, o Partido Trabalhista britânico – um dos poucos partidos tradicionais que ainda parece se pautar por alguma urgência democrática vigorosa* – propôs que muitas áreas da vida pública fossem reavidas do mercado, recuperadas para o domínio público – por exemplo, os transportes. Se você chegar para qualquer um na Inglaterra e disser que a gestão privada dos trens e ferrovias está produzindo um sistema de transportes mais eficiente, certamente vão rir da sua cara. As pessoas conhecem muito bem as consequências da privatização. Ela tem sido um desastre, uma zona, uma descoordenação. O mesmo vale para o transporte público nas cidades. Também temos a privatização do abastecimento hídrico, que supostamente seria algo maravilhoso, mas no fundo o que vemos, claro, é que a água passa a ser

---

* Este comentário foi feito em janeiro de 2019, quando Jeremy Corbyn ainda era líder do Partido Trabalhista britânico, e posteriormente revisto no início de 2020, ainda nos primeiros meses do mandato de seu sucessor, Keir Starmer. (N. E.)

cobrada. É uma necessidade básica; não deveria ser prestada pelo mercado. Você precisa pagar pelo seu consumo de água e o serviço sequer é bom.

Portanto o Partido Trabalhista insistiu que há uma série de áreas que representam necessidades básicas para a população e não devem ser providenciadas pelo mercado. Prometeu acabar com o endividamento estudantil, acabar com essa coisa de acesso à educação via privatização, e se comprometeu a trabalhar no sentido de atender necessidades básicas por meio do domínio público. Há um anseio, penso eu, por retirar necessidades básicas do domínio do mercado, bolar formas alternativas de providenciá-las. Dá para fazer isso com educação, saúde, moradia e inclusive insumos alimentares básicos. De fato, há experiências de alguns países latino-americanos que buscaram subsidiar uma alimentação básica a populações de baixa renda. Não vejo motivo algum para não termos uma configuração básica de fornecimento alimentar para a maior parte das pessoas do mundo hoje.

Isso é o que significa dizer que o reino da liberdade só é possível quando realmente atendemos a todas as necessidades básicas que precisaremos para que todos possam levar uma vida decente e adequada. É em função dessa ideia de liberdade que uma sociedade socialista se pautaria. Mas precisamos de uma forma e um esforço coletivos para fazer isso. Infelizmente, o Partido Trabalhista britânico perdeu as eleições de lavada*. Mas estou convicto de que a derrota não se deve ao seu programa progressista (que angariou muito apoio público), e sim ao fracasso do partido em assumir uma postura decisiva em relação ao Brexit e à sua incapacidade de lidar com os ataques coordenados dos meios de comunicação de massa.

Por fim, um último ponto. Costuma-se dizer que para alcançar o socialismo temos de renunciar à nossa individualidade e abrir mão de algo. Bem, até certo ponto talvez algo disso seja verdade; no entanto há, como insistiu Polanyi, uma liberdade mais ampla a ser alcançada quando ultrapassarmos as realidades cruéis das liberdades individualizadas do mercado. Na minha leitura, Marx está nos dizendo que a tarefa é maximizar o reino da liberdade individual, mas que isso só pode acontecer quando resolvermos o reino da necessidade. A tarefa de uma sociedade socialista não é regular tudo o que acontece em uma sociedade; de modo algum. A tarefa de uma sociedade socialista é garantir que todas as necessidades básicas sejam atendidas – fornecidas livremente – para que então as pessoas possam fazer exatamente o que quiserem, quando quiserem.

Não é só que os indivíduos precisam poder acessar os recursos para tanto; eles também precisam ter tempo para isso. A liberdade – o tempo livre, o verdadeiro

---

* As eleições gerais britânicas de dezembro de 2019 deram uma vitória acachapante para o Partido Conservador, liderado por Boris Johnson. Foi o quarto revés consecutivo do Partido Trabalhista nas eleições gerais – e sua pior derrota desde 1935. (N. E.)

tempo livre – é algo absolutamente crucial para a ideia de uma sociedade socialista. Tempo genuinamente livre para que todos possam fazer o que quiserem: eis a medida daquilo a que o socialismo aspira. Se você perguntar a qualquer um agora: "Quanto tempo livre você tem?", a resposta típica é: "Praticamente nenhum. Meu tempo está todo tomado por isso, aquilo e tudo o mais". Se a verdadeira liberdade é um mundo em que temos tempo livre para fazer o que quisermos, então o projeto emancipatório socialista propõe que esse seja um eixo central da sua missão política. Isso é algo para o qual todos nós podemos e devemos nos empenhar.

7
A importância da China
na economia mundial

No dia 2 de janeiro de 2019, após o fechamento da bolsa de valores, a Apple anunciou que não atingiria suas metas de vendas, sobretudo na China. As ações da empresa imediatamente despencaram (uma queda de 6%). No dia seguinte, a bolsa, que já havia perdido muito dinheiro, diminuiu mais 2,5%. O interessante é que foram as vendas da Apple na China que desencadearam o problema. Os computadores da Apple, é claro, são fabricados na China, mas a empresa também tem um mercado importante no país. A explicação oficial para o problema foi que o mercado consumidor chinês estava esfriando por uma série de motivos, dentre os quais o ataque de Trump às tarifas. Mas o outro motivo, que apareceu nas entrelinhas em matérias jornalísticas posteriores, era uma estagnação no mercado consumidor chinês.

Quando observamos a situação mais de perto, no entanto, vemos que os computadores da Apple vinham sofrendo um declínio de popularidade e que a parcela da empresa no mercado chinês já havia sido reduzida a meros 7%. Cerca de 80% desse mercado estava nas mãos de empresas chinesas como Huawei, Xiaomi, Oppo e Vivo – empresas de tecnologia das quais ninguém nunca tinha ouvido falar fora da China. Em 2010, a maioria delas existia apenas de nome. De lá para cá, houve um enorme aumento na produção chinesa de iPhones, computadores e similares. Os custos de produção reduziram bastante e os chineses estão gozando sistemas operacionais muito mais fáceis e bem adaptados aos seus usos. Muitas cidades chinesas passaram de uma economia de dinheiro vivo para uma economia digital em apenas três anos, e o instrumento para tanto foram iPhones de fabricação chinesa, de fácil utilização. Testemunhei isso em primeira mão: não conseguia nem comprar um café com dinheiro vivo!

Menciono isso porque a presença e o significado da China na economia global estão sub-representados em muitas narrativas contemporâneas sobre o que está

78 / Crônicas anticapitalistas

acontecendo no mundo. No entanto, como evidenciado pelo caso Apple, o que está acontecendo na China será determinante para o desenvolvimento capitalista global em geral. Ou melhor, já tem sido determinante, sobretudo desde a crise de 2007-2008. O capital e o capitalismo em geral só não caíram numa depressão naquele momento porque houve uma expansão da economia chinesa. Também precisamos nos haver com a franca dimensão da economia chinesa e a rapidez das transformações pelas quais o país tem passado. O fato de que em apenas três anos as principais cidades chinesas abandonaram o dinheiro vivo e passaram para uma economia digital é exemplo disso.

Mas comecemos pelo tamanho da economia chinesa. Ela é hoje a maior do mundo em termos das medidas convencionais de PIB. Se adotarmos a métrica da Paridade do Poder de Compra (PPC), que se baseia naquilo que uma moeda local é capaz de comprar, a economia chinesa é a maior economia do mundo. Se a economia chinesa prospera, o resto do mundo prospera. Se a economia chinesa entra em recessão, a evolução do capital como um todo sofre um tremendo impacto.

O outro lado disso – que é importante de um ponto de vista anticapitalista – é que a China continua comprometida com a sua posição marxista. O país ainda é governado por um Partido Comunista e, embora muitas pessoas digam que no fundo se trata de um partido da classe capitalista, ele não deixa de ser um partido comunista no nome, em que os pensamentos de Marx, Lênin, Mao, Deng Xiaoping e agora Xi Jinping são citados como centrais para suas ambições. O último congresso do partido declarou que eles planejam ser uma economia plenamente socialista até o ano 2050. Essa economia plenamente socialista seria caracterizada por igualdade, democracia, uma relação benigna com a natureza e um mundo cultural de beleza e excelência. Isso seria realizado por meio da agência do Partido Comunista. A declaração deixava bastante claro que não há chance de haver democracia agora, que a dominação continuada do Partido Comunista era absolutamente crucial, mas que esse partido seria instrumento para essa transição ao socialismo com características chinesas.

Penso que qualquer pessoa interessada no futuro do socialismo precisa levar a sério o que está acontecendo e sendo planejado na China. Precisamos manter duas questões em mente. Primeiro, em que medida o futuro do socialismo depende do que está acontecendo na China, e, em caso positivo, que tipo de socialismo seria esse? Segundo, será que o futuro do socialismo mundial será determinado pelo que poderia acontecer na China, por essa transformação programática de sua economia rumo a uma economia supostamente socialista com características chinesas?

Penso que qualquer pessoa que se considera de esquerda deveria atentar a essas questões porque, de certo modo, vivemos num mundo em que o que Marx denominou as "leis coercivas da concorrência" desempenham um papel muito importante na definição de quem somos. Estamos em larga medida em concorrência com a China; e a China está em larga medida competindo conosco. Essa competição não é apenas econômica; é também política e cultural. Essa é uma das coisas que a gestão Trump trouxe para o primeiro plano das nossas consciências. Precisamos pensar sobre a China de uma maneira mais coerente.

Não sou especialista em China. Gostaria de conhecer muito mais sobre o país, dominar a língua. Estive lá algumas vezes e li bastante a respeito. Tento acompanhar o que está acontecendo ali, em especial pelos jornais financeiros. Porém devo dizer que não obtive uma resposta muito clara às questões que formulei. Não tenho uma análise clara de tudo que está acontecendo lá. A China é evidentemente uma sociedade muito complicada. No entanto, à medida que busco respostas para questões cruciais, há certas coisas que me chamam atenção.

A primeira delas é que a grande transição ocorreu em 1978, quando Deng Xiaoping e um grupo de jovens se reuniram, avaliaram a situação e efetivamente decidiram que precisavam mudar algo de modo a conseguir elevar drasticamente a produtividade da economia. Naquela época, a economia chinesa estava estagnada e eles se viram diante da seguinte situação: 850 milhões de pessoas estavam vivendo em condições de extrema pobreza na China, segundo estimativa de 1980 do Banco Mundial; e as condições não estavam melhorando. Esse é um ponto.

O outro aspecto que me chamou atenção é que a China estava rodeada de países que estavam se desenvolvendo num ritmo muito acelerado e melhorando muito rapido os seus padrões de vida. Tinham feito isso o Japão, a Coreia do Sul e – o que é ainda mais importante – Taiwan, que afinal os chineses consideravam ser parte da China. Hong Kong, que naquela altura era nominalmente parte da China, tinha feito isso. Singapura também. Portanto havia uma diáspora chinesa fora do país que estava prosperando, ficando bastante rica, enquanto que no continente chinês em si a economia permanecia estagnada.

A liderança do partido avaliou que essa era uma situação muito ameaçadora, para não falar nos ataques que poderiam vir diretamente dos poderes imperialistas. Eles se deram conta, parafraseando a formulação marxiana que vimos no capítulo anterior, de que o reino da liberdade só começa uma vez que estiver superado o reino da necessidade. Havia, portanto, uma enorme lacuna a ser transposta em termos de abarcar as necessidades da população chinesa antes que eles pudessem efetivamente se dizer um país em desenvolvimento. Foi nesse contexto que decidiram introduzir na economia um daqueles elementos que se tornaria crítico nos anos por vir. Eles forçariam as entidades econômicas a competirem entre si a fim de elevar a produtividade. O mecanismo consistia em introduzir forças de mercado na economia.

80 / Crônicas anticapitalistas

Para tanto, é claro, eles consultaram economistas ocidentais. Milton Friedman esteve na China em 1980. Houve uma revisão considerável no ensino de economia nas universidades, de modo que, se você visitar o país hoje, encontrará pouquíssimas pessoas nos departamentos de economia que estudaram Marx com muita atenção. A maior parte desses departamentos é composta por pessoas que obtiveram seus PhDs em lugares como o MIT e Stanford. Atualmente os chineses são muito versados em economia neoclássica, de tal forma que seu método de análise da economia começou a mudar, suas políticas começaram a mudar. A crítica da economia política é considerada um braço da filosofia, não da economia.

A transformação foi espantosamente bem-sucedida. Se você pegar qualquer um dos outros países que passaram de regimes comunistas ou socialistas para o capitalismo, como os da antiga União Soviética, verá que todos eles passaram por um período de desastre econômico crônico, muitas vezes catastrófico, do qual ainda não se recuperaram por completo. A China, por outro lado, se desenvolveu de maneira muito rápida. O Banco Mundial estimou que aquele número de 850 milhões de pessoas em situação de extrema pobreza em 1980 já tinha caído para 40 milhões em 2014. Mais recentemente, a China planejava zerar a pobreza no país até 2022. Independente do que você pense disso, não há dúvida de que o padrão de vida das pessoas na China, seu acesso a mercadorias, bens e assim por diante aumentou de forma muito substancial. É um feito espantoso. Mas não foi só isso. Também foram desenvolvidos modos de vida completamente diferentes.

A vida cotidiana na China foi revolucionada por meio da rápida urbanização. Na década de 1990 já havia centenas de cidades chinesas com mais de 1 milhão de habitantes. Hoje a taxa de urbanização é de cerca de 15% ao ano e há um tremendo êxodo rural. Há estimativas da década de 1990, por exemplo, de que algo como 300 milhões de pessoas haviam efetivamente migrado do campo para a cidade durante os últimos dez ou quinze anos. Para fins de comparação, a migração total da Irlanda para os Estados Unidos foi de cerca de 30 milhões de pessoas, durante um século inteiro. Quando começamos a comparar o que ocorreu na China com o que ocorreu em outras partes do mundo, fica evidente que a velocidade e escala das transformações chinesas são enormes, algo inédito na história humana.

Considere um dos meios cruciais pelos quais a China efetivamente salvou o capitalismo global de colapsar por completo nos últimos tempos. Em 2007-2008, ocorre a crise global. O mercado consumidor estadunidense quebra, e as empresas e países que forneciam para esse mercado entram em recessão. Diz-se que a China perdeu cerca de 30 milhões de postos de emprego nas indústrias exportadoras. Houve uma tremenda onda de agitações trabalhistas nessa época. Há relatos de um grande número de incidentes e protestos trabalhistas na China. No decorrer daquele ano, diversas empresas faliram. Muitas delas ficaram até seis meses sem pagar os salários que deviam. Várias pessoas ficaram desempregadas e de bolsos vazios.

Foi uma tremenda crise para a China. Mas em 2009, o FMI e a Organização Internacional do Trabalho (OIT) fizeram uma pesquisa para levantar qual tinha sido a perda líquida de empregos acarretada pela crise de 2007-2008. Nos Estados Unidos, esse número era de cerca de 14 milhões de pessoas. Na China, porém, o número era de apenas 3 milhões. Ou seja, de alguma forma a China havia criado 27 milhões de empregos em um ano e meio. É algo absolutamente fenomenal. Assim que fiquei sabendo disso, pensei: "nunca ninguém viu um negócio desses!". Mas à medida que li mais a respeito, fui descobrindo que ao longo dos anos 2000 a China já estava gerando 20 milhões de empregos ao ano. Já estava ocorrendo uma enorme transformação na empregabilidade e eles só dobraram a aposta quando a crise bateu.

Agora, em 2007-2008 eles não tinham como criar empregos nas indústrias de exportação, porque esses setores estavam mortos e muitas empresas estavam indo à falência. Então o que a China fez foi expandir um processo que havia começado nos anos 1990. Eles ampliaram investimentos infraestruturais, particularmente no meio ambiente construído. Há um gráfico que costumo usar para ilustrar isso: o gráfico do consumo de cimento na China. Se há bastante cimento sendo consumido, significa

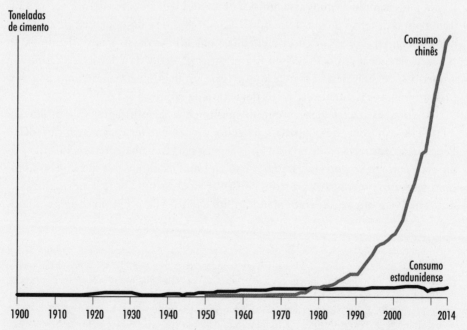

Figura 2. Consumo chinês de cimento (redesenhado a partir do original publicado na revista *National Geographic*).

que há muita atividade de construção ocorrendo. Como vimos no capítulo 4, depois de 2007-2008, a China triplicou seu consumo de cimento, a ponto de que nos dois ou três anos entre 2009 e 2012, o país consumiu muito mais cimento que os Estados Unidos haviam consumido em um século[1]. Quem mora nos Estados Unidos sabe que há muito cimento sendo consumido aqui. Mas a China estava consumindo essa matéria-prima em uma taxa verdadeiramente espantosa, e construindo num ritmo quase incessante, praticamente sem limites: novas cidades, novas estradas, novas rodovias. Fizeram uma rede ferroviária de alta velocidade. Em 2008, havia zero quilômetros de ferrovia de alta velocidade no país; em 2014 já eram 24 mil quilômetros construídos; hoje talvez esse número já seja de 32 mil*. Tudo isso requer muitos insumos, de modo que a China estava bombando em termos de investimentos infraestruturais.

Pouca gente lembra, mas depois de 2007-2008, haviam propostas nos Estados Unidos de colocar tudo de volta em funcionamento através de um plano de investimentos em infraestrutura. "Há uma série de pontes caindo aos pedaços, comecemos por aí", diziam alguns. Politicamente, no entanto, esse caminho foi barrado. Os republicanos, em particular, fizeram uma defesa ferrenha da austeridade, com um discurso fiscalista de que "não dá pra querer ampliar o orçamento assim, não dá pra sair gastando". Dessa maneira, os Estados Unidos adotaram o caminho das políticas econômicas de austeridade. Foi também o que ocorreu na Europa e no Japão, por exemplo. Vemos essa política de austeridade no resto do mundo capitalista, com o discurso de que a crise de 2007-2008 teria sido uma crise de dívida, e que para quitar a dívida, é preciso engolir o remédio amargo da austeridade fiscal. É a ideia de que as pessoas precisam sofrer pra pagar a dívida e devolver a economia a uma base segura. Basta observar o que isso significou para países como a Grécia para perceber os resultados terríveis desse tipo de política.

Os chineses fizeram exatamente o oposto. Eles identificaram um problema: estava cheio de gente desocupada, zanzando, um terreno fértil para agitação social. Perceberam que precisavam colocar essas pessoas para trabalhar, precisavam criar milhões de empregos, e precisavam fazer isso rápido. Decidiram que fariam isso usando o setor de construção: construir, construir e construir. Como bancar isso? Não importa. Nem que seja se endividando. Dito e feito. Mas o Estado chinês contraiu

---

[1] Segundo dados do Serviço Geológico dos Estados Unidos, a China consumiu 6,651 bilhões de toneladas de cimento entre 2011 e 2013, em contraste com os 4,405 bilhões de toneladas que os Estados Unidos utilizaram durante todo o século XX. Ver "Towering Above", *National Geographic*, v. 229, n. 1, 2016.

* Ao final de 2023, a extensão total da malha ferroviária de alta velocidade na China bateu o marco de 45 mil quilômetros. A informação foi publicada no portal digital do jornal oficial do Partido Comunista Chinês. Ver Zhang Kaiwei e Zhong Wenxing, "China's operating high-speed railway hits 45,000 km", *People's Daily Online*, 9 jan. 2024. (N. E.)

empréstimos em sua própria moeda, não em moeda estrangeira. Isso permitiu que o país saísse da crise.

Uma das consequências de sair construindo loucamente assim é que você também vai precisar de muitos materiais, muitos insumos. Dessa maneira, todos aqueles países e todas aquelas economias que estavam fornecendo matérias-primas como minério de ferro para a China também saíram da crise de 2007-2008 de maneira relativamente rápida. A Austrália, por exemplo, fornece muitos recursos minerais à China. A América Latina sentiu a crise, mas não de forma tão severa como se poderia pensar em circunstâncias normais. Países como o Chile estavam enviando cobre loucamente para a China, o resto do continente estava exportando soja e minérios. É isso que quero dizer quando digo que a China salvou a economia global em 2007-2008.

A expansão impressionante da China foi decisiva naquele momento, e tem sido decisiva desde então. O aumento do PIB chinês tem sido, de fato, o elemento mais significativo no reavivamento da economia global desde 2007-2008. Mas, como indiquei, boa parte dele foi financiado via dívida. E excedeu-se o limite da dívida. A segunda coisa que aconteceu foi que, além de recorrer ao financiamento via dívida, a China também estava tendo que expandir seu mercado consumidor interno. Era preciso construir capacidade de consumo no interior da economia chinesa. Isso, no entanto, tem importância global, porque o interesse do capital estrangeiro não é apenas em usar a China como um lugar para produzir bens com baixo custo. É também um interesse no mercado consumidor do país.

Mencionei no início deste capítulo que o mercado chinês era terrivelmente importante para a Apple, mesmo que a empresa não esteja mais se saindo bem nele hoje. Há outras empresas que fazem negócios enormes na China. Por exemplo, há quem diga que há mais unidades de Starbucks na China do que nos Estados Unidos. Se Trump importunar demais os chineses, posso muito bem imaginá-los colocando restrições sobre a franquia, de modo que é capaz que as empresas estadunidenses em geral enfrentem dificuldades para sustentar negócios lucrativos na China. Algumas firmas automotivas estadunidenses já estão enfrentando certos atritos com as autoridades chinesas. Essa talvez seja uma das formas pelas quais a China pode criar um contramovimento às tarifas de Trump. O mercado automotivo chinês é hoje o maior do mundo, e as montadoras estadunidenses não podem se dar ao luxo de ficar de fora.

O mercado interno da China está crescendo, mas ele precisa crescer de determinada maneira. Por exemplo, se você está erguendo imóveis no ritmo que os chineses estão fazendo agora, uma questão muito importante que vai surgir é que as pessoas precisam adquirir esses imóveis ou ao menos ter dinheiro para investir neles. Para tanto, precisam poder contrair dívidas. Antes de 2007-2008, havia pouquíssimas oportunidades de financiamento hipotecário disponíveis na China.

84 / Crônicas anticapitalistas

Quando teve início esse enorme processo de construção, porém, eles precisaram criar instrumentos novos para garantir que as pessoas pudessem financiar a aquisição de imóveis. Ou seja, é preciso que o setor financeiro se expanda nas duas pontas: a fim de garantir às incorporadoras os empréstimos para que elas ergam casas e apartamentos; e, ao mesmo tempo, a fim de melhor acomodar os consumidores para que eles possam adquirir esses imóveis. É fundamental, portanto, fortalecer as instituições financeiras para que elas sustentem esse processo todo.

Na época da Revolução Cultural, basicamente inexistiam bancos na China. Depois de 1978, os bancos voltaram à cena com muita rapidez. A partir de meados de 1995, em particular, os bancos começaram a desempenhar um papel muito mais vigoroso na sociedade chinesa. Hoje, os quatro maiores bancos do mundo são chineses. Ou seja, em poucas décadas você passa de uma situação na qual inexistem bancos na China, para uma situação na qual os quatro maiores bancos do mundo estão sediados no país O quinto maior banco, aliás, é japonês. O J. P. Morgan é o sexto. Nos Estados Unidos, gostamos de pensar que temos os maiores e mais poderosos bancos do mundo, mas os chineses têm quatro bancos que são muito maiores do que qualquer coisa que possamos mostrar. Esses bancos estão emprestando dinheiro a incorporadoras e, é claro, também a consumidores. A economia chinesa está se financeirizando a um ritmo muito acelerado. Esse é outro aspecto fundamental em que a economia chinesa está se transformando radicalmente a uma velocidade sem precedentes.

Agora os chinenes também reconhecem que não se pode construir uma economia vigorosa se a única forma de industrialização de que você dispõe é a baseada em excesso de mão de obra barata. A China agora planeja se transformar em uma economia produtora de bens de elevado valor agregado, e calcada em estruturas intensivas em capital. É aqui que as novas empresas chinesas de computadores subitamente entram em cena. Mais uma vez, repare na velocidade com que isso ocorreu. Muitos empreendedores, cientistas e engenheiros chineses foram treinados nos Estados Unidos. Vários deles haviam trabalhado em empresas como Apple, Google e Microsoft. Houve um debate interessante na China a respeito da possibilidade de eles criarem o equivalente a um Vale do Silício chinês. E, caso positivo, como isso poderia ser feito?

Muita gente no Ocidente pensa na China como uma economia altamente centralizada. Isso é um grande equívoco. A China contemporânea é uma incrível máquina no interior da qual centralização e descentralização funcionam juntas. Essencialmente, o que acontece é o seguinte. O Partido propõe algo desde Pequim. O resto do país responde de uma maneira totalmente descentralizada e localizada. As pessoas tentam encontrar sua própria maneira singular de responder àquilo que o governo central está pedindo. O governo central propõe, a localidade dispõe. A descentralização é uma ferramenta muito importante para perpetuar o poder centralizado.

O método que os chineses usam é: quando há um problema, ele é delegado de uma maneira muito específica. Todas as localidades, cidades e governos regionais são convidados a ajudar a resolver o problema. Se uma localidade o resolve, o governo central instrui todas as demais a adotarem essa solução como modelo. O sistema inteiro baseia-se no princípio de que você precisa de empreendedores locais muito ativos. Ao que parece, as localidades são muito isoladas umas das outras. Elas formam entidades competitivas no interior da totalidade do Estado chinês, e competem intensamente entre si.

Na China, os prefeitos municipais não são eleitos, eles são nomeados pelo Partido. A duração média de um mandato de prefeito é de três anos e meio – digamos, quatro anos. Então você é prefeito por quatro anos e ao final desse período será submetido a uma avaliação. Você integra o Partido, e ele vai avaliar o que você fez. Ao final dos quatro anos, há uma planilha que mede as realizações do mandato. Quanto você contribuiu com o crescimento do PIB local? Como você se saiu em termos de assegurar harmonia social? Me disseram recentemente que essa planilha agora já tem cerca de quarenta itens (no início eram apenas sete ou oito). Mas a métrica-chave é: "Quanto você fez crescer a economia local?".

Como prefeito, você tem quatro anos para fazer a economia local crescer. Se você se sair bem, se entregar um bom crescimento e conseguir manter a harmonia social, talvez te ofereçam um cargo mais alto em outro lugar. Dessa maneira, você consegue subir na hierarquia do Partido. Pode até acabar chegando ao comitê central, em Pequim. Mas, nesses quatro anos, você precisa ralar loucamente para tentar fazer as coisas acontecerem. Você tem liberdade de trabalhar não apenas em ideias ou problemas advindos de Pequim; pode experimentar qualquer ideia que te pareça funcionar no âmbito local. Caso seu modelo se mostre exitoso e Pequim o veja com bons olhos, você será recompensado. Mas houve alguns casos evidentes em que o Partido respondeu negativamente e os oficiais locais foram repreendidos, demovidos ou até presos.

Uma dupla de empreendedores com experiência no Vale do Silício propôs ao governo municipal de Pequim a criação de uma espécie de polo tecnológico na cidade, um espaço de inovação *high-tech* que sediaria incubadores para novas empresas de eletrônicos e tecnologia de ponta. As instâncias locais de governo poderiam facilmente liberar um espaço, uma vez que a terra é propriedade do Estado. Em apenas seis meses, Pequim despejou todo mundo de uma determinada região da cidade e inaugurou um espaço chamado "avenida dos empreendedores". Criou-se uma nova organização para facilitar o surgimento de espaços de incubação de *startups*, e eles ofereceram todas as instalações de apoio necessárias, reuniram todos os serviços de que você poderia precisar. Naquele momento, um dos problemas era que os aluguéis em certas regiões de Pequim estavam muito altos. Por isso, o governo convidou as *startups* a entrarem sem precisar pagar aluguel. Imagine se uma coisa dessas aconteceria em Nova York ou Londres...

Essa iniciativa foi muito bem-sucedida. Ela se tornou um espaço extremamente competitivo de empreendedorismo, caracterizado por aquilo que eles denominam "cultura *copy-cat*". Praticamente não se respeita nenhum direito de propriedade intelectual nesse espaço. Se alguém tiver uma ideia boa, as outras pessoas imediatamente se apropriam dela. Portanto, se você tiver uma ideia boa, precisa agir de acordo com ela muito rápido. Caso contrário, outra pessoa se aproveitará dela. Isso produz uma situação extremamente dinâmica. Nesse espaço particular em Pequim, as empresas começaram a criar uma série de sistemas telefônicos novos e novas estruturas para utilizá-los. Eles atravessaram muito rapidamente as diferentes fases de desenvolvimento, inovação, difusão e implementação.

Isso criou o equivalente a um Vale do Silício, e levou cerca de três anos. A cultura e filosofia, entretanto, eram bem diferentes. No Vale do Silício, por exemplo, se apropriar das ideias dos outros não é algo bem-visto. Kai-Fu Lee descreve a questão da seguinte maneira em seu *AI Superpowers: China, Silicon Valley and the New World Order* [Superpotências da inteligência artificial: China, Vale do Silício e a Nova Ordem Mundial]:

> Os empreendedores do Vale do Silício ganharam a reputação de serem alguns dos que mais trabalham nos Estados Unidos. São jovens criadores de empresas apaixonados que fazem de tudo em uma corrida maluca para criar um produto e depois testá-lo obsessivamente enquanto procuram a próxima grande novidade. Lá, os empreendedores de fato trabalham duro, mas passei décadas profundamente enraizado tanto no cenário tecnológico do Vale do Silício quanto no da China, trabalhando na Apple, na Microsoft e no Google antes de incubar e investir em dezenas de *startups* chinesas. Posso dizer que o Vale do Silício parece totalmente preguiçoso em comparação com seus concorrentes no Pacífico. Os empreendedores bem-sucedidos da internet chinesa chegaram onde chegaram conquistando o ambiente competitivo mais cruel do planeta. Eles vivem em um mundo no qual velocidade é essencial, a cópia é uma prática aceita e os concorrentes não hesitam em fazer qualquer coisa para conquistar um novo mercado. Todos os dias passados na cena das *startups* da China são uma prova de fogo, como o dia de um gladiador no Coliseu. As batalhas são de vida ou morte, e seus oponentes não têm escrúpulos.[2]

---

[2]   Kai-Fu Lee, *Inteligência artificial: como os robôs estão mudando o mundo, a forma como amamos, nos relacionamos, trabalhamos e vivemos* (trad. Marcelo Barbão, Rio de Janeiro, Globo, 2019), e-book, [s.p.].

Esse é o mundo que cria essas novas empresas que não existiam antes de 2010--2011, mas que de repente apareceram varrendo tudo e dominaram o mercado chinês de aparelhos móveis quase da noite para o dia. Esse é o tipo de mundo que está sendo construído lá. Ora, isso me explica algo, essa economia do copiar, que, naturalmente, é uma das coisas que incomoda muito os empreendedores estadunidenses, porque não há nenhuma defesa dos direitos de propriedade intelectual dentro da China, nem dos direitos de propriedade intelectual fora do país. Lee passa então a falar sobre como esse universo digital alternativo que está sendo criado torna-se o padrão por meio do qual todo mundo é avaliado. Às vezes visito Nanquim. No segundo ano em que estive lá, fui ao gabinete de planejamento local para ver uma enorme exposição sobre a criação de uma cultura de Vale do Silício na cidade. O governo central, quando viu o que havia acontecido com os empreendedores em Pequim, basicamente virou para todas as cidades chinesas e disse: "Façam isso". A implicação é a de que a China fará uma passagem para uma série de atividades de alto valor agregado, como tecnologia de ponta e inteligência artificial. É o que está acontecendo agora.

A história da Apple com a qual iniciei este capítulo capta bem essa situação. A concorrência chinesa nesse campo se tornou tão ferrenha e competitiva de uma hora para outra que os Estados Unidos se encontram seriamente ameaçados. Por exemplo, uma empresa nova bem grande é a Huawei. Um diretor executivo da Huawei foi preso no Canadá a pedido dos Estados Unidos por fazer negociações comerciais com o Irã. Os Estados Unidos vêm atacando a empresa de modo ferrenho por motivos de segurança. Há, obviamente, algo acontecendo aqui além de um simples problema comercial com o Irã. A Huawei está muito envolvida em iniciativas de ponta de inovação.

A quinta geração de sistemas de comunicação (5G), que tem capacidade de lidar com dados em massa, está prestes a ser instalada. A Huawei está muito à frente no que diz respeito ao desenvolvimento da tecnologia 5G. Outras empresas não têm condições técnicas de competir com ela. Os Estados Unidos vêm argumentando contra investir nessa tecnologia porque ela permitirá ao governo chinês escutar as conversas de todo mundo. Diz-se que a rede não é segura. Não há como garantir que essa rede de fato vá funcionar de uma forma completamente blindada do governo chinês. Esse é o argumento que o governo estadunidense está apresentando. É com base nele que os Estados Unidos estão banindo a utilização da tecnologia 5G da Huawei. Depois de alguma pressão dos EUA, outros países, tais como Austrália e Nova Zelândia, também seguiram essa linha. Os Estados Unidos estão tentando (sem sucesso) convencer os europeus. Na verdade, os ingleses há pouco aceitaram uma aplicação limitada da tecnologia da Huawei. Mas a maior parte do resto do mundo está incorporando essa tecnologia chinesa. A qualidade é melhor, e é mais barata.

Mais uma vez, repare na velocidade da mudança. Em 2008 pensávamos na China como o chão de fábrica do mundo: um país e uma economia baseados fundamentalmente em mão de obra barata. A China continua sendo uma economia industrial de baixos salários muito importante. Porém desde 2008 o país de repente entrou para valer nessa outra área, e em um período de cerca de oito anos se posicionou como um concorrente maior nos setores de tecnologia de ponta. Hoje, quatro das dez maiores empresas de tecnologia do mundo são chinesas. As coisas não eram assim em 2008. Esse é o modelo chinês em ação. Ele é muito rápido, muito ligeiro, tem o respaldo de um governo e a vantagem de uma escala maciça. É uma mistura de fortes intervenções governamentais, mas também de um alto grau de descentralização, de modo que uma cultura de empreendedorismo se tornou absolutamente central para aquilo que se poderia chamar do "capitalismo gladiador" que está emergindo no contexto chinês.

Penso que neste ponto precisamos nos fazer a seguinte pergunta: seria esse o futuro não da China, mas do próprio capitalismo? Historicamente, o crescimento capitalista se deu por meio de desenvolvimento geográfico desigual. Um lugar se desenvolve e se torna hegemônico. Se eu estivesse tecendo comentários desse tipo na década de 1980 estaríamos falando sobre o Japão, ou então sobre a Alemanha Ocidental. Essas eram as grandes economias da época e a moda era dizer que todo mundo tinha que fazer aquilo que os japoneses estavam fazendo. Havia todo um falatório sobre sistemas de produção *"just in time"*, toyotismo e assim por diante. Mas quando chegamos aos anos 1990, o cenário já era outro: o Japão havia afundado em uma crise e a Alemanha estava embolada com a questão da reunificação. E quem era o maioral da década de 1990? Bem, temos o Consenso de Washington, que é basicamente os Estados Unidos reafirmando sua posição de liderança no cenário global. O país emergia da Era Clinton como uma economia de crescimento com o *boom* das pontocom e os intelectuais estadunidenses comemoravam "o fim da história" com a soberba de quem considera ter a resposta de como o capitalismo deve e não deve ser no mundo todo. Pouco depois, acontece o *crash* de 2001, seguido da bolha imobiliária e, enfim, a crise de 2007-2008. A essa altura, a questão de quem estaria na posição de liderança – quem, afinal, todos deveriam imitar – está se tornando uma questão global interessante em uma cena altamente competitiva e instável. Diferentes hegemonias regionais parecem estar em formação. Há o circuito chinês, o circuito norte-americano e o circuito europeu, com o Japão oscilando um tanto no meio disso tudo.

Temos, assim, uma situação em que os chineses estão começando a se aproximar da posição de liderança. Se eles consolidarem essa posição, a pergunta a se fazer é: que tipo de capitalismo teremos? É aqui que entra a inteligência artificial, porque os chineses decidiram que a inteligência artificial é o futuro.

Agora, em que consiste a inteligência artificial? Bem, trata-se de uma tentativa de encontrar uma forma de retirar o trabalho do processo produtivo. E esta, penso eu, é no fundo a grande questão: o que vai acontecer com o trabalho? Sua resposta nos revelará o grau em que o Partido Comunista Chinês verdadeiramente acredita no socialismo.

8

A GEOPOLÍTICA DO CAPITALISMO

Quero entrar no tema da geografia e geopolítica do capital. Como essa é a minha formação, sinto que preciso sempre inserir um pouco de geografia na análise. Mas de fato penso que essa se tornou uma chave analítica bem relevante para entender nossa condição contemporânea. Para abordar isso do ponto de vista marxista é importante reconhecer que Marx abre *O capital* dizendo que, no modo de produção capitalista, a riqueza é medida, ou "aparece", sob a forma de mercadorias. *O capital* começa, portanto, com a teoria da mercadoria. Como epígrafe para meu último livro sobre Marx, transcrevi uma longa passagem sobre a mercadoria presente em uma peça de William Shakespeare[1]. Afinal, a ascensão de uma economia da mercadoria e de uma cultura política da mercadoria tem uma longa história. É assim que Shakespeare (um dos autores favoritos de Marx) dramatiza a transição na peça *A vida e morte do Rei João (Ato II, cena 1)*.

> *Mad world! Mad kings! Mad composition! ...*
> *That smooth-faced gentleman, tickling Commodity.*
> *Commodity, the bias of the world.*
> *The world, who of itself is peised well,*
> *Made to run even upon even ground*
> *Till this advantage, this vile-drawing bias,*
> *This sway of motion, this Commodity,*
> *Makes it take heed from all indifferency,*

---

[1] David Harvey, *A loucura da razão econômica: Marx e o capital no século XXI* (trad. Artur Renzo, São Paulo, Boitempo, 2018).

92 / Crônicas anticapitalistas

From all direction, purpose, course, intent:
And this same bias, this Commodity,
This bawd, this broker, this all-changing word ...
And why rail I on this Commodity?
But for because he hath not wooed me yet:
Not that I have the power to clutch my hand
When his fair angel would salute my palm;
But for my hand, as unattempted yet,
Like a poor beggar raileth on the rich.
Well, whilst I am a beggar, I will rail
And say here is no sin but to be rich.
And being rich, my virtue then shall be
To say there is no vice but beggary
Since kings break faith upon Commodity,
Gain be my lord, for I will worship thee.*

Shakespeare escreveu essas linhas em um momento histórico muito interessante. O capital estava começando a se afirmar, a mercadoria entrava em cena com mais força e a monetização de tudo começou a ser muito importante. Antes disso,

---

* "Mundo louco! Reis loucos! Aliança louca! / Esse senhor de tão macio rosto, / O Interesse insinuante e adulador, / sim, o Interesse, a rampa em que despenha, / sem se deter, o mundo, que em si mesmo / revelava equilíbrio e que rolava / lisamente em terreno sempre plano / até que esse proveito, essa ladeira / viciada, esse fator de movimento, / o Interesse, o tirasse do equilíbrio, / de toda a direção, projeto e intento! / E esse mesmo pendor, esse Interesse, / esse alcaiote tecedor de intrigas, / palavra que transforma tudo a todos / os momentos / [...]. / Por que cubro de injúrias o Interesse? / Tão-somente por não me ter ainda / conquistado. É certeza: eu não teria / coragem de fechar a mão, se, acaso, / se dispusessem seus bonitos anjos / a me cumprimentar. Não tendo sido / tentada ainda, ela é como a dos pobres / mendigos que os ricaços vitupera. / Pois o mesmo farei, enquanto pobre: / Não há pecado como o da riqueza, / direi então; mas quando ficar rico, / direi ser a miséria o único vício. / Se a ambição, entre os reis, é quase uma arte, / Interesse, és meu deus: quero adorar-te". William Shakespeare, "Vida e morte do Rei João", em *Obras completas de Shakespeare*, v. XVI; *Dramas históricos: Vida e morte do Rei João/A tragédia do Rei Ricardo II* (trad. Carlos Alberto Nunes, Rio de Janeiro, Edições de Ouro, 1966), p. 48-9. Há um debate recente em torno do significado da palavra "*commodity*" empregada nesse texto cuja escrita data do final do século XVI. A tradução de Carlos Alberto Nunes, aqui citada, filia-se ao cânone dos estudos shakespearianos ao vertê-la na acepção mais arcaica de "interesse", "conveniência" ou "ambição", e não no sentido mais moderno de "mercadoria". Como Harvey elege essa fala que encerra o segundo ato da peça de 1623 de Shakespeare justamente para documentar a transição a uma economia centrada na mercadoria, é digno de nota que o próprio Marx cite justamente esse trecho em um artigo de 1857 escrito para o *New-York Daily Tribune* intitulado "The Corning Election in England" – e o faz interpretando a palavra "*commodity*" na segunda acepção. (N. T.)

as pessoas organizavam seu pensamento e suas ações principalmente por meio de lealdades a parentes e familiares, sendo que muitas das trocas eram feitas com bens em espécie mesmo. Essa diferença entre lealdade à família e obediência a incentivos monetários comparece com frequência nas peças de Shakespeare.

Essa questão é tematizada até hoje na nossa cultura. A série televisiva *Game of Thrones*, por exemplo, é toda construída em torno disso: uma minissérie contemporânea bastante popular que dá destaque ao tema da lealdade à família *versus* a busca pelo poder do dinheiro. Mas repare que há diferentes espacialidades envolvidas. A lealdade à família é associada ao território, ao passo que o dinheiro atravessa fronteiras com facilidade. Por um lado, são os Lannisters contra os Starks, contra os Tyrells etc.; a lealdade do povo é a uma "casa", a uma pessoa ou a uma família. Essa lealdade difere da busca por ouro que de fato aparece em *Game of Thrones* através da participação do Banco de Ferro. A família situa-se em determinados lugar, espaço e tempo, e portanto geralmente se define em termos territoriais. Os Starks estão no norte, os Lannisters no sul e assim por diante. Suas lealdades estão embutidas em uma estrutura territorial. Em meio a tais estruturas territoriais, são travadas guerras entre as famílias e facções.

Na situação europeia da época de Shakespeare, essas guerras eram incoerentes, episódicas e envolviam toda sorte de diferentes alianças. Um pouco como em *Game of Thrones*, as coisas ficavam tão confusas porque as facções por vezes mudam de lado e nem sempre é fácil entender ao certo quem está apoiando quem. Em 1648, o Tratado de Vestfália impôs alguma ordem nesse caos europeu ao encerrar o longo período de guerras religiosas, guerras étnicas, guerras entre clás e tudo mais. O acordo basicamente estabelecia a ideia de que deveria haver algo chamado Estado, um Estado-nação, no interior do qual haveria soberania. A ideia geral era a de que todo Estado deveria respeitar a soberania, a integridade e as fronteiras dos demais Estados. Ainda que não tenha se mantido à risca em todos os momentos na história subsequente, esse acordo foi muito importante: ele esclarecia e estabilizava as estruturas territoriais do poder em toda a Europa, e correspondia à ascensão de uma lógica de poder político e econômico embutido e contido no interior dessa estrutura territorial fixa.

Desde 1648, houve repetidas tentativas de criar, dentro de cada território, sob a rubrica de um Estado-nação, algum tipo de configuração de poder que se sustentasse internamente ao mesmo tempo que conseguisse se projetar no mundo ao seu redor. Essa lógica de poder foi inicialmente construída em torno de uma presença militar. Também passou a repousar numa educação e cultura superiores, em particular das elites, que convergiam nos esforços de criar um Estado ideal. Surgiram instituições estatais junto com certas estruturas hierárquicas para exercer comando e controle sobre a população no interior do Estado. Essas estruturas institucionais se tornaram uma das características modeladoras e condicionantes da ascensão do poder da classe capitalista.

Marx não tratou muito dessas estruturas territoriais de soberania e poder nos seus escritos, embora ele muitas vezes tenha indicado que tinha a intenção de fazê--lo em algum momento. O resultado é que há no interior da tradição marxista um debate de longa data e, é preciso dizer, em larga medida inconcluso, sobre como teorizar o Estado capitalista. Marx, no entanto, concentrou sua atenção em outra fonte de poder: a que repousa no controle sobre os meios de produção e na capacidade de mobilizar a lucratividade da produção de mercadorias. Em última análise, isso se traduz no poder sobre e no interior da circulação e acumulação do capital. A medida e *locus* iniciais desse poder repousavam no controle sobre o dinheiro, o qual, historicamente, correspondia ao ouro. Foi através dessa lente que surgiu outra forma de compreender o que estava acontecendo no mundo. Os pesquisadores costumam alertar que, sempre que você se defrontar com algum tipo de mistério ou enigma político, a solução é "seguir o dinheiro". Ao seguir o dinheiro, você acaba descobrindo quem está realmente fazendo o quê nos bastidores e onde, afinal, está o poder. Essa é a forma capitalista do poder.

Há, portanto, duas lógicas de poder: uma lógica *territorial*, que se acopla ao Estado e suas instituições; e uma lógica *capitalista*, que deriva da circulação e acumulação infindáveis de capital, em larga medida por meio das ações de interesses privados. No caso da segunda, dá para aspirar a acumular um imenso poder ao se tornar um daqueles oito bilionários que, ao que se diz, controlam 80% dos recursos do mundo inteiro. Esse poder pode ser usado para dominar e controlar os outros, os operários e as classes trabalhadoras em particular. Porém ele é exercido em um contexto no qual também operam formas territoriais de poder. Muitas vezes há um problema sobre como os bilionários capitalistas se relacionam com o poder territorial do Estado e vice-versa. Os capitalistas mais poderosos frequentemente buscam converter o Estado em um agente de seus próprios interesses e dos interesses das suas facções. Mas o poder estatal é mais complexo que isso. Afinal, o Estado precisa responder às vontades e necessidades de uma população diversa de cidadãos e pode muito bem ser que os bilionários não sejam muito do agrado desse povo. A grande questão é a legitimidade de quem tem poder no interior do Estado. Há também uma disputa perpétua sobre como o poder monetário é exercido no interior do aparato estatal. A questão que surge é: como melhor compreender as relações entre essas duas lógicas de poder? Para início de conversa, as duas lógicas não são separadas uma da outra. Elas estão constantemente interagindo entre si. Por exemplo, uma classe rica poderá criar instituições internacionais a fim de regular a atividade monetária, mas regulá-la de tal forma a reforçar ou alterar a lógica de poder e privilegiar as elites territoriais em relação à classe de capitalistas cosmopolitas.

O FMI, por exemplo, cumpre um papel importante no que diz respeito a regular como as trocas monetárias ocorrerão ao redor do globo. Há outras instituições que desempenham funções semelhantes, tais como o Banco de Compensações Internacionais, na Basileia, ou o Banco Mundial. Existem muitas instituições desse tipo que detêm bastante poder sobre os caminhos da acumulação de capital. Há também muitas instituições privadas de alcance global. Uma das mais poderosas delas, na nossa sociedade, é a McKinsey, por exemplo. As firmas internacionais de consultoria, contabilidade e advocacia exercem uma enorme influência não só em questões jurídicas e financeiras; elas também são a fonte de muitos estudos e avaliações de políticas públicas. Qualquer um que chega ao poder territorial costuma chamar a McKinsey ou uma das outras grandes empresas de consultoria se tiver algum problema.

Todas essas firmas tipicamente fornecem receitas neoliberais de ação e todas elas parecem estar na mesma página quando se trata de implementação de políticas. Muitas vezes fantasiei com alguns colegas sobre criar uma versão de esquerda da McKinsey: assim, quando alguém verdadeiramente alinhado à esquerda chegar ao poder, haverá uma organização de consultoria capaz de fornecer uma resposta socialista para problemas de política pública, tais como a falta de habitação a preços acessíveis ou a degradação ambiental.

A relação entre estruturas territoriais de poder e a lógica capitalista de poder é algo que merece uma atenção muito cuidadosa. Quando pegamos a lógica capitalista de poder, Marx argumenta que o capital é valor em movimento. Essa lógica de poder tem a ver com movimento, fundamentalmente; tudo depende do seu movimento. Há um fluxo de dinheiro, um movimento de mercadorias, um movimento de produção, um movimento dos fatores de produção, tais como mão de obra e insumos, e por aí vai. As formas monetárias de poder não são estacionárias ou estáticas; elas estão em constante movimento. Um dos grandes desafios para um Estado é prevenir, controlar ou mesmo conter esse movimento perpétuo. As formas mais estáticas e espacialmente restritas de poder estatal são perpetuamente tensionadas pelo movimento do capital.

Quando Mitterrand se tornou presidente da França, em 1981, decidiu que se valeria dos poderes do Estado para implementar um programa socialista. Ele nacionalizou os bancos e buscou reorientar a economia para a conquista do mercado interno. Para tanto, ele precisava controlar o movimento do capital e a possível fuga de capitais. Sempre que há uma perspectiva mínima de organização socialista, a resposta do capital é sair correndo do país assim que possível. A solução da política econômica de Mitterrand, portanto, foi impor controles de capital. Isso significou, por exemplo, controlar e restringir o uso de cartões de crédito no exterior. Nos anos 1980, os cartões de crédito não eram tão disseminados quanto hoje.

Mas na França, o chamado Carte Bleue, que era no fundo um cartão de crédito Visa, era muito popular. As pessoas usavam quando saíam de férias. Mitterrand teve que controlar o uso desse cartão e a população francesa ficou absolutamente indignada. Em poucos meses, Mitterrand se deu conta de que não tinha condições de controlar a fuga de capitais. Sua popularidade despencou quase para zero e ele foi obrigado a recuar: reverteu a nacionalização dos bancos e se tornou um bom presidente neoliberal (assim como Thatcher do outro lado do canal da Mancha) depois disso. Ou seja, esse foi um episódio em que o poder do fluxo de capital disciplinou o aparato estatal. Àquela altura, o poder do capital tinha se tornado uma força onipresente regulando tudo que ocorria na economia global. É evidente que ele tinha a capacidade de disciplinar o poder territorial em todo o mundo. Durante o período neoliberal, o Estado tem sido cada vez mais mobilizado como agente do poder monetário e da classe capitalista. A verdade é que são os detentores de títulos da dívida que controlam o poder do Estado conforme seu interesse próprio.

Houve um momento maravilhosamente ilustrativo quando Bill Clinton foi eleito presidente em 1992. Pode ser uma história apócrifa, mas se diz que ele tinha acabado de ser eleito e começava a delinear seu programa econômico. Seus assessores econômicos, sobretudo Robert Rubin, proveniente do grande banco de investimentos Goldman Sachs, olharam para ele e disseram que não seria possível fazer aquele programa econômico. Ao que Clinton teria rebatido: "Por que não?". E Rubin teria respondido algo como: "Wall Street não vai deixar". "Então quer dizer", teria dito Clinton, "que todo o meu programa econômico, e todas as minhas perspectivas de reeleição, dependem de um bando de operadores de Wall Street?" E Rubin aparentemente respondeu que sim, que era aquilo mesmo. O resto é história. Clinton chegou prometendo saúde pública universal e todo tipo de maravilha, mas na prática acabou implementando tudo aquilo que o Goldman Sachs sempre quis. Com ele, tivemos o Nafta, a OMC, o esvaziamento do sistema de bem-estar social (transformando-o em algo muito mais punitivista) e a reforma do sistema de justiça criminal que acelerou o encarceramento em massa. Ao final de seu mandato, Clinton ainda revogou a Lei Glass-Steagall, a única barreira de controle regulatório sobre os bancos de investimento. A verdade é que, desde Clinton, houve pouquíssimos movimentos na história estadunidense desde então em que o secretário do Tesouro dos Estados Unidos não foi alguém vindo do Goldman Sachs. Esse é um importante indicador da forma como os detentores de títulos ditam aquilo que pode ser feito na esfera do poder estatal.

Se você falar isso nos Estados Unidos, imediatamente te acusarão de estar fazendo teoria da conspiração. Ninguém acredita. Mas se você perguntar ao povo grego quem efetivamente dá as cartas lá – se são os detentores de títulos da dívida ou se é o governo –, pode ter certeza de que a resposta será bem diferente. Se você for à Grécia e perguntar: "Quem foi que enfiou toda essa austeridade goela abaixo de vocês depois de 2011? Quem de fato controla as coisas aqui?", a resposta será, naturalmente, os detentores de títulos da dívida e o FMI. E a tragédia é que foi o governo do Syriza, um partido socialista, que num momento crucial cedeu aos interesses financeiros e implementou as medidas exigidas por eles.

A princípio, o endividamento grego era para com os bancos europeus, particularmente os bancos alemães e franceses que haviam liberado empréstimos sem restrições depois de 2000 mais ou menos. Se a Grécia tivesse declarado inadimplência em 2011, os bancos franceses e alemães estariam maravilhosamente ferrados. Os governos alemão e francês teriam de socorrê-los a fim de cobrir os prejuízos decorrentes do calote grego. Mas os poderes europeus pressionaram seriamente a Grécia para que ela não se declarasse inadimplente. Prometeram aos gregos, repetidamente, que eles teriam ajuda da União Europeia. Mas isso não aconteceu. O que de fato aconteceu foi que a dívida foi transferida dos bancos privados para a assim chamada Troika – o Banco Central Europeu, o Fundo Europeu de Estabilização Financeira e o FMI. Então em vez dos bancos privados irem à falência, as instituições internacionais assumiram a dívida e passaram a cobrá-la. A Troika ordenou um pacote de austeridade: a Grécia teve de privatizar o Estado inteiro, vender todos os bens públicos, ativos públicos e terras públicas (até sugeriram privatizar o Partenon!). O Estado teve que cortar pensões e todas as formas de despesas sociais, fechar hospitais, escolas e afins, e as pessoas tiveram que aprender a viver praticamente sem assistência nem serviços sociais. No fundo essa é a situação no mundo inteiro hoje.

A situação global é que a acumulação do capital depende da receptividade dos governos territoriais a seus interesses. É o que vimos, no capítulo 3, com os casos recentes da Foxconn e da Amazon*. O caso da Foxconn é interessante porque, apesar de ser uma firma taiwanesa, boa parte das suas operações são na China, fabricando eletrônicos da Apple. Ou seja, uma firma taiwanesa com uma operação de peso na China agora está querendo se instalar em Wisconsin contanto que lhe sejam oferecidos subsídios generosos (sobretudo na forma de futuras renúncias tributárias). O cálculo é que o Estado estaria oferecendo mais de 230 mil dólares para cada emprego gerado. Depois de ter concordado com isso, a Foxconn voltou atrás e afirmou que não iria efetivamente produzir nada no estado, comprometendo-se apenas a instalar um campus de pesquisa. E o governo de Wisconsin não tem como fazer nada a respeito. Nos últimos tempos, a relação de poder entre a entidade territorial e a corporação pendeu sempre para a segunda.

Isso não significa que a territorialidade não tenha relevância. Muitos pesquisadores chegaram a essa conclusão na década de 1980, inclusive a ponto de dizer

---

* Ver, p. 43-4 neste volume. (N. E.)

que o Estado havia se tornado irrelevante. Afinal, o poder todo residiria em outro lugar. À medida que o poder se desloca para as grandes corporações e a mobilidade geográfica se torna mais dinâmica, pequenas diferenças geográficas passam a pesar muito mais no cálculo de maximização de lucros. As grandes corporações investigam as vantagens de se instalarem em um lugar em vez de outro. Mesmo uma pequena vantagem fiscal entre dois lugares pode se tornar decisiva. Isso significa que governos locais ou mesmo nações inteiras (a Irlanda faz isso muito bem) organizaram seus arranjos tributários visando oferecer vantagens máximas a corporações privadas. Isso produz uma concorrência ferrenha entre municípios, regiões e nações para tentar atrair investimento estrangeiro. Esse é um dos grandes objetivos do poder estatal neste momento. Resultado: o poder estatal se torna subserviente ao capital privado. Ou seja, se não são os detentores de títulos públicos, são as grandes corporações monopolistas que estão no controle.

As coisas não eram assim nas décadas de 1950 e 1960 nos países capitalistas avançados porque naquele momento o Estado era muito mais social-democrata e tinha bem mais poder em relação ao capital. Parte da missão do Estado era garantir o bem-estar da massa de sua população. Nem sempre funcionava e, sim, de fato, havia muitos problemas (por exemplo, paternalismo). Além disso, nas décadas de 1960 e 1970 havia fortes controles sobre o capital, de modo que não dava para movimentar dinheiro pelo mundo tão facilmente quanto hoje. Lembro da primeira vez que saí da Inglaterra para o continente. Tive que ir ao banco solicitar cheques de viagem. Só me liberaram o equivalente a quarenta libras e carimbaram esse valor no verso do meu passaporte. Ou seja, eu conseguiria pedir outras quarenta libras no ano seguinte. Hoje esse tipo de coisa é inconcebível, mas na minha juventude a situação era essa. Todo mundo na Inglaterra vivia sob um regime de controle de capitais. Esses controles eram coerentes com o acordo de Bretton Woods de 1944, que estabelecia as regras de funcionamento do sistema monetário internacional. O sistema Bretton-Woods de controle de capitais ruiu no final dos anos 1960 e foi abandonado na década seguinte. Depois disso, passamos a conviver com um movimento muito mais fluido de capital monetário na economia mundial.

Com isso, chegamos à questão do movimento geográfico do capital. No decurso de seu movimento, o capital assume três formas primárias. A primeira é dinheiro, a segunda é mercadoria e a terceira é atividade produtiva. Em qual dessas formas o capital se movimenta com maior facilidade? Na forma dinheiro, naturalmente. Penso no dinheiro como a forma borboleta do capital. Ele esvoaça pelo mundo e, em qualquer momento ou lugar que avistar uma flor interessante, pousa nela. Depois alça voo novamente para outro lugar. Já a mercadoria é a forma lagarta do capital. Ela rasteja de maneira relativamente lenta e é muitas vezes complicada e difícil de movimentar (por exemplo, barras de aço *versus* diamantes).

A terceira forma de capital, a produção, é a menos móvel de todas. Entender qual dessas formas predomina em determinado período histórico é, penso eu, algo terrivelmente significativo. A resposta reside, em parte, no quão móvel o capital precisa ser em cada momento.

Giovanni Arrighi tinha um argumento interessante sobre essa questão*. Ele insistia que, periodicamente, o capital tende a chegar a um ponto em que se depara com verdadeiras dificuldades de expansão na sua forma produção, e sua forma mercadoria começa a se mostrar muito arrastada. Quando isso acontece, é provável que haja pressão para que seja criado um sistema financeiro mais fluido. Ele documenta as mudanças periódicas desse tipo que ocorreram ao longo da história. Veneza e Gênova chegaram a um ponto em que as duas se tornaram financiadoras, mais do que meras cidades que comercializavam e produziam mercadorias. Como tal, elas passaram a se interessar muito mais pelo movimento de dinheiro. Houve um interesse em se tornar mais geograficamente móvel e flexível no uso do dinheiro. Essa financeirização desempenhou um papel importante no deslocamento do poder e do capital das cidades-Estado italianas para a Holanda, ao norte. Assim chegamos à segunda hegemonia do sistema comercial mundial, em que o capital mercantil e o capital financeiro se concentraram nos Países Baixos, com Amsterdã, Antuérpia e as poderosas cidades mercantis como Utrechet e Bruges se tornando poderosos centros de acumulação de capital.

Contudo, na passagem do século XVII para o XVIII esse sistema atingia seus limites e ensejou outra fase de financeirização, marcada por outro deslocamento de hegemonia na concentração e centralização de capital, desta vez para a Inglaterra. Foi esse capital que produziu a Revolução Industrial e estabeleceu as bases para um novo tipo de hegemonia no interior do sistema mundial, com industrialização interna e desenvolvimento de colônias e ocupações imperiais no exterior. Mais adiante isso foi dar no deslocamento financeirizado da Inglaterra para os Estados Unidos, que se tornaram o centro hegemônico do sistema capitalista depois de 1945. Arrighi defendia que havia sinais de que os Estados Unidos estavam começando a bater no teto em termos de capacidade produtiva na década de 1980. Por volta dessa época, começamos a identificar um forte movimento de financeirização. E a grande questão agora é: para onde vai essa financeirização, afinal? Ela vai para onde quer que as capacidades produtivas estejam mais abertas a uma nova onda de exploração. Hoje, esse lugar, naturalmente, é a China. Se isso significa ou não que a China está destinada a se tornar o novo *hegemon* global, essa é uma questão em aberto. Cada mudança de hegemonia acarretou uma alteração dramática de escala,

---

* Ver Giovanni Arrighi, *O longo século XX: dinheiro, poder e as origens do nosso tempo* (trad. Vera Ribeiro, Rio de Janeiro/São Paulo, Contraponto/Editora Unesp, 2006). (N. T.)

100 / Crônicas anticapitalistas

das cidades-Estado italianas, passando pelos Países Baixos, depois a Inglaterra e, enfim, os Estados Unidos. Será necessária uma mudança de escala para desbancar os Estados Unidos, e as implicações disso são praticamente impensáveis. Arrighi pensava que isso poderia implicar a ascensão da Ásia como um conglomerado hegemônico regional*. Em termos populacionais, somando a China com a Índia e a Indonésia certamente chegaríamos nesse bloco, mas é difícil ver como isso tudo funcionaria em conjunto e, em caso positivo, quais seriam as implicações disso para a produção, o consumo, o bem-estar social e as condições ambientais.

Essa é uma daquelas situações em que o capitalismo financeirizado é muito fluido em termos de qual flor atrairá sua atenção e qual local oferecerá condições ótimas para investimento financeiro e desenvolvimento capitalista. Esse é o cenário no qual nos encontramos. Mais uma vez, é sobretudo a forma monetária do capital que está reterritorializando estruturas capitalistas e o poder econômico e político nos nossos tempos.

* * *

Na primeira parte deste capítulo, concentrei-me nas mobilidades geopolíticas das diferentes formas de capital e em como uma lógica territorial de poder organizada por meio de aparatos estatais e governos se contrapunha ao fluxo geográfico molecular do capital corporativo envolvido na produção de mercadorias e em operações financeiras. Agora quero atacar essa questão toda a partir de outro ângulo, me valendo de um construto teórico que gosto bastante, a saber: a ideia (ou teoria) daquilo que denomino um "ajuste espacial"**.

O capital se desenvolve e, com isso, vai se expandindo. A geografia do capital, portanto, diz respeito à sua expansão infindável no espaço e ao longo dele. No interior de determinado território, as possibilidades de expansão são em última análise limitadas pelos recursos, pela população, pelas infraestruturas disponíveis e assim por diante. Em certo ponto, a expansão territorial capitalista atinge um limite. Os

---

* Giovanni Arrighi, *Adam Smith em Pequim: origens e fundamentos do século XXI* (trad. Beatriz Medina, São Paulo, Boitempo, 2008). (N. E.)

** Cunhado originalmente em 1981 (ver David Harvey, "The spatial fix – Hegel, Von Thunen, and Marx", *Antipode*, v. 13, n. 3, dez. 1981), o conceito de *spatial fix* é traduzido para o português como "ajuste espacial". Embora amplamente consolidada na bibliografia brasileira, a tradução não preserva a polissemia do termo original em inglês. Na formulação do autor, a palavra "*fix*" alude tanto a uma solução temporária e improvisada (inclusive com certas conotações de lógica de vício) baseada em estratégias de reorganização espacial para tendências de crise no capitalismo, quanto a um processo que implica *fixação* ou imobilização de capital em determinado lugar (como ocorre com investimentos em capital fixo, por exemplo). (N. T.)

excedentes de capital se acumulam em determinada parte do mundo, muitas vezes ao lado de excedentes de mão de obra. Esses excedentes de capital precisam ser escoados de maneira rentável. Então surge a questão: para onde eles podem ir? Uma das respostas é o desenvolvimento de colônias. Outra resposta é exportar capital (e em alguns casos também mão de obra) para algum outro lugar no mundo em que o sistema capitalista ainda não se desenvolveu. É isso que denomino "ajuste espacial" como resposta aos problemas de sobreacumulação de capital que inevitavelmente decorrem do imperativo do lucro.

Marx oferece uma descrição interessante de como esse ajuste espacial funciona. O território com capital excedente empresta dinheiro para algum outro lugar no mundo, que por sua vez o utiliza para adquirir mercadorias do primeiro. O país destino pode utilizar as mercadorias adquiridas para satisfazer as vontades e necessidades de sua população (por meio do consumismo), ou então para construir infraestruturas e operações que ensejem maior desenvolvimento capitalista no seu território.

A Inglaterra, por exemplo, tinha um problema grave de capital excedente em meados de 1850. O mercado interno estava saturado e havia poucas oportunidades rentáveis para investir capital dentro da Grã-Bretanha. Assim, o país começou a exportar capital. Mas havia diferentes modelos de como fazer isso. Um jogo típico era o seguinte. Emprestava-se dinheiro para que a Argentina construísse ferrovias. Porém, todos os equipamentos ferroviários vinham da própria Inglaterra, de modo que o capital inglês emprestado à Argentina também absorvia a capacidade produtiva excedente de equipamentos siderúrgicos e ferroviários ingleses. Resolve--se, assim, o problema da capacidade produtiva excedente. Ao mesmo tempo, a Argentina constrói ferrovias que atravessam os pampas e servem para levar trigo aos portos de maneira mais econômica. Esse trigo barato é, por sua vez, vendido à Inglaterra. A entrada de trigo barato na Inglaterra reduz o custo do pão, o que significa que os industriais podem reduzir salários e elevar seus lucros porque os custos de reprodução da força de trabalho estão mais baixos. Dessa forma, utiliza--se de um excedente de capital numa parte do mundo a fim de desenvolver uma expansão do sistema capitalista noutras partes, ao mesmo tempo que se aumentam os lucros no país de origem ao reduzir os custos dos bens de consumo básicos.

No século XIX, eram poucos os centros em que havia excedente de capital. Eles situavam-se principalmente na Inglaterra e em algumas partes da Europa Ocidental. Muito capital excedente foi escoado para os Estados Unidos. Duas coisas, portanto, podem acontecer com esse capital excedente: ele pode ser controlado pelo poder estatal, ou então se movimentar de maneira aberta e fluida pelo mercado. Aqui a relação da Inglaterra com o resto do mundo no século XIX é instrutiva. A Inglaterra precisava expandir os seus mercados. Com a absorção da Índia no Império Britânico, os ingleses destruíram a indústria de tecelagem

102 / Crônicas anticapitalistas

dos povoados indianos e substituíram os produtos de fabricação local por mercadorias importadas das manufaturas têxteis inglesas. A Índia foi organizada como
um mercado cativo da indústria britânica. Para que isso funcionasse, no entanto,
o país precisava conseguir pagar pelos produtos têxteis importados. Como ele
faria isso? A Índia precisava exportar algo para que pudesse custear os tecidos
ingleses. Os indianos de fato tinha alguns produtos de exportação: chá, juta e
coisas do tipo. Só que eles não bastavam. Os ingleses então "persuadiram" a Índia
a produzir ópio para enviar à China. O mercado chinês de ópio foi aberto à força
por meio de uma ação militar/naval: as chamadas Guerras do Ópio. A China teve
que pagar pelo ópio com prata que, primeiro, ia para a Índia, para depois chegar
aos cofres ingleses, como contrapartida pelos produtos têxteis. Rosa Luxemburgo
descreve esse processo no seu livro sobre o imperialismo britânico, *A acumulação
do capital**. Nesse caso, o ajuste espacial ao problema de capacidade produtiva
excedente na indústria têxtil inglesa se deu mediante a destruição da manufatura
indiana de tecidos, a transformação do país em um mercado cativo de exportação
para produtos ingleses e, por fim, a criação dessas outras formas de produção e
comércio de mercadorias, tais como a comercialização de ópio, responsável por
obter a prata para bancar os produtos têxteis.

Esse ajuste espacial, contudo, também exigia outra coisa. E essa "outra coisa"
implicava a produção de infraestruturas físicas adequadas. Marx, mais uma vez,
tem coisas muito interessantes a dizer sobre a Índia nesse quesito. Uma das maneiras pelas quais o mercado indiano poderia ser unificado e tornado mais acessível
à dominação estrangeira era por intermédio do investimento em transportes e comunicações. A Inglaterra construiu as ferrovias indianas. Se você for à Índia hoje
em dia, verá uma sofisticada estação ferroviária vitoriana no centro de Bombaim
– marca dessa atividade colonial britânica. Ou seja, mais uma vez, a exportação de
capacidade produtiva excedente para alguma outra parte do mundo a fim de construir infraestruturas exigia que essa outra parte do mundo tivesse alguma forma
de pagar por ela. O capital estrangeiro podia emprestar o dinheiro para construir
as infraestruturas cujo uso futuro lhe renderia uma taxa de retorno. Além disso,
se as infraestruturas elevassem a produtividade indiana ou a capacidade do país
produzir e vender no mercado, todos se beneficiariam. Aqui, novamente, vemos
uma forma de ajuste espacial em operação. A utilização da Índia como fonte de
matérias-primas, como fonte de extração de riqueza monetária e como mercado
foi fundamental para que a Inglaterra lidasse com a sua tendência de produzir
excedentes de capital.

---

* Rosa Luxemburgo, *A acumulação do capital: contribuição ao estudo econômico do imperialismo*
(trad. Marijane Vieira Lisboa e Otto Erich Walter Maas, São Paulo, Nova Cultural, 1985). (N. E.)

Há ainda outra forma de ajuste espacial via exportação de capital, mais claramente representada pelo caso dos Estados Unidos. O capital excedente inglês aportou nos Estados Unidos porque – em função do genocídio da população nativa, é claro – havia ali um território aberto para o desenvolvimento capitalista. Nesse caso, no entanto, ele não foi usado simplesmente para criar um mercado. Algo disso se deu, é verdade. Mas o capital também foi usado por empreendedores sediados nos EUA para criar um centro alternativo de acumulação de capital. Foi investido em atividade produtiva em vez de ser organizado para satisfazer o consumismo. O capital inglês desempenhou um papel muito importante no financiamento não apenas da criação de um mercado alternativo como também da criação de todo um novo centro de acumulação de capital no interior dos Estados Unidos. À medida que esse processo deslanchou, a demanda por maquinaria e outros meios de produção aumentou tanto em solo estadunidense quanto na Inglaterra e na Europa continental. Isso colocou muita demanda no mercado global, parte da qual será atendida pela expansão da produção inglesa para o mercado estadunidense. Mas esse processo serviu para criar um rival territorial no campo da produção capitalista de mercadorias. Os Estados Unidos, em determinado momento, desenvolveram uma forma própria de acumulação de capital que estava fadada a competir com a produção inglesa e europeia. Por meio da concorrência, os Estados Unidos acabaram, assim, desbancando a Inglaterra da posição hegemônica no capitalismo global. Nesse sentido, pode-se dizer que a Inglaterra desempenhou um papel-chave em financiar o agente da sua própria derrota. Isso também é uma forma de ajuste espacial.

O ajuste espacial desempenha um papel muito significativo em relação à formação de crises porque ele também acarreta deslocamentos temporais e espaciais de longo prazo. Pegue o caso do investimento ferroviário nos Estados Unidos. Trata-se de uma forma de investimento de longo prazo. Não é como se você já obtivesse uma taxa de retorno dentro de seis meses. Se for haver uma taxa de retorno, ela acontecerá muito no futuro e só porque nesse prazo mais extenso a produtividade da economia estadunidense deve subir. Mas isso se dará num período de dez, quinze, vinte anos. É um investimento de muito longo prazo. Isso implica recorrer a algum tipo de sistema de crédito que permita mobilizar poder monetário ao longo de um horizonte temporal extenso; implica usar aquilo que Marx denominou "capital fictício" (uma reivindicação monetária transferível e comercializável referente a algo que ainda não existe de fato) para construir as novas infraestruturas*. Depois, tais infraestruturas tornam-se a base para uma forma alternativa de acumulação e para uma dinâmica alternativa de circulação do capital. Esses sistemas têm uma

---

* Ver Karl Marx, *O capital: crítica da economia política*, Livro III: *O processo global da produção capitalista* (trad. Rubens Enderle, São Paulo, Boitempo, 2017), em especial o cap. 25. (N. E.)

história interessante. Ajustes espaciais desse tipo vêm ocorrendo a uma velocidade cada vez maior na economia global desde 1945, mas particularmente a partir de meados de 1970. Excedentes de capital dos Estados Unidos e de outras partes do mundo foram mobilizados para criar sistemas alternativos de produção em outros espaços abertos. Seu intuito fundamental não é a criação de novos mercados.

Cheguei a argumentar – e esta é uma posição controversa – que, no que diz respeito à Inglaterra do século XIX, a empreitada indiana foi menos lucrativa para a indústria britânica do que a empreitada estadunidense, porque o poder colonial na Índia suprimiu o dinamismo inerente do capitalismo (os "espíritos animais" dos empreendedores) em favor da construção de um mercado consumidor passivo. Os ingleses buscaram impedir o desenvolvimento de um sistema de produção capitalista rival na Índia. Eles queriam manter a Índia no bolso como mercado. Mas isso estorva o dinamismo do capital; obsta o crescimento e a expansão contínua do mercado. Por isso, no longo prazo, a solução indiana foi se tornando cada vez menos rentável para os ingleses. Já nos Estados Unidos, a Inglaterra não controlava as coisas. Os ingleses não tinham como controlar o dinamismo que iria expandir continuamente o ajuste espacial por meio do desenvolvimento do mercado estadunidense, ao mesmo tempo que levaria os Estados Unidos a, em última instância, superar a Inglaterra na disputa geopolítica por hegemonia.

Depois de 1945, a economia global se deparou com um verdadeiro problema. Temia-se um retorno às condições da depressão dos anos 1930, desta vez com um enorme aumento na capacidade produtiva ligado à economia de guerra e uma enxurrada de soldados voltando para casa. Aqui os estadunidenses de fato entenderam algo muito importante: os Estados Unidos se beneficiariam da descolonização. As posses coloniais haveriam de ser retiradas do controle da Inglaterra, da França ou da Holanda. Esses territórios não deveriam ser mantidos como mercados cativos por poderes imperiais. Os Estados Unidos não tinham tantos mercados cativos e assim, em interesse próprio, passaram a demandar e comandar a abertura de todos esses mercados. Eles perceberam que poderiam colonizar esses mercados tanto quanto a Inglaterra e a França, só que por intermédio do próprio sistema global de livre-comércio.

Descolonizar e abrir o mundo a estruturas alternativas de desenvolvimento é algo que ajudaria os Estados Unidos a dar vazão aos seus excedentes de capital. Essa foi a genialidade do Plano Marshall. Mas essa política não se resumia apenas a tentar usar a Europa como um sumidouro conveniente para mercadorias estadunidenses excedentes. Era também uma questão de reerguer o capital, reconstruir entrepostos de acumulação capitalista em todo o mundo e expandir o mercado mundial dramaticamente. Na medida em que o capital excedente aportou no Japão e na Europa, ele efetivamente puxou a revitalização e o reavivamento das economias japonesa e europeia. O período que vai, grosso modo, de 1945 a 1970 foi marcado por um crescimento espantoso na economia global, e boa parte disso dependia da criação desses centros alternativos de crescimento e acumulação de capital no Japão e na Europa Ocidental. Na década de 1980, essas áreas alternativas de acumulação começaram a superar concorrencialmente os Estados Unidos no cenário mundial. De repente, os EUA se deram conta de que tinham ajudado a fomentar seus próprios rivais. Se estivesse fazendo essa reflexão nos anos 1980, eu estaria falando sobre o Japão e a Alemanha Ocidental como hegemônicos em termos do capitalismo global. Eram esses os países que estavam realmente deslanchando naquele momento. E os Estados Unidos haviam estimulado isso porque era do interesse deles, em especial no contexto da Guerra Fria com a União Soviética, e diante da perspectiva de uma alternativa comunista emergindo da China. Mas então os Estados Unidos se depararam com o problema de como lidar com o crescimento explosivo da Alemanha Ocidental e do Japão. A resposta estadunidense foi criar uma ordem mundial regrada em que todos poderiam competir e se beneficiar do livre-comércio uns com os outros. Os Estados Unidos viram a globalização e o livre-comércio em mercados abertos como sendo a solução. Também estavam convencidos de que tinham condições de vencer dentro desse sistema regrado (em parte porque ele havia sido desenhado de modo a favorecer o capital estadunidense).

Tratava-se da ordem neoliberal do livre-comércio, da redução sistemática de barreiras tarifárias, da criação de um sistema financeiro global que facilitava o movimento desimpedido tanto de capital quanto de mercadorias de uma parte do mundo para outra. A criação de novas tecnologias de transportes e comunicações também ajudou bastante. É um processo que envolve uma série de coisas, mas uma das consequências foi o desenvolvimento de múltiplos centros alternativos de acumulação de capital. O Japão, por exemplo, passa por um processo muito intenso de desenvolvimento na década de 1960, mas chega ao final da década de 1970 sentado em cima de enormes quantidades de capital excedente. Como ele dará vazão a isso? Os japoneses exploram ajustes espaciais com a exportação de capital. Também começam a "colonizar" o mercado consumidor estadunidense. É a chamada "invasão" japonesa da economia estadunidense. Eles compram o Rockefeller Center, em Nova York. Inserem-se em Hollywood, por meio da aquisição da Columbia Pictures. O capital excedente volta a ser escoado do Japão para os Estados Unidos. Mas ele também se espraia pelo resto do mundo todo, chegando inclusive a assumir uma postura mini-imperialista em muitos mercados emergentes, como na América Latina.

Pouco depois disso, assistimos a processos semelhantes acontecendo no resto da Ásia. A Coreia do Sul se desenvolve, inicialmente não como uma economia de livre-mercado, e sim sob uma ditadura militar. O estímulo estadunidense ao desenvolvimento sul-coreano, no entanto, se dá por um motivo geopolítico muito simples: a contenção do comunismo. A União Soviética e a China representavam uma ameaça. A fim de barrar o expansionismo comunista, era preciso uma Coreia do Sul capitalista próspera e pró-capitalista. Os Estados Unidos apoiaram o desenvolvimento da economia sul-coreana, facilitaram a transferência tecnológica e ofereceram acesso favorável aos mercados estadunidenses. Mas quando chegamos ao final da década de 1970, a Coreia do Sul já está gerando capital excedente com seu incrível aparato produtivo. E o que ela faz? Ela busca um ajuste espacial. Ela estabelece uma produção automotiva nos Estados Unidos e assume o controle de algumas empresas estadunidenses de eletrônicos, ao mesmo tempo que começa a colonizar certos mercados estadunidenses, além de organizar a produção em outros mercados emergentes. O capital excedente transborda da Coreia do Sul ao final da década de 1970. De repente começam a aparecer na América Central e na África empresas de subcontratação tocadas pelos sul-coreanos. As práticas laborais e de direitos humanos dos coreanos são particularmente brutais.

Antes que você se dê conta, a mesmíssima sequência de acontecimentos também começa a se desenrolar em Taiwan. Os Estados Unidos apoiam Taiwan porque querem um desenvolvimento econômico próspero lá a fim de garantir que a região permaneça na órbita estadunidense e não seja reabsorvida pela China comunista. A indústria taiwanesa começa, assim, a ganhar muita importância. Por volta de 1982, surge o problema do capital excedente e de repente aparece uma enxurrada de exportações de capital taiwanês. Para onde esse capital está indo? Está indo para o mundo todo, mas grande parte dele está entrando na China, que acaba de se abrir ao desenvolvimento capitalista. Foi nesse momento que a Foxconn, que agora é um dos maiores conglomerados do mundo, começou a se deslocar para a China. Assim como os japoneses, os produtores sul-coreanos deslocaram suas operações para a China. Mas Taiwan fez esse movimento de maneira maciça. Então todos começaram a transferir suas produções para solo chinês. O desenvolvimento chinês, portanto, é muito baseado no capital taiwanês, japonês, sul-coreano e, é claro, honconguês depois de 1978.

Hong Kong é um caso muito interessante. Antes da abertura da China, a indústria têxtil e de vestimentas honconguesa já havia desbancado e superado as tecelagens inglesas, que vinham sofrendo um processo de desindustrialização. As fábricas têxteis de Manchester já não conseguiam mais competir com os produtos têxteis de Hong Kong. O capital honconguês queria expandir mas não dispunha de mão de obra, recursos e mercado no interior de seu território. Foi quando a China de repente se abriu, quando apareceu Shenzhen. O capital de Hong Kong voou para a China a fim de aproveitar a nova oferta de força de trabalho barata. A industrialização chinesa nos anos 1970 e 1980 foi resultado de todas essas ondas de capital provenientes de Hong Kong, Taiwan, Coreia do Sul e Japão. O resultado foi a criação de uma economia incrivelmente produtiva no interior da China. E o que essa economia fez? Ela começa a derrotar sua concorrência. O que acontece com o Japão? A economia japonesa enfrenta certa estagnação desde mais ou menos 1990. Taiwan também passa por dificuldades, mesmo que a Foxconn, uma empresa taiwanesa, empregue 1,5 milhão de pessoas na China. Mas agora a Foxconn tem capacidade produtiva na América Latina e na África. Ela está inclusive indo para Wisconsin, como vimos. É o ajuste espacial acontecendo. O capital está sempre se movimentando de um lugar para outro.

Agora é a vez da China confrontar o problema do que fazer com seu capital excedente. Talvez seja apenas uma coincidência. Talvez não. Mas em 2008, tudo na China parecia ter mudado de direção. Foi o ano de uma enorme crise no capitalismo global. O principal mercado consumidor da China nos Estados Unidos quebrou e as exportações despencaram drasticamente. Em 2008, entretanto, pela primeira vez, a exportação de capital chinês superou os investimentos externos diretos feitos na China. Depois disso, as exportações de capital dispararam, ultrapassando em muito as importações de capital. A China se torna, no conjunto, um exportador agressivo de capital. Boa parte das exportações se dão na forma de crédito comercial, em vez de investimento direto na produção. Ou seja, a China está fornecendo crédito comercial à África Oriental a fim de absorver o produto excedente chinês (por exemplo, trilhos de aço). Em 2000, o mapa das exportações chinesas de capital estava essencialmente em branco. Em 2015, contudo, o capital excedente chinês já se encontra por toda a parte. O mundo inteiro está se enredando na busca chinesa por um ajuste espacial para seu capital excedente. Os chineses começam a orquestrar isso em torno da Iniciativa do Cinturão e Rota, a chamada Nova Rota da Seda, um plano de expansão geopolítica em que o capital excedente da China é alocado para reconstruir a conectividade de transportes e comunicações do continente eurasiano, com ramificações na África e na América Latina.

Há uma longa história de estratégias geopolíticas desse tipo. Halford Mackinder foi um professor de geografia da Universidade de Oxford, onde lecionei durante sete anos (1987-93) na cátedra de geografia que leva o nome dele. Mackinder foi um reacionário imperialista de direita que escreveu sua obra na primeira metade do século XX. Como pensador geopolítico, ele elaborou a seguinte formulação: quem controla o coração da Europa Central controla a ilha mundial da Eurásia; e quem controla essa ilha mundial controla o mundo. Os chineses vêm refletindo sobre seu poder e posição geopolíticos por ao menos dez séculos. Eles leram Mackinder. Os Estados Unidos também têm sua própria teoria e história geopolíticas. Mas a musa dos estadunidenses é Alfred Thayer Mahan, que escreveu sobre o papel do poder marítimo na história durante a década de 1890. Os chineses leram-no também. Mackinder enfatizava o poder terrestre, Mahan sublinhava o poder marítimo. Halford Mackinder foi muito influente na década de 1920, mas continuou escrevendo até a Segunda Guerra Mundial. Nas décadas de 1920 e 1930, surgiu toda uma escola de pensamento geopolítico alemão: a *Geopolitik*. Eles defendiam que os Estados seriam um pouco como organismos vivos. Como tais, os Estados precisariam de acesso adequado a recursos (tais como petróleo) para se alimentarem livremente e definirem seu próprio espaço vital. A teoria do *Lebensraum*, associada ao geopolítico alemão Karl Ernst Haushofer, foi absolutamente crucial para a ideologia nazista e sua concepção de caminho para a dominação mundial. A expansão nazista sobre a Europa Oriental (e os campos de petróleo da Romênia) nos anos 1930 apelava à necessidade que o Estado alemão teria de adquirir um espaço vital e controlar a ilha mundial. A luta pela dominação mundial estava centrada no controle sobre aquilo que Mackinder definiu como *heartland*, o coração da Europa Central. O controle sobre essa região pavimentava o caminho para a dominação mundial. Daí a invasão da Checoslováquia e depois da Polônia.

O que estamos vendo agora, com o projeto da Nova Rota da Seda, é uma expansão da influência geopolítica da China sobre a Ásia Central. O ajuste espacial para o problema de excedente de capital da China está sendo convertido em um projeto geopolítico no qual a Ásia Central está sendo incorporada à esfera de influência chinesa por meio de investimentos infraestruturais. É interessante que os Estados Unidos organizem grande parte do seu poderio global através do poder marítimo e que esteja surgindo um conflito sério entre a China e os Estados Unidos no mar da China Meridional; porém a China também enfatiza o poder terrestre na Ásia Central, onde os Estados Unidos têm dificuldade em exercer muita influência geopolítica. A China está começando a afirmar um controle quase completo sobre o que está acontecendo na Ásia Central e os Estados Unidos não estão em condições de contestar essa influência chinesa.

Mas o projeto chinês da Nova Rota da Seda é muito maior que isso. Agora ele está desempenhando um papel muito importante na África, que, nos poucos anos transcorridos desde 2008, já se tornou profundamente endividada por conta dos empréstimos chineses contraídos para construir infraestruturas (tais como as ferrovias da África Oriental). A expansão capitalista na África está cada vez mais marcada (por exemplo, na Etiópia e no Sudão). A maior parte dos investimentos chineses na África (e na América Latina) assume a forma de empréstimos comerciais e não de investimento estrangeiro direto (embora isso também exista no que diz respeito aos recursos minerais como o cobre na Zâmbia). Os chineses estão praticando a tática clássica de emprestar dinheiro aos países para que eles comprem os produtos chineses excedentes (aço, equipamentos de transporte e cimento), da mesma forma que a Inglaterra bancou, por interesse próprio, o desenvolvimento argentino no século XIX.

Além da questão econômica, há também o interesse geopolítico. Não acho que Mackinder estivesse correto, mas os chineses talvez concordem com ele e considerem que o controle sobre a Ásia Central já seja, por si só, um projeto geopolítico crucial. Isso ajudaria a explicar sua abordagem brutal diante dos uigures muçulmanos no Oeste da China. Se eles estão pensando nesses termos, isso significa que vão usar sua produção excedente de cimento e aço para construir ferrovias cortando a Ásia Central inteira, até a Europa. Já há uma linha ferroviária que vai direto da China para Londres. Leva por volta de duas ou três semanas para fazer o percurso de trem, em contraposição às mais de seis semanas por via marítima. Os chineses avaliam que poderão reduzir radicalmente o tempo necessário para chegar da China à Europa com uma rede ferroviária de alta velocidade atravessando a Ásia Central. É isso que eles estão construindo. Os comentaristas financeiros ocidentais costumam retratar esse investimento como um grande desperdício econômico, como algo que não tem como ser viável. É provável que ele não dê lucro no curto prazo mesmo. Mas no longo prazo irá efetivamente reconfigurar a geopolítica mundial.

O projeto chinês é, quase certamente, muito mais uma empreitada geopolítica do que primordialmente econômica. Não é à toa que os chineses, que por muitos anos não contestaram os Estados Unidos em nenhum lugar, estão contestando o poder estadunidense no mar do Sul da China. Mas eles também têm um terreno, a Ásia Central, onde não estão contestando ninguém. A Rússia não contesta o projeto chinês. De fato, a aliança sino-russa parece se fortalecer a cada ano que passa. Os Estados Unidos não têm capacidade de fazer grande coisa na Ásia Central. E é curioso. Quando estive na China, fui várias vezes aconselhado a não dizer nada negativo sobre a Rússia, uma vez que existe claramente uma aliança de interesses na Ásia Central e além. Ambos os países estão apoiando a Venezuela em face das repetidas investidas que os Estados Unidos têm feito para derrubar o governo Maduro, seja por meio de tentativas diretas de golpe de Estado, da aplicação de sanções ou do fomento a instabilidades internas. Começa-se a enxergar o surgimento de uma certa divisão geopolítica implícita no mundo todo que pode logo se tornar uma disputa ativa. Mas repare como esse projeto de Nova Rota da Seda também responde ao problema de encontrar um ajuste espacial para escoar capital e capacidade produtiva excedentes.

O capital precisa sustentar eternamente uma taxa de crescimento de 3% ao ano. Isso significa uma taxa exponencial de reorganização da geografia global do capital e da acumulação de capital. O que estamos começando a perceber é que esses ajustes espaciais que vão se desdobrando geograficamente – dos Estados Unidos ao Japão, do Japão à China, da China à Ásia Central e a África – são manifestações geopolíticas da lógica de crescimento exponencial de capital. Geograficamente, precisamos ter muito cuidado aqui porque esse é o tipo de coisa que ensejou duas guerras mundiais no século passado. Os dois casos envolveram rivalidades geopolíticas. Não estou argumentando que necessariamente ocorrerá uma guerra mundial, ou qualquer coisa que o valha. Só estou dizendo que o papel das rivalidades e teorias geopolíticas precisa ser analisado com cuidado. Seria tolice ignorar as tensões atuais todas, sobretudo no Médio Oriente. Quando rivalidades geopolíticas se fundem com a busca por ajustes espaciais para capital em situação de sobreacumulação, como ocorreu nos anos 1930, significa que chegou a hora de dar um passo atrás e tomar muito cuidado para não cair de cabeça no turbilhão das guerras globais. É preciso estudar com muita seriedade a geopolítica do ajuste espacial.

9
A SÍNDROME DO CRESCIMENTO

A primeira vez que dei aula sobre *O capital*, de Marx, foi em 1970. A partir de então, fiquei muitos e muitos anos lecionando sobre a obra. Em 2019, voltei ao Livro I depois de um longo intervalo. É sempre interessante retornar a esse texto de Marx. As circunstâncias em 1970 eram diferentes das atuais. Considere, por exemplo, como eu via o extenso capítulo sobre maquinaria e indústria moderna*. Marx argumenta que, ao longo de muitos anos, o capital se debateu para desenvolver uma tecnologia adequada à sua própria natureza. Essa tecnologia – o sistema fabril – era substancialmente diferente das tecnologias feudais baseadas nas competências laborais e formas primitivas de organização que caracterizavam o período "manufatureiro" que se estendeu de 1650 até a Revolução Industrial no final do século XVIII.

Quando dei esse curso em 1970, passamos pelo capítulo sobre o período manufatureiro** como se ele fosse algo de interesse meramente histórico. Para nós, as coisas realmente importantes estavam no capítulo seguinte, que se debruça sobre o sistema fabril. Marx fornece uma descrição fantástica (ainda que um tanto extensa!) de como foi implementado o sistema fabril, como ele se propagou e quais foram as consequências sociais desse processo. O sistema fabril não era apenas uma máquina; era um sistema de máquinas, máquinas que produziam máquinas, com implicações imensas para a maneira como a mão de obra era utilizada, posicionada

---

* Karl Marx, *O capital: crítica da economia política*, Livro I: *O processo de produção do capital* (trad. Rubens Enderle, São Paulo, Boitempo, 2013), cap. 13: "Maquinaria e grande indústria", p. 445--574. (N. E.)

** Ibidem, cap. 12: "Divisão do trabalho e manufatura", p. 411-43. (N. E.)

112 / Crônicas anticapitalistas

e explorada na produção. Formas genéricas de tecnologia, tais como o motor a vapor, podiam ser aplicadas em diversas áreas. Os materiais que Marx compilou a partir dos relatórios dos inspetores de fábrica fornecem um testemunho vivo do caráter revolucionário e das dificuldades dolorosas experimentadas na transição para a forma industrial de trabalho.

Desta vez que dei aula sobre esse capítulo, no entanto, de repente pensei: hoje, muitos jovens nos Estados Unidos provavelmente não devem saber muito sobre fábricas. É provável que nem conheçam um trabalhador fabril de fato, que dirá um operário sindicalizado. Nos anos 1970, a maior parte dos lares teria tido algum contato e familiaridade com o mundo do trabalho fabril.

Nos Estados Unidos, o sistema fabril em larga medida desapareceu. Mas o que o substituiu? O que me intrigou desta vez, contudo, foi que muitas das coisas que estavam sendo ditas no capítulo sobre manufatura efetivamente ressoavam com as realidades contemporâneas. Por exemplo, trabalho precário, a mudança constante de escalas e divisões do trabalho, e as tentativas por parte daqueles que comandavam certas habilidades de monopolizá-las e reivindicar para si mesmos uma posição privilegiada na força de trabalho. O capital estava travando uma batalha contra essas habilidades monopolizáveis e fazia tentativas constantes de reproletarizar o processo de trabalho e os trabalhadores, a fim de retirar o privilégio ligado às suas habilidades singulares. No século XVIII, eram ferramentas específicas que conferiam privilégios. Hoje em dia, são habilidades com algoritmos de computador e outras tantas tecnologias da informação.

Que curioso, pensei comigo mesmo. Afinal, Marx às vezes resvala em um pensamento teleológico sobre a evolução humana, sugerindo haver um movimento progressivo, sempre para frente, que estaria se desdobrando inexoravelmente na direção de um futuro comunista pré-determinado. Ele parecia dar a entender que o trabalho fabril acabaria por substituir todas as outras formas laborais, ao menos no interior do capitalismo, se não para além dele.

Por isso é de se estranhar quando as coisas parecem estar de alguma forma retrocedendo. Sempre tive reservas quanto às leituras teleológicas de Marx. Minha impressão era a de que ele não estava profundamente comprometido com essa perspectiva, por mais que ela apareça com frequência nos seus escritos. Mesmo na época dele, era relativamente claro que havia muitos processos laborais que não eram do tipo fabril, e que estes persistiam até mesmo nos momentos e lugares em que o trabalho fabril se encontrava em seu patamar mais desenvolvido. A tese de que o trabalho fabril estava destinado a substituir todos os outros processos laborais nunca parecia se realizar plenamente. Pegue, por exemplo, a indústria automotiva japonesa nos anos 1980. Havia, em um nível, corporações enormes se valendo de trabalho fabril na montagem de automóveis. Por outro lado, toda a cadeia de fornecimento de autopeças se dava em pequenas oficinas que empregavam mão de obra qualificada, em uma situação que ecoava muito o sistema manufatureiro.

Sempre suspeitei que Marx talvez não tivesse tanta razão quando sugeria que o sistema fabril substituiria todas essas outras formas de trabalho. Também verifiquei isso nas mudanças dos processos de trabalho na Paris do Segundo Império, que eu estava estudando*. Em vez de ver grandes fábricas dominando tudo – algumas delas, é claro, o fizeram – o que se constatava era sobretudo a proliferação de divisões específicas e especializadas de trabalho, em muitos setores organizadas conforme um modelo mais artesanal. Por exemplo, por volta de 1850, Paris tinha uma importante indústria de flores artificiais. Em 1855, já começa um processo de especialização. Em 1850, uma oficina fazia rosas artificiais, outra fazia margaridas artificiais e assim por diante. Quando chegamos à década de 1860, há oficinas especializadas somente na produção de pétalas, outras na produção de caules e outras, ainda, na produção de folhas, enquanto em outro lugar outra pessoa está juntando todos esses elementos e montando uma flor artificial. Na Paris do Segundo Império, não se constata um movimento em direção ao trabalho fabril, mas sim uma crescente dispersão da divisão do trabalho nessas diversas oficinas artesanais que estavam se tornando mais descentralizadas, contrariando o movimento de centralização próprio da lógica do sistema fabril.

Minha conclusão tem sido que a forma industrial esteve perpetuamente em transformação e que o capital sempre teve uma escolha entre diferentes tipos de processos de trabalho e diferentes formas de organização. O capital opta pela forma que for mais apropriada e favorável ao estilo particular de exploração no qual ele estiver envolvido. Um dos motivos por trás da descentralização dos processos laborais no período neoliberal é o alto grau de organização e sindicalização em que os trabalhadores fabris se encontravam. Uma das formas do capital evitar isso é adotando um processo laboral alternativo, descentralizado, mais difícil de organizar em termos trabalhistas.

Tudo isso passa pela minha cabeça quando estou ensinando esses dois capítulos sobre manufatura, divisão do trabalho, maquinaria e grande indústria. Penso em como o capital passa de uma estrutura de exploração para outra, e que se os trabalhadores acabarem ganhando força, como ocorreu no século XVIII com a monopolização de certas habilidades laborais, o capital tenta quebrar esse poder. O sistema fabril submetia a força de trabalho a um processo de desvalorização e desqualificação, mas quando chegamos aos anos 1970, surge o problema exatamente inverso. A mão de obra empregada nas grandes fábricas está bem organizada

---

* Ver David Harvey, *Paris, capital da modernidade* (trad. Magda Lopes e Artur Renzo, São Paulo, Boitempo, 2015[2003]), em especial o cap. 8. (N. E.)

e exerce um poder considerável perante o capital, de modo que a melhor coisa que o capital poderia fazer era optar por outro sistema de trabalho, um sistema descentralizado, no qual os trabalhadores não seriam capazes de lhe fazer frente da mesma forma. É em parte por essa razão que temos visto tanta dispersão e descentralização da atividade industrial, acompanhada por formas de organização horizontais e em rede, em lugar das formas hierárquicas de organização que prevaleciam antes. Acho muito curioso que esse seja não só o movimento predominante feito pelo capital, como também seja o movimento dominante ocorrido nas próprias formas de organização da esquerda. A organização política de esquerda se tornou mais descentralizada e horizontal. Assim como o capital, ela se tornou anti-hierárquica e contrária às formas políticas que surgiram em resposta ao processo de trabalho e sistema fabril fordistas.

Tudo isso aponta para o fenômeno muito interessante de que quando você lê *O capital* de maneira crítica (como deveria ser), começam a pipocar ideias sobre o que está acontecendo ao seu redor. Você começa a refletir sobre por que, aqui e agora, as coisas estão acontecendo de determinada forma. A leitura suscita questões, e essas questões são fundamentais de serem feitas hoje, ainda que as respostas talvez sejam diferentes às de ontem. Para ilustrar esse ponto, permita-me pegar um exemplo aparentemente pequeno de uma leitura do texto de Marx.

Os economistas, os políticos e os formuladores de políticas econômicas, bem como a própria imprensa financeira, muitas vezes citam a taxa de crescimento como um indicador-chave da saúde e bem-estar da economia. Estimular um aumento na taxa de crescimento é algo muitas vezes apresentado como objetivo primordial de qualquer diretriz política. Mas há outro aspecto importante do crescimento que acaba sendo em larga medida negligenciado: sua massa. Em qual patamar está o crescimento absoluto? O que faremos com a massa do que for produzido?

Outro dia eu estava lendo meu jornal financeiro favorito, o *Financial Times*, e a matéria resumia um relatório que o Banco da Inglaterra tinha feito para investigar se a flexibilização quantitativa teria ou não contribuído com a desigualdade*. Como vimos no capítulo 4, o relatório mostrava que, em média, os 10% mais pobres da população inglesa receberam ao todo 3 mil libras esterlinas entre 2006--2008 e 2012-2014, ao passo que os 10% mais ricos receberam cerca de 350 mil libras ao longo do mesmo período**. Diante desse dado, é possível que você infira

---

* Gavin Jackson, "Quantitative easing 'reduced UK wealth inequality', says BoE", *Financial Times*, São Paulo, 1 abr. 2018, disponível on-line. (N. E.)

** Ver Philip Bunn, Alice Pugh e Chris Yeates, "The distributional impact of monetary policy easing in the UK between 2008 and 2014", Bank of England, Staff Working Paper n. 720, mar. 2018. (N. E.)

de pronto que a flexibilização quantitativa beneficiou mais os ricos do que os pobres. Essa era uma opinião muito disseminada. A própria Theresa May, então primeira-ministra britânica, concordava com ela. O relatório, no entanto, negava que a realidade fosse essa. Argumentava-se que as 3 mil libras que os 10% mais pobres receberam representavam um aumento proporcionalmente superior às 350 mil libras dos 10% mais ricos. A flexibilização quantitativa beneficiava, portanto, proporcionalmente mais os pobres do que os ricos. O problema, concluíam os autores do relatório, é que as pessoas não sabem ler corretamente informações econômicas. As pessoas, insistiam eles, deveriam se concentrar nas taxas de variação e não nos números absolutos.

Meu ponto aqui é que 3 mil libras ao longo de seis anos são menos de dez libras por semana para os mais pobres. Isso não aumenta substancialmente o poder econômico e político de ninguém. É uma quantia relativamente trivial, em larga medida irrelevante para as vidas dessa população, ao passo que, para os 10% mais ricos, 350 mil libras são bastante relevantes – ainda que eles possam considerá-las triviais, dada a quantidade de dinheiro que já têm guardado. Afinal, trata-se de uma contribuição significativa para a massa da riqueza que eles controlam e para a massa da riqueza que podem utilizar política ou economicamente a fim de reforçar o seu poder. Embora a taxa de mudança fosse de fato mais baixa, o efeito absoluto era muito mais significativo para os 10% mais ricos.

Uma taxa de retorno baixa sobre um montante elevado produz uma massa muito grande. Dito de outra maneira: você preferiria uma taxa de retorno de 10% sobre 100 dólares, ou uma taxa de retorno de 5% sobre 10 milhões de dólares? É evidente que a taxa de retorno de 5% produzirá uma massa muito maior, pode levar a uma desigualdade ainda mais aguda. Ao longo de seis anos, os 10% mais pobres acabariam com três cafezinhos extras por semana, ao passo que os 10% mais ricos teriam o suficiente para comprar um estúdio em Manhattan. Os autores do relatório têm razão em dizer que precisamos saber ler os dados da maneira correta. Mas precisamos fazer isso criticamente. A recomendação do relatório disfarça o aumento inaceitável de desigualdade ao propor a métrica da taxa em lugar da métrica da massa, fazendo parecer que os impactos seriam toleráveis.

Essa questão adquire importância crucial em certos contextos. Pegue, por exemplo, o problema do aquecimento global. É sem dúvida fundamental intervir na taxa de elevação das emissões de carbono, e isso, por si só, já levanta questões políticas consideráveis. Mas a própria massa de gases do efeito estufa (dióxido de carbono, metano etc.) já presentes na atmosfera apresenta outro conjunto de questões políticas sérias. Este, me parece, é o problema mais imediato e severo que deveríamos estar enfrentando. Concentrar-se na taxa de aumento não ajuda nisso. Há situações nas quais a massa dos gases do efeito estufa é muito mais importante.

A verdade é que pouco se fala, na mídia e no debate público em geral, a respeito dessa massa já existente e suas consequências. Isso é um problema bastante grave.

Curiosamente, há também entre os próprios economistas marxistas certa fetichização das taxas e pouca consideração da importância do fator massa. Isso aparece na famosa discussão sobre a queda da taxa de lucro, que Marx desenvolve no Livro III d'*O capital*. A teoria da queda tendencial da taxa de lucro moldou muito do pensamento marxista sobre a formação de crises. No que ela consiste? Haveria, grosso modo, uma tendência de queda da taxa de lucro embutida na dinâmica capitalista. Ela decorre da implementação, no processo de trabalho, de inovações tecnológicas poupadoras de mão de obra – resultado, por sua vez, da concorrência entre empresas capitalistas individuais por aquilo que Marx denominou mais-valor relativo. As empresas que detêm uma tecnologia superior podem vender seus produtos pelo preço social médio, enquanto produzem abaixo do custo social médio. Isso produz um lucro a mais. É a concorrência por esse lucro extra que impulsiona a inovação tecnológica. Quando adquiro uma tecnologia superior, fico com esse lucro a mais e meus concorrentes respondem desenvolvendo inovações a fim de fazer frente à minha tecnologia superior. Parte do dinamismo do capital vem desse tipo de concorrência por vantagem tecnológica. No entanto, a concorrência por vantagem tecnológica gera uma economia cada vez maior de mão de obra e uma elevação na produtividade do trabalho. E com o aumento da produtividade do trabalho, é claro, cai o valor daquilo que é produzido. A concorrência por mais-valor relativo produz, assim, uma consequência de classe: há uma quantidade menor de valor e mais-valor para ser distribuída. O resultado disso é uma tendência de queda da taxa de lucro.

Esse argumento é apresentado no Livro III de *O capital* e o texto que a maioria de nós utiliza é o editado por Engels. É importante reconhecer o tremendo trabalho empreendido por Engels. Mas ele inevitavelmente teve que moldar as coisas de determinadas maneiras que podem ou não ter correspondido às intenções originais de Marx. Marx escreveu sobre o problema da queda da taxa de lucro em um longo capítulo, na forma de um único argumento. Ele começa apresentando o argumento da queda da taxa de lucro e parece muito satisfeito consigo próprio por ter resolvido um problema que tinha mistificado os economistas políticos clássicos. Terminado esse movimento, no entanto, Marx parece indicar que essa resolução estabeleceria um ponto de partida que nos permitiria observar mais algumas questões bem gerais. Engels dividiu o capítulo único de Marx em três. O primeiro capítulo da seção "A queda tendencial da taxa de lucro" recebeu o título "A lei como tal", o segundo chama-se "Causas contra-arrestantes", e o terceiro intitula-se "Desenvolvimento das contradições internas da lei". A divisão de Engels fez parecer que a lei era o elemento central e todo o resto se resumiria a modificações da lei na prática. Ou seja, você fica com a impressão de que a lei tem peso de fundamento e de que o resto é secundário. Entretanto, quando você vai aos cadernos originais, Marx parece estar dizendo outra coisa. E essa "outra coisa" é simplesmente fascinante. Longe de ser uma força contra-arrestante, o aumento na massa de lucro é visto como um produto conjunto. Marx formula a questão da seguinte maneira:

> a grandeza absoluta do lucro, sua massa total, aumentará [...] apesar do enorme decréscimo na proporção entre essa massa de lucro e o capital total adiantado ou apesar do enorme decréscimo na taxa geral de lucro. O número de trabalhadores empregados pelo capital, ou seja, a massa absoluta do trabalho que este mobiliza, e, assim, a massa absoluta do mais-trabalho por ele absorvido, quer dizer, a massa do mais-valor por ele produzida, ou seja, a massa absoluta do lucro por ele produzido, podem então aumentar, e progressivamente, apesar da queda progressiva da taxa de lucro. E não só pode ser o caso, como tem de ocorrer necessariamente assim – abstraindo de flutuações transitórias – sobre a base da produção capitalista.[1]

Isso está longe de ser uma força contra-arrestante. "As mesmas leis," diz Marx, "produzem para o capital social uma massa crescente e absoluta de lucro e uma taxa de lucro decrescente."[2]

Isso coloca um problema diante de Marx. "De que forma, então, tem de se apresentar essa lei dúplice [...]?", ele pergunta. Somos confrontados com uma "lei dúplice" em que um mesmo processo produz um declínio na taxa de lucro e um aumento simultâneo na massa absoluta de lucro. "As mesmas causas", diz Marx, "que geram um decréscimo absoluto do mais-valor e, portanto, do lucro sobre determinado capital e, com isso, também da taxa de lucro calculada percentualmente, provocam um aumento da massa absoluta do mais-valor e, em consequência, do lucro apropriado pelo capital social (isto é, pelo conjunto dos capitalistas). Como se deve entender, então, essa lei?", indaga Marx. "Qual é sua única expressão possível, ou quais são as condições implicadas nessa contradição aparente?"[3] Essas são as questões essenciais que ele levanta.

Aqui temos uma contradição central. Mesmo que a taxa de lucro esteja caindo, a massa de lucro pode muito bem estar subindo. Isso nos diz algo crucial a respeito da natureza do modo de produção capitalista. As implicações são significativas. Um artigo recente publicado no *Financial Times* comentou a importância da queda

---

[1] Karl Marx, *O capital: crítica da economia política*, Livro III: *O processo global da produção capitalista* (trad. Rubens Enderle, São Paulo, Boitempo, 2017), p. 255.

[2] Ibidem, p. 257.

[3] Ibidem, p. 258.

da taxa de crescimento ocorrida no segundo semestre de 2018 na China, a qual provocou certo nervosismo nos mercados financeiros. A expectativa era a de que isso produziria graves problemas globais. Uma recessão na China poderia acarretar uma recessão global, talvez até uma depressão. Mas os chineses não estavam demonstrando preocupação. Quando indagados sobre o porquê dessa postura, eles responderam que estavam preocupados principalmente com a absorção de mão de obra. Eles precisavam criar 10 milhões de empregos por ano – uma quantidade considerável, quando comparada aos, digamos, 3 milhões nos Estados Unidos. Mas os chineses podiam, com tranquilidade, gerar 10 milhões de empregos em 2018, mesmo crescendo muito menos que nos anos 1990, quando a taxa de crescimento do país era de 12% ou maior. Era difícil, se não impossível, gerar 10 milhões de postos de trabalho na década de 1990. Em 2018, no entanto, mesmo com uma taxa de crescimento de 6%, era fácil realizar isso porque já havia uma base suficientemente robusta sobre a qual uma taxa menor de crescimento era capaz de produzir os empregos necessários. Por isso os chineses não estavam nem um pouco incomodados com a taxa mais baixa de crescimento. Não era preciso estimular a taxa de crescimento a fim de cumprir sua meta de gerar 10 milhões de novos postos de trabalho urbanos.

Quanto maior for a economia, menor terá de ser a taxa de crescimento para produzir novos empregos ou nova demanda. Mas esse não é o pensamento nem o discurso de quem formula as políticas econômicas. "Precisamos de 4% de crescimento", afirmou Trump, quando assumiu o poder, gabando-se de que "logo teremos uma taxa de crescimento de 4%." Não foi o que aconteceu, sua presidência tem sido marcada por taxas baixas de crescimento. A questão, contudo, é se no fundo isso efetivamente importa ou não. É possível suprir muitas das coisas necessárias em uma sociedade apenas com uma taxa muito modesta de crescimento.

Uma taxa elevada de crescimento suscitaria outro tipo de problema. Por exemplo, se a produção de automóveis dobrar porque a produtividade da indústria automotiva duplicar, isso significa que haverá duas vezes mais carros nas ruas, consumindo duas vezes mais gasolina, e uma perspectiva duas vezes maior de haver trânsito e engarrafamentos. Se isso acontecesse em nível mundial, quais seriam as consequências, por exemplo, para o aquecimento global? Em outras palavras, precisamos levar muito a sério a questão da massa. Isso vale tanto positivamente, como no caso chinês de absorver mão de obra, quanto negativamente, como no caso do aumento da massa de automobilização que contribui com o aquecimento global. Mesmo que a taxa de crescimento seja baixa, se a indústria automotiva for grande o bastante e esse crescimento modesto incidir sobre a indústria automotiva, isso significa um enorme número de novos automóveis nas ruas, o que eleva a massa de emissões de carbono e piora ainda mais o problema já existente da massa de emissões de gases do efeito estufa.

Para concluir: precisamos levar a sério a relação entre taxas e massas. Esse aspecto é negligenciado demais na literatura. Quando aparece, sua importância é muitas vezes subestimada. São sempre as taxas que importam, e o que acontece com a massa é tido como meramente colateral. Quando a questão de fato surge, como no relatório do Banco da Inglaterra, a maior ênfase na taxa do que na massa opera no sentido de eximir ideologicamente as classes mais altas. Ou seja: fique de olho no viés de classe na forma pela qual os economistas e a mídia informam sobre o mundo! No relatório do Banco da Inglaterra, os 10% mais pobres são convidados a comemorar seus três cafezinhos a mais por semana com suas 3 mil libras, e instados a considerar isso muito mais valioso do que poder comprar um pequeno apartamento estúdio por 350 mil libras.

10

A EROSÃO DAS ESCOLHAS DO CONSUMIDOR

Uma das coisas maravilhosas de se fazer com Marx é glosar sua obra diante das circunstâncias contemporâneas. É sempre muito fértil tentar conectar as suas ideias, por vezes tachadas como vitorianas e ultrapassadas, com o que está acontecendo à nossa volta no aqui e agora. No capítulo sobre maquinaria do Livro I de *O capital*, aparece com força o tema da corrosão da autonomia do trabalhador pelo sistema fabril. Os trabalhadores artesanais qualificados tinham controle sobre as suas ferramentas. Eles detinham certo poder na medida em que sua contribuição à produção repousava na habilidade que possuíam de manejar suas ferramentas. Esse era um "presente" que o trabalho oferecia gratuitamente ao capital. Por outro lado, trata-se de um daqueles presentes que no fundo também é um cálice envenenado. Afinal, o capital precisa aceitar a autonomia do trabalhador porque é ele quem detém a habilidade. Se os trabalhadores "largassem as suas ferramentas", o capitalista estava perdido. Se os trabalhadores não quisessem trabalhar de determinada maneira, eles simplesmente não o faziam.

Com a introdução da maquinaria, no entanto, o que acontece é que a habilidade passa a estar localizada no interior da máquina. A autonomia no que diz respeito à velocidade do processo é retirada da alçada do operário. É a imagem clássica da automação que vemos em *Tempos modernos* (1936), de Charlie Chaplin. O trabalhador se torna, nos termos de Marx, um apêndice da máquina. O operário é obrigado a fazer aquilo que a máquina quer que ele faça, conforme uma velocidade e ritmo ditados por um poder externo.

Essa tese da erosão da autonomia do trabalhador está amplamente documentada na história do capital. Isso me leva a pensar sobre as mudanças que vêm ocorrendo na autonomia do consumidor. Quão autônomos nós somos em termos das nossas escolhas de consumo? Em que medida não nos tornamos, no fundo, apêndices da máquina capitalista de produção de consumidores? Com efeito, daria para reescrever o capítulo de Marx sobre a maquinaria a partir do eixo do consumismo contemporâneo. Essa ideia me veio com tudo outro dia, quando percorri, pela primeira vez, uma nova zona de Nova York chamada Hudson Yards. O lugar é vendido como o maior projeto de desenvolvimento imobiliário dos Estados Unidos, e talvez até do mundo – mas eu francamente considero que não chega aos pés daquilo que vem ocorrendo na China. O incrível dos Hudson Yards é que você chega e logo se depara com um shopping center. Minha reação imediata foi: "Mas por que raios Nova York precisa de outro shopping?". É um centro comercial construído com belos materiais e que comporta amplos espaços através dos quais você pode caminhar. Mas não há onde parar para se sentar – a não ser, é claro, que você entre em um dos cafés, bares, restaurantes ou estabelecimentos comerciais. É um ambiente muito árido. Belo à sua maneira. Arquitetonicamente belo, diriam alguns. Ao mesmo tempo, ele parece vazio – desprovido não necessariamente de pessoas, mas sobretudo de qualquer significado real. O que me leva a indagar: como foi que os Hudson Yards, uma monstruosidade dessas, acabaram sendo construídos?

É interessante que os comentários que têm circulado desde que o projeto foi concluído não têm sido nada positivos. Os críticos de arte e de arquitetura têm sido muito incisivos no sentido de caracterizar o projeto como um gasto de uma enorme quantidade de dinheiro e recursos – vidro, mármore e tudo mais –, tudo isso para criar um espaço que, francamente, não é muito convidativo. Suspeito que muitas pessoas sentem isso também. Tanto que agora há todo um falatório sobre "colocar mais verde ali". "Precisamos incluir mais jardinagem", dizem alguns, "precisamos deixar o espaço mais amigável para os usuários." Acabaram de abrir um espaço público chamado The Shed, supostamente para sediar espetáculos e atividades culturais. Mas, de novo, fica mais do que evidente que o papel desse centro cultural é promover espetáculos chamativos com o objetivo de atrair o máximo número de pessoas ao local para que elas depois perambulem pelo shopping e quem sabe consumam algo ou comprem alguma coisa. É uma questão de manipulação de necessidades e desejos. É um projeto urbano construído à imagem do capital.

É assim que Marx falava sobre o sistema fabril. Ele dizia que o sistema fabril não foi criado para aliviar o fardo do trabalho. De fato, ele abre o capítulo sobre maquinaria e grande indústria citando John Stuart Mill para comentar como o economista político clássico não era capaz de entender por que era que as "invenções mecânicas", que afinal deveriam "aliviar a faina diária", acabavam no fundo tornando o processo de trabalho cada vez mais opressivo[1]. Bem, poderíamos dizer

---

[1]   Karl Marx, *O capital: crítica da economia política*, Livro I: *O processo de produção do capital* (trad. Rubens Enderle, São Paulo, Boitempo, 2013), p. 445.

algo análogo sobre os Hudson Yards. Afinal, eis uma situação na qual o capital está construindo algo que, supostamente, deveria funcionar no sentido de melhorar a qualidade de vida da população, mas que no fundo só tem a oferecer uma apresentação simbólica da essência do capital contemporâneo. Trata-se de uma intervenção simbólica, não uma intervenção real. Algumas pessoas morarão ali, mas se você for ver o preço dos imóveis, fica claro que aquilo passa muito longe de qualquer coisa que poderia ser considerada moradia acessível. A maior parte dos imóveis é de altíssimo padrão – um luxo, mais uma vez, voltado para o 1% ou os 10% mais ricos. Ora, o que teria acontecido se todos os recursos que foram usados para construir esse lugar tivessem sido utilizados para criar moradia a preços acessíveis (algo de que Nova York precisa urgentemente)? Em que tipo de cidade viveríamos? O que teria acontecido, ademais, se esse esforço colossal tivesse sido canalizado no sentido de criar possibilidades de escolha por parte do consumidor em termos de, por exemplo, diferentes formas de vida, diferentes formas de ser e estar?

Será interessante ver se o espaço vai acabar sendo ocupado por pessoas que o "civilizem" no sentido de o transformar em um lugar no qual algo vibrante poderia acontecer – tal como o Washington Square, por exemplo, um espaço público no qual, quando sai o sol, aparecem músicos, skatistas e todo tipo de gente jogando cartas, xadrez, damas e assim por diante. Há todo um modo de vida esboçado naquele espaço. Seria interessante ver se algo desse tipo ocorre no interior dos Hudson Yards. Apesar da arquitetura horrível, isso pode sim acontecer, se as pessoas de fato quiserem e se mobilizarem nesse sentido. Em Paris, por exemplo, temos o caso do Centre Pompidou, um museu de arte situado no bairro de Beaubourg. O edifício em si não é ruim, mas ele tem um péssimo pátio, uma das mais proibitivas e entediantes obras de arquitetura que você poderia imaginar. Ainda assim, de uma maneira ou de outra as pessoas entram ali e o transformam em um espaço vibrante e vivo. Para isso, no entanto, é preciso que as autoridades tolerem certo grau de liberdade no interior dos espaços públicos, de modo que diferentes pessoas fazendo diferentes coisas possam se apropriar livremente deles. Dessa maneira, o espaço pode de fato se tornar mais interessante e mais bem habitável. Em outras palavras, os arquitetos projetaram um espaço na esperança de que alguém viesse torná-lo interessante. Espero que os alguéns que vierem para os Hudson Yards "civilizem" o lugar e o transformem em algo bem diferente. Infelizmente, o que mais costuma acontecer é os interesses privados que agora gerem esse espaço proibirem, em nome da segurança e do controle social, a bagunça interessante que torna os lugares mais vivos.

Isso me traz de volta à questão toda sobre a qualidade e o caráter da vida cotidiana sob o capital. Marx defendia que o tempo livre é um dos grandes indicadores de uma sociedade emancipada. Como vimos no capítulo 6, ele aponta que

124 / Crônicas anticapitalistas

devemos aspirar ao que ele denominava "o reino da liberdade", e esse reino da liberdade, dizia ele, começa quando se supera o reino da necessidade. Uma sociedade boa, portanto, é uma sociedade em que o reino da necessidade está garantido: todos têm comida, vestimentas, moradia, emprego e, se for o caso, acesso suficientes para viver uma vida adequada. Depois disso, tudo o mais é tempo livre. As pessoas fazem o que quiserem, nos espaços que quiserem. Em outras palavras, estamos diante da ideia de que haverá algum tipo de autonomia em torno de como as pessoas fazem uso do seu próprio tempo, de como as pessoas consomem seu próprio tempo. Mas a possibilidade dessa autonomia tem sido quase sempre corroída pela invasão do capital na vida cotidiana. O capital retira a nossa autonomia sobre nosso tempo e impede que grandes segmentos da população superem o reino da necessidade. De fato, o segmento mais amplo da população está ralando muito para conseguir acessar necessidades básicas, o que significa que essas pessoas têm uma quantidade muito restrita de tempo e recursos para efetivamente fazer valer a sua liberdade de expressão. As cidades, no melhor que elas têm para ser e nos oferecer, são espaços em que os grupos sociais gozam de grande autonomia social para fazerem o que quiserem, da maneira que bem entenderem. O que vemos, no entanto, reiteradamente, é a erosão das tecnologias e capacidades que poderiam ensejar uma forma de vida livre e autônoma.

Esse é um dos aspectos tristes da vida contemporânea. Nosso tempo é cada vez mais colonizado, nossas escolhas de consumidor são cada vez mais controladas. Considere um fenômeno como a internet, por exemplo. É uma história fascinante de algo que começou na esfera militar e foi apropriado por um sistema criativo *peer-to-peer* no interior do qual passou a ocorrer todo tipo de inovação, movida por indivíduos inventivos muitas vezes trabalhando coletivamente em parceria ou diálogo. Naquela época, a internet parecia ser um veículo para um progresso social real, para comunicação e produção sociais, e em algumas instâncias até mesmo revolução social. Dentro de alguns anos, no entanto, aquele processo foi monopolizado e passou a ser crescentemente administrado como um modelo de negócios. O modelo capitalista de negócios colonizou esse espaço de tal forma que ficamos com os Facebooks, Googles e Amazons da vida – corporações que estão essencialmente monopolizando as qualidades da vida cotidiana e nos submetendo a todo tipo de consumismo que, na minha avaliação, carece de qualquer alma. Essa é a sensação que os Hudson Yards nos provocam, e não é de espantar que a Amazon – que tinha planos de se instalar no Queens mas foi enxotada por um movimento coletivo do bairro – esteja ocupando muitas das unidades vagas nesse novo espaço na orla do Hudson. A Amazon e os Hudson Hards se merecem. Mas nós só saímos em desvantagem nesse jogo. De longe, ele parece lindo (todo cintilante e brilhante) – uma cidade reluzente sobre uma colina, parece até a cidade de Esmeralda de

O mágico de Oz. Quando você se aproxima, no entanto, logo constata que não há muita coisa acontecendo emocionalmente com a população que ali circula. Mais uma vez, não quero aqui dizer que é impossível que o espaço seja convertido em algo diferente. As populações de fato tomam controle de seus espaços sociais, imprimindo neles cores e sabores – são as pessoas que dão alma mesmo às cidades, enquanto o capital simplesmente promove formas heterônomas de consumismo.

Marx não se dedica muito a falar sobre o lado do consumidor das coisas. Mas esse consumismo remonta a um tema que abordamos no capítulo 3 quando discutimos como, à medida que a massa de capital aumenta exponencialmente, surge a questão de saber onde estaria o mercado para escoar essa massa crescente. Ou seja, como é que essa massa será absorvida por meio do consumismo? É evidente que, à medida que elevamos a quantidade total de mercadorias produzidas, passa a ser necessário haver populações cada vez maiores para consumir essas mercadorias. Mais que isso: elas precisam ter dinheiro para comprar essas mercadorias. Tudo isso significa que a sociedade precisa ser estruturada para lidar não apenas com a questão da queda tendencial da taxa de lucro, mas também com a dificuldade de realizar o valor de uma massa crescente – e essa massa crescente está se tornando algo cada vez mais problemático. Cito com frequência o caso do consumo de cimento na China: em dois anos o país consumiu 45% mais cimento do que os Estados Unidos consumiram em cem anos. Esse é um exemplo de uma massa crescente de produção e consumo de cimento por meio de um gigantesco projeto de urbanização desenhado para contrariar os efeitos da recessão de 2007-2008 nas indústrias exportadoras chinesas. A questão, contudo, é que se a massa continuar aumentando conforme esse crescimento na produção e consumo de cimento, haverá problemas graves tanto para os consumidores quanto para o meio ambiente.

Essa é uma das principais dificuldades que estamos enfrentando hoje em dia no que diz respeito ao aquecimento global e outras questões ambientais. À massa crescente de mercadorias corresponde, naturalmente, uma massa crescente de lixo e resíduos. Tem surgido uma súbita preocupação de banir sacolinhas e outros produtos de plástico porque há uma massa residual de plástico circulando nos oceanos e produzindo incidentes emblemáticos tais como o terrível caso da baleia encontrada morta com o estômago entupido de sacolas plásticas. A massa crescente de produção, consumo e descarte de plásticos é algo que precisa ser analisado com seriedade. A demanda global por recursos básicos também explodiu. Em larga medida foi a espantosa urbanização chinesa a responsável pelo disparo na produção de cobre, lítio e minério de ferro. Mesmo sob condições de queda nas taxas de lucro, a massa de mercadorias em circulação continua subindo exponencialmente. A massa crescente de minérios extraídos por conta de projetos de urbanização suntuosos e dispendiosos (tais como os Hudson Yards) precisa ser compreendida como algo necessário para a reprodução do capital e para a manutenção da acumulação de capital. Mas até que ponto esse extrativismo é necessário para a reprodução de determinado modo de vida das pessoas? E que modo de vida é esse? Costumo observar que, embora haja muita discussão sobre que tipo de cidades queremos construir, a verdadeira questão é: que tipo de pessoas queremos ser? É a resposta a esta segunda questão que deve definir o tipo de cidade que queremos construir. Não quero ser o tipo de pessoa que moraria nos Hudson Yards tal como eles se apresentam hoje, isto é, sem uma boa dose de influência "civilizatória" – o que já é bem difícil de imaginar acontecendo. É difícil imaginar aqueles arranha-céus sendo ocupados por pessoas em situação de de rua, por grupos de punk rock ou comunas feministas – grupos que talvez tornassem o ambiente social bem mais interessante.

A massa crescente de produção, em geral, e de consumismo, em particular, é um fenômeno considerado tipicamente positivo na história humana do capital – por mais que esse processo também tenha suscitado, desde o início, uma corrente teimosa e emburrada de descontentamento com algumas das qualidades da vida cotidiana associadas ao estresse de viver em uma sociedade de consumo competitiva e belicosa. Penso que devemos abordar a questão do consumismo a partir de uma perspectiva totalmente diferente. É preciso avaliar criticamente e reagir à síndrome do crescimento exponencial infindável de consumismo contemporâneo, que corre em paralelo com o movimento de infindável acumulação de capital. Deveríamos, por exemplo, estar pensando de maneira mais criativa sobre como diminuir e controlar a massa de recursos que estamos extraindo das entranhas da Terra a fim de alimentar o atual consumismo compensatório que se tornou tão crucial para sustentar a lógica de acumulação infindável. Esta é uma das grandes tarefas políticas e sociais que temos diante de nós. Assim como agora muitos têm observado a respeito da questão do clima, é fácil reconhecer que as coisas, uma vez que atingem certa massa, ficam difíceis, se não impossíveis, de controlar. A verdadeira questão, portanto, é que pensar em termos de controlar a taxa de emissões de carbono torna-se cada vez menos relevante porque a massa de emissões acumuladas já é grande o suficiente para causar danos extraordinários.

Em todas essas questões, a relação "massa *versus* taxa" adquire importância decisiva. Mas nenhum desses problemas pode ser tratado de maneira isolada. A infindável expansão de capital impõe certo estilo de vida à esmagadora maioria da população. À medida que o tempo de rotação do capital se acelera, nosso estilo de vida vai se adequando cada vez mais aos princípios consumistas e aos processos de trabalho ditados pelos imperativos da acumulação infindável. Nossas motivações e desejos subjetivos por gratificação instantânea são parte da totalidade das relações que sustentam e reforçam os princípios centrais do capitalismo neoliberal. A aceleração, por exemplo, é indissociável do modo de produção capitalista. É uma das maneiras pelas quais eu consigo sair na frente dos demais em termos de produção e competitividade. Se eu for mais rápido que você, eu ganho. Por isso há uma tremenda ênfase em aumentar a velocidade das coisas e o resultado é que a maior parte de nós acaba sendo obrigada a viver vidas muito mais aceleradas em todos os sentidos: precisamos consumir mais rapidamente, nos adaptar mais rapidamente e trabalhar mais rapidamente. O consumo relaxado, lento, torna-se um fetiche irrealizável.

As pessoas gostam de pensar ser possível construir uma sociedade alternativa ensaiando certo retorno ao consumo de alimentos "lentos" e locais. Até sou simpático à ideia do movimento *slow foods*. Mas não é assim que a maior parte das pessoas vai conseguir viver, e essa onda não será de forma alguma um movimento revolucionário de consumo. Apesar disso, o movimento não deixa de ter o mérito de levantar questões importantes sobre o papel da velocidade na nossa sociedade; sobre como nossos desejos, necessidades e vontades estão sendo moldados conforme esse princípio de gratificação instantânea; sobre como o espetáculo vai assumindo o lugar dos objetos reais como objeto de consumo. Afinal, a vantagem dos espetáculos é que eles acabam instantaneamente, são consumidos de imediato. Pode muito bem ter havido uma tentativa de validar os Hudson Yards por meio da organização de espetáculos em locais como o The Shed. Talvez eles até consigam encontrar algum museu disposto a se instalar ali e emprestar certa legitimidade cultural àquele espaço. A análise do capital precisa incorporar reflexões sobre taxa, massa, velocidade e a totalidade das relações. Taxa, massa e velocidade também incidem sobre o consumismo, e o efeito disso é definir um estilo de vida particular que, para muitas pessoas, se tornou alienante, mesmo oferecendo satisfações superficiais e gratificações instantâneas. Essa é uma situação muito propensa ao desenvolvimento de descontentamentos com as qualidades da vida cotidiana.

11
ACUMULAÇÃO PRIMITIVA OU ORIGINÁRIA

O capítulo 24 de *O capital* trata da "assim chamada acumulação primitiva", ou originária, que é a história de como o capital surgiu e chegou ao poder. Uma das coisas que gosto de reparar quando leio essa obra é como Marx muda seu estilo de escrita de acordo com os assuntos que ele está abordando. Há passagens muito líricas, mas há também passagens densamente teóricas e abstratas. Algumas são compostas por relatos históricos, ao passo que outras são relatórios áridos contabilizando quanto disso equivale a quanto daquilo, e assim por diante. Mas o último movimento do capítulo 24 é composto por itens curtos, afiados e brutais. É quase como se Marx estivesse tentando enfatizar, através do seu estilo de escrita, a brutalidade e violência por meio das quais o capital veio a ser o que ele é.

A história que Marx conta sobre as origens do capital batia de frente com as explicações burguesas dominantes da época. Os economistas políticos de então narravam a história de como o capital começou como uma história virtuosa. Grosso modo, a ideia era a de que havia dois grupos de pessoas: de um lado, as pessoas cuidadosas e ponderadas, abstêmias e responsáveis, que pensavam no futuro e eram capazes de adiar gratificações; de outro, as pessoas perdulárias que optavam por gastar seu tempo vivendo uma vida desenfreada. As pessoas virtuosas se tornaram os empresários: adiando a gratificação, poupando, acumulando e agindo com vistas para o futuro. Aos indivíduos perdulários restou apenas a possibilidade de ganhar a vida oferecendo sua força de trabalho aos sóbrios capitalistas que, por sua vez, assumiriam a responsabilidade de determinar como empregá-la de maneira mais proveitosa. A outra história desse processo, com a qual estamos agora mais familiarizados, mas que também já existia na época de Marx, é que o capital seria uma derivação das virtudes cristãs – uma interpretação que Max Weber mais tarde transformou em uma importante obra, *A ética protestante e o "espírito" do capitalismo*[1]. O protestantismo ético e a abstinência quaker teriam vindo para socorrer um sistema econômico feudal falido. A virtude quaker, a gratificação adiada, a gestão cuidadosa do dinheiro, as competências do empreender e a lealdade à família, sustentada pela propriedade privada: esses eram os fatores que se encontravam na raiz da ascensão do capitalismo. Ainda não havia a versão weberiana dessa história, mas Marx teve acesso a várias explicações que ressaltavam o caráter do cristianismo, de Martinho Lutero e da paciência quaker nesse processo. Marx aborda todas essas explicações e as rejeita. Não foi assim que as coisas aconteceram. A realidade, insiste ele, é que a história de como o capital nasceu "está gravada nos anais da humanidade com traços de sangue e fogo"[2]. Foi um processo violento e brutal, marcado pela usurpação de um antigo sistema de governança, usurpação de relações de poder, roubo, ladroagem, violência, fraudulência, apropriação indevida do poder estatal e utilização de quase todo tipo de meio criminoso que você poderia imaginar.

Essa é a história que Marx quer contar. Talvez ele carregue um pouco nas tintas aqui ou ali, mas quando analisamos esse período é fácil constatar que muito do que ele estava falando de fato ocorreu. Ele descarta a explicação religiosa como uma narrativa totalmente hipócrita. Se você quiser ver o que o povo religioso realmente fez, basta olhar para a maneira pela qual a paróquia cristã foi organizada, o tratamento dos pobres nas *workhouses*, nos orfanatos e assim por diante. Eles construíram as prisões e implementaram uma política de encarceramento (que perdura até hoje). A repressão violenta aos vadios e o abuso da dignidade humana andaram de mãos dadas com a maneira pela qual o cristianismo lidou com problemas de desemprego e pobreza.

A principal história que Marx quer contar, no entanto, diz respeito à forma violenta por meio da qual a massa da população foi privada do acesso aos meios de produção – a terra, em especial – e obrigada a vender a sua força de trabalho como mercadoria aos capitalistas nascentes para poder sustentar a reprodução da sua vida cotidiana. Essa expropriação violenta e essa reorganização brutal da ordem social eram, para Marx, o "pecado original" do capital[3]. Acho interessante observar como ele articula essa noção de pecado original. Porque há certos pensadores, como Jacques Derrida por exemplo, que diriam que qualquer ordem social, à medida que emerge, traz as marcas de suas origens violentas e nunca é capaz de apagar por

---

[1] Max Weber, *A ética protestante e o "espírito" do capitalismo* (trad. José Marcos Mariani de Macedo, São Paulo, Companhia das Letras, 2004).

[2] Karl Marx, *O capital: crítica da economia política,* Livro I: *O processo de produção do capital* (trad. Rubens Enderle, São Paulo, Boitempo, 2013), p. 787.

[3] "Essa acumulação primitiva desempenha na economia política aproximadamente o mesmo papel do pecado original na teologia." Ibidem, p. 785

completo essa história. A violência de suas origens a assombra contínua e reiteradamente. Este é um momento muito bom para analisar o retorno de muitas dessas formas violentas de expropriação, expulsão, despejo e afins que Marx descreve como estando presentes nas próprias origens do capitalismo. Se prestarmos atenção, não é difícil constatar que muitas coisas desse tipo estão acontecendo por toda parte hoje. A fraudulência, as mentiras, as mistificações para encobrir a flagrante apropriação que está sendo realizada pelos ricos e poderosos, se aproveitando dos segmentos mais vulneráveis e fragilizados da população. O momento atual é interessante para perceber como estamos sendo assombrados pela violência da acumulação primitiva.

Marx argumenta que a ordem feudal foi minada de diversas maneiras. Ela foi minada em parte pelo capitalismo mercantil, baseado no princípio de comprar barato e vender caro, ou na apropriação direta de produtos de populações vulneráveis incapazes de resistir ao poderio militar e financeiro dos comerciantes. A usura também ajudou a corroer a ordem feudal. A cobrança na forma da desapropriação de terras foi um ótimo negócio para os credores. Essas duas figuras – o emprestador de dinheiro e o capitalista mercantil – solaparam, juntas, o poder feudal. Isso abriu a possibilidade para a acumulação e concentração de capital monetário nas mãos de pouquíssimas pessoas. Essa concentração de poder monetário podia então ser usada para tentar despojar a massa da população de todo e qualquer ativo produtivo que ela ainda controlasse. A história marxiana da acumulação primitiva é, no final das contas, também a história da formação da classe trabalhadora como classe caracterizada pela necessidade de vender sua própria força de trabalho como mercadoria para garantir a sua subsistência.

Eis o segredo que Marx busca nos revelar ao narrar as diversas etapas históricas desse processo. Claro, ele ocorre primeiro na terra: temos a apropriação da terra, a revogação de seu caráter como bem comum, o processo dos cercamentos, a imposição da propriedade privada sobre o solo; e o acúmulo gradual de terras por meio da espoliação dos grandes domínios eclesiásticos, a retirada e privatização do direito estatal (ou real) à terra. Essa privatização produziu uma classe de capitalistas fundiários cuja principal tarefa passou a ser separar os trabalhadores da terra, de modo a jogá-los nas ruas. O significado disso, argumenta Marx, é o colapso de uma ordem social baseada no acesso aos bens comuns. Portanto, um dos grandes movimentos que constatamos é o cercamento dos bens comuns, um processo que no fundo é juridicamente legal. Marx sublinha a maneira pela qual processos ilegais de expropriação acabam se tornando processos legais de expropriação. O Estado, comandado pelo capital, aprova leis visando expropriar populações e privatizar o acesso à terra. Os capitalistas industriais surgem de outra maneira. Eles já partem da existência de propriedade fundiária e trabalho assalariado, mas se valem do poder monetário para fazer mais dinheiro. Esse é o momento originário do capital.

132 / Crônicas anticapitalistas

É uma história notável que Marx nos conta em *O capital*. E ele a narra de diversas maneiras, mas uma das coisas mais marcantes é a tremenda hipocrisia sobre a qual o sistema é fundado. A hipocrisia no fundo é a seguinte. A teoria liberal promove a ideia de que a propriedade privada surge quando os indivíduos combinam seu trabalho com a terra e afirmam o direito incontestável aos produtos de seu próprio labor. Mas os trabalhadores empregados pelo capital não têm direito aos produtos do trabalho que eles mesmos realizam. Esses produtos pertencem ao capital. Os trabalhadores tampouco têm direito de controlar o processo de trabalho porque ele é todo desenhado pelo capital. Assim, acaba que a teoria dos direitos liberais proposta por John Locke é completamente pervertida – virada de cabeça para baixo – por aquilo que de fato acontece nos séculos XVII e XVIII à medida que a sociedade se transforma na direção de uma ordem social mais capitalista baseada no trabalho assalariado.

Sublinho isso para formular a seguinte pergunta: em que medida os processos da acumulação primitiva descritos por Marx continuam conosco? Em alguns momentos Marx parece dar a entender que as coisas seriam mais ou menos assim: era uma vez uma época em que o capital se encontrava atravessado por processos violentos e ilegais, mas depois que ele conseguiu se consolidar e estabelecer seu poder formalmente, toda aquela ilegalidade anterior se tornou dispensável e ficamos com uma sociedade na qual impera o Estado de direito e em que, nos termos de Marx, o mecanismo sutil de tomada de decisões por meio de um sistema econômico impessoal prescinde de expropriações violentas. Portanto fica a impressão, a partir da leitura da primeira parte d'*O capital*, de que existe essencialmente um processo pacífico e legal de mercado; que a troca mercantil está bem estabelecida, que a equalização da taxa de lucro está consolidada; que os direitos de propriedade privada estão sedimentados, e assim por diante. Presume-se que o sistema de livre-mercado opere de uma maneira perfeita e um tanto utópica. Nos primeiros capítulos d'*O capital*, Marx de fato retoma as visões utópicas da economia política clássica de Adam Smith e David Ricardo. Ele sugere admitir-mos a visão utópica deles como forma de tentar entender a teoria sobre como o capital funciona com base nas trocas mercantis livres, em um sistema legal baseado nos direitos de propriedade privada e assim por diante. Por isso fica uma impressão de que, era uma vez essa época de ascensão do capital marcada por confrontos violentos; mas que assim que o capital se consolidou e se tornou um sistema legal, tudo passou a ser resolvido conforme as regras do mercado e as leis de movimento da acumulação de capital. Marx de fato mostra que, diferente do que alegavam Adam Smith e os economistas políticos burgueses, esse sistema não funciona em benefício de todos, ele privilegia os capitalistas ricos em detrimento dos trabalhadores pobres. Mas esse era um processo juridicamente legal, de tal forma que já não seriam mais necessárias a violência explícita, as expropriações, as expulsões e assim por diante.

No entanto, se prestarmos atenção na maneira pela qual a sociedade está sendo organizada hoje, o que constatamos é a existência de muitas práticas brutais de expropriação, e uma grande quantidade de violência e coerção no que diz respeito ao emprego de mão de obra. Estamos de fato rodeados de violências diárias. Parece que o pecado original do capital sempre retorna para nos assombrar. Hoje, a seguinte questão está se tornando cada vez mais crucial: como confrontar aquilo que é, efetivamente, a ilegalidade do capital? Infelizmente, não dá para dizer que o que prevalece é a teoria do capital proposta pela economia política clássica. Já não dá mais para dizer (se é que em algum momento foi assim) que o capitalismo pode ser concebido como um sistema pacífico e não coercitivo marcado pela legalidade. De fato, estamos lidando aqui não apenas com o prolongamento, mas com o ressurgimento de sistemas de expropriação brutal implementados no passado. Vivemos em uma forma de capital baseada não na igualdade da troca, e sim em certa violência de expropriação e despossessão.

Tem havido alguma controvérsia sobre em que grau as técnicas e práticas da acumulação primitiva de fato continuaram existindo no decorrer da extensa história do capitalismo. Pensadores importantes argumentaram que é impossível conceber uma sociedade efetivamente estabilizada sem a presença de algumas dessas práticas. É o caso, em particular, de autoras como Hannah Arendt e Rosa Luxemburgo. Esta segunda inclusive se desdobrou para dizer que falta algo na explicação marxiana sobre a continuidade da produção capitalista. No entendimento dela, a expansão necessária à acumulação de capital dependia da continuidade de práticas de acumulação primitiva no interior da dinâmica do capitalismo. O capital só consegue sustentar seu movimento enquanto ele tiver como se alimentar de um lugar externo à dinâmica do capitalismo. Esse exterior lhe foi proporcionado pelas práticas coloniais e imperialistas. A expansão do capital dependia da acumulação primitiva que ocorria às margens da sociedade capitalista e, insistiu Luxemburgo, essa é uma característica permanente do capitalismo. Ela estava dizendo, efetivamente, que o imperialismo é um desdobramento necessário do capitalismo, que a acumulação primitiva na periferia é necessária para a sobrevivência do capital. Em última instância, a incorporação total da periferia e a inexistência de zonas externas de expansão assinalariam o fim do capitalismo. Mas enquanto isso não acontece, observa Luxemburgo, já há uma diferença substancial entre compreender a dinâmica do capital como um sistema azeitado e regrado, e o vale-tudo da acumulação primitiva que corre solto na periferia. A incorporação de regiões periféricas ao sistema capitalista não tinha como não implicar apropriações e expropriações violentas, e a brutalidade das intervenções imperialistas.

134 / Crônicas anticapitalistas

Essa tese, a meu ver, é interessante de analisar. Há passagens nos escritos de Marx em que ele até parece admitir que, na prática, algo do tipo de coisa descrita por Luxemburgo realmente ocorria. Ele reconhece, por exemplo, que a expansão do sistema exige uma ampliação do acesso a matérias-primas, bem como um alargamento do mercado. Observando a questão de maneira tática, ele chega a apontar que é isso que a Inglaterra estava fazendo na Índia, que se tornou o grande mercado para a expansão da indústria algodoeira de Lancashire. Para que isso ocorresse, continua Marx, era preciso destruir a indústria têxtil autóctone. Foi isso, em larga medida, o que o poderio britânico fez: erradicou a indústria têxtil da Índia de tal forma que os indianos seriam obrigados a consumir produtos ingleses. Foi assim que eles resolveram o problema da ampliação do mercado: forçaram a abertura de um novo mercado mediante a destruição da capacidade industrial autóctone da Índia. Como vimos na discussão sobre a geopolítica do capitalismo no capítulo 8, essa solução implicava um problema suplementar: era preciso que os indianos tivessem alguma forma de pagar por todos esses bens têxteis que estavam chegando. O país passou, assim, a orquestrar boa parte da sua produção industrial em torno da produção de matérias-primas. Bens como o algodão cru, o cânhamo e a juta se tornaram produtos de exportação. No entanto, como observou Luxemburgo, essa produção não bastava para cobrir o valor total dos produtos têxteis que estavam sendo importados. Logo, era necessário encontrar outra forma de a Índia conseguir complementar esse valor – e aqui, mais uma vez, aparece a violência da acumulação primitiva. Porque, como aponta Luxemburgo, os ingleses efetivamente forçaram a Índia a cultivar grandes quantidades de ópio – ópio que, por sua vez, passou a ser exportado para a China e enfiado goela abaixo dos chineses através das Guerras do Ópio. Os chineses não queriam ópio, mas foram forçados a consumirem o produto. Forçou-se a abertura econômica de Xangai, que se tornou um entreposto portuário por meio do qual passou a ser possível vender ópio aos chineses em grandes quantidades. Esse ópio era pago em prata, que os chineses tinham em abundância. Assim, a prata chinesa efetivamente escoava para a Índia para depois desembocar na Inglaterra.

O que Luxemburgo descreve é um sistema imperial que promove uma acumulação primitiva na periferia – um processo que continuará indefinidamente até que toda a periferia seja incorporada à dinâmica capitalista; e quando isso ocorrer o capital não será mais capaz de encontrar um mercado adequado para si. Trata-se assim da história de como o imperialismo nada mais é do que a perpetuação da acumulação primitiva na periferia. A verdade, no entanto, é que até hoje é possível constatar o tipo de coisa que Marx dizia que acontecia na periferia. Por exemplo, a mobilização do campesinato chinês para a produção capitalista global, a partir de 1980 mais ou menos, é um caso clássico de acumulação primitiva do tipo que

Marx descreve ter ocorrido nos séculos XVII e XVIII. Da mesma forma, fenômenos como a expropriação do campesinato na Índia e a ampliação das estruturas de trabalho assalariado naquele país, bem como a destruição das formas de organização camponesa em todo o mundo, sugerem que a acumulação primitiva de que Marx falava naquela época continua caracterizando a sociedade capitalista. Mas, de novo, a teoria marxiana da acumulação primitiva foi elaborada principalmente para dar conta da formação de uma força de trabalho assalariada global (não tanto em função das questões de mercado e de matéria-prima). Considero significativo que a força de trabalho assalariada global aumentou em cerca de 1 bilhão de pessoas desde meados de 1980. A acumulação primitiva nesse sentido clássico ainda permanece conosco.

Vale a pena considerar a questão formulada por Rosa Luxemburgo: o que acontece quando o mundo inteiro estiver organizado internamente sob o capitalismo e não houver mais espaço externo para que a acumulação primitiva continue? Nesse caso, seria necessário, no meu entendimento, uma forma alternativa, paralela à acumulação primitiva, que permitisse a estabilização do sistema. Esse é o tema do nosso próximo capítulo.

12
ACUMULAÇÃO POR DESPOSSESSÃO

Há algum tempo, dei um seminário junto com meu velho amigo Giovanni Arrighi, o qual estava sempre buscando compreender as transformações profundas nas estruturas globais de acumulação de capital. Estávamos percorrendo a miríade de processos de acumulação de capital em curso no capitalismo contemporâneo. Em determinado momento, lembro de dizer algo como: "Olha, não estamos lidando apenas com a acumulação de capital baseada na exploração de trabalho vivo na esfera da produção, conforme Marx descreve no Livro I d'*O capital*. Também precisamos considerar as práticas de acumulação baseadas na pura e simples despossessão". Giovanni virou e me perguntou se o que eu queria dizer era que precisávamos pensar sobre acumulação por despossessão. E eu respondi que sim, que era exatamente isso. Desde então tenho escrito com frequência sobre acumulação por despossessão como uma forma de acumulação que corre em paralelo à exploração do trabalho vivo na esfera da produção.

Quando falo de acumulação por despossessão, não estou falando de acumulação primitiva. Esta última arranca as pessoas da terra, promove o cercamento dos bens comuns e leva à criação de uma força de trabalho assalariada. Refiro-me, antes, à maneira pela qual uma riqueza já acumulada está sendo apropriada ou roubada por certos setores do capital, sem nenhuma preocupação em investir na produção. Isso pode acontecer de diversas formas diferentes. No meu entendimento, o capitalismo contemporâneo está cada vez mais dependente de processos de acumulação por despossessão, em oposição à acumulação por meio da exploração do trabalho vivo na esfera da produção. O que quero dizer com isso? Por exemplo, em determinado momento d'*O capital*, Marx examina a crescente centralização de capital. Isso implica que o capital rouba e consolida ativos de pequenos produtores

138 / Crônicas anticapitalistas

que acabaram tendo que fechar as suas portas. Fusões e aquisições são grandes negócios hoje em dia. O grande capital abocanha os peixes pequenos, por assim dizer, engole-os, incorpora-os e começa a expandir o seu poder e a sua massa apenas por meio da aquisição de outros capitais. Há "leis" de centralização de capital. As pequenas empresas vão sendo engolidas e incorporadas de modo a criar uma situação praticamente monopolista em que grandes corporações capitalistas dominam tudo e podem cobrar preços extorsivos.

Pegue algo como a ascensão do Google, por exemplo. Quantas pequenas operações o Google não teve que ir incorporando durante seu processo de expansão, a ponto de ser hoje essa corporação gigantesca? É assim que o Vale do Silício funciona: empreendedores desenvolvem pequenos aplicativos e estabelecem pequenas empresas pessoais até que, em determinado momento, são comprados pelo grande capital e tornam-se parte de um enorme conglomerado. As corporações podem muito bem acumular capital não por meio do emprego de mão de obra, mas simplesmente fazendo a rapa dos ativos de terceiros, isto é, se apoderando de uma outra empresa e vendendo todos os seus ativos, o chamado *asset stripping*. O sistema de crédito, observa Marx, torna-se um dos principais veículos para a centralização de capital. Aquisições viabilizadas por operações de alavancagem financeira se tornam práticas comuns. Há todo tipo de estratégia para facilitar jogadas de aquisição e incorporação. Se o fluxo de liquidez para algum setor da economia acabar sendo estorvado e as empresas encontrarem dificuldades (ou mesmo impossibilidades) de fazer a rolagem das suas dívidas, elas poderão ser levadas à falência, mesmo com um modelo de negócios sólido e uma operação sadia. Os bancos e instituições financeiras podem aproveitar o momento para abocanhar essas empresas e depois lucrar horrores quando for restaurada a liquidez. Foi isso que aconteceu na crise do Leste e Sudeste Asiáticos em 1997-1998.

Algo dessa ordem ocorreu também durante a crise imobiliária nos Estados Unidos. Muitas pessoas se viram obrigadas – em alguns casos inclusive ilegalmente, descobriu-se – a renunciar ao valor patrimonial de suas casas por conta de processos de execução hipotecária. Os proprietários não tinham mais condições de arcar com as prestações do financiamento e uma enorme quantidade de casas acabou tendo que ser vendida a preço de banana. Aos poucos uma empresa de *private equity* como a Blackstone começa a comprar todas as casas em execução hipotecária, a preço de liquidação de estoque. Em pouco tempo, a Blackstone se torna a maior proprietária imobiliária do país (se não do mundo). Hoje ela é dona de milhares e milhares de imóveis, que aluga com uma bela margem de lucro. À medida que o mercado imobiliário se recupera e reaquece – a depender da cidade (em São Francisco e Nova York, o mercado se recuperou de maneira relativamente rápida, em outros lugares, não) –, é possível inclusive vender as casas por um valor muito maior. Trata-se de um segmento muito grande da economia que funciona com base num processo de acumulação que nada tem a ver com a produção. Tudo gira em torno de lucrar com a troca de valores de ativos. Mas nesse caso é preciso que a troca de valores de ativos se dê sob condições em que os preços são forçosamente desvalorizados e depois revalorizados pelos mecanismos de mercado em determinado momento histórico, de modo que as empresas de *private equity* possam capitalizar esse diferencial.

Trata-se de um modo de acumulação que nada tem que ver com produção. Se você observar com atenção, verá que há muita riqueza sendo capturada dessa maneira na sociedade atual. Isso significa que a acumulação de capital está ocorrendo por meio da revalorização de valores de ativos. A acumulação não está mais vinculada à produção, ela repousa em trocas manipuladas de valores de ativos. É possível identificar outras formas nas quais isso ocorre. Por exemplo, se começa a parecer que uma determinada região da cidade vai melhorar de qualidade, temos o famoso processo de gentrificação em que populações de baixa renda são expulsas ou despejadas daquele local. Como isso se dá? Há meios legais, há meios escusos e há, ainda, meios simplesmente ilegais envolvidos. Os proprietários, é claro, têm formas maravilhosamente criativas de tentar tirar os inquilinos de seus edifícios. Na década de 1970, havia uma estratégia de incendiar os edifícios para pegar o dinheiro do seguro e depois liberar o espaço para novos projetos de luxo – "o Bronx está em chamas" foi uma frase que ficou famosa na época, para se referir ao que estava ocorrendo em particular na região do sul do Bronx, em Nova York. Esses processos de despejo estão se tornando significativos em diversas áreas urbanas em todo o mundo capitalista. As populações despejadas, contudo, precisam morar em algum lugar, geralmente em regiões muito remotas na periferia urbana.

Isso lembra um pouco aquilo que Marx denominava acumulação primitiva na terra. A diferença, contudo, é que não é um processo que ocorre com a finalidade de criar trabalho assalariado, e sim com o intuito de liberar espaços para que o capital possa entrar e reconstruir certa região – re-gentrificar, se quisermos – por meio de uma estratégia de acumulação via urbanização. Então, mais uma vez, quando testemunhamos algo assim, trata-se na verdade de acumulação por despossessão. As pessoas são despojadas de seus direitos, roubadas de seu acesso a áreas boas da cidade para se viver. Elas são enxotadas dessas regiões e relegadas às margens da cidade, e passam a ter que enfrentar longos deslocamentos entre casa e trabalho. E assim, veremos cada vez mais despejos e remoções ocorrendo. Veremos coisas parecidas acontecendo de novo com a questão da terra. O processo de *land grabbing* [abocanhamento de terras] que mencionamos no capítulo 4, por exemplo, está correndo solto na África e na América Latina, onde o capital, à procura de boas oportunidades de investimento, essencialmente entende que o futuro reside no

140 / Crônicas anticapitalistas

controle sobre a terra e sobre os ativos da terra, tais como matérias-primas, recursos minerais e a capacidade produtiva da terra. Assim, o grande capital entra com o intuito de monopolizar e especular loucamente em cima dos valores da terra. O resultado é que cada vez mais riqueza vai ficando concentrada nas mãos desses rentistas, em vez de nas mãos dos produtores diretos.

Outra forma em que a acumulação por despossessão ocorre hoje é a seguinte. Nos Estados Unidos, por exemplo, muitos contratos trabalhistas incluem direitos a saúde e previdência. Esses direitos constituem uma característica terrivelmente importante da sociedade contemporânea que se encontra sob ameaça, em especial no mundo capitalista avançado (e já estamos vendo algumas dessas questões sendo levantadas em países como a China também). Direitos previdenciários são essencialmente uma reivindicação sobre uma renda futura – uma renda em tese garantida, baseada nas contribuições feitas pelas pessoas aos seus fundos de pensão. No entanto, muitas corporações se encontram em uma situação na qual suas obrigações previdenciárias ou de plano de saúde são altas demais para de fato serem bancadas de maneira contínua ao longo do tempo. Por isso, temos visto grandes corporações tentando se livrar dessas obrigações. As grandes companhias aéreas têm se mostrado muito espertas nesse sentido. A United Airlines declarou falência, a American Airlines declarou falência. Isso não significa que elas pararam de fazer voos: elas simplesmente podem recorrer ao tal do Capítulo 11* que as permite renegociar todas as suas obrigações sob a supervisão de um juiz. Nessa situação, as corporações costumam alegar, por exemplo, que só têm condições de retomar suas operações se conseguirem se livrar das suas obrigações anteriores. Quando o juiz pergunta o que, afinal, elas querem dizer com isso, a resposta que vem é quase sempre a mesma: "Precisamos nos livrar de nossas obrigações de previdência e saúde". Na prática, as corporações acabam se desobrigando de ambas, e as pessoas se veem sem direitos previdenciários, sem pensão e sem plano de saúde. Nos Estados Unidos, há um fundo de garantia previdenciária que assegura que, por exemplo, se a United Airlines ou a American Airlines descontinuarem seus sistemas previdenciários, o Estado entrará para assumir essa função. Mas o Estado dificilmente cobre o valor esperado pelas pessoas. Alguém que trabalha para a American Airlines talvez tenha a esperança de receber 80 mil dólares por ano de aposentadoria, mas o fundo de pensão só paga 40 mil dólares anuais, uma quantia com a qual muitas pessoas consideram difícil de se viver. A revogação de direitos previdenciários se torna uma importante forma de incrementar a acumulação para os capitalistas, às custas dos pensionistas. Foi o que aconteceu com muita gente na Grécia. Tenho

---

* Referência ao Capítulo 11 do Título 11 do Código de Leis dos Estados Unidos da América, que trata da lei das falências. (N. T.)

um colega que se aposentou lá há três anos e só foi receber a primeira parcela da sua aposentadoria mês passado. Ele ficou três anos sem receber nada porque o fundo de pensão público não tinha sido financiado. Há hoje, em todo o mundo, um problemão ligado a direitos previdenciários. O grande capital está efetivamente acumulando na base de deixar de pagar os direitos previdenciários oferecidos aos trabalhadores no passado.

Todas essas formas de acumulação estão presentes hoje. Não são as mesmas que existiam quando Marx estava escrevendo sobre as origens do capital. Não são formas de acumulação primitiva. Elas dizem respeito a valores já criados e distribuídos sob o capital, mas que estão sendo retirados da massa da população a fim de incrementar o enorme acúmulo de ativos no interior de corporações cada vez mais centralizadas e nas mãos dos 10% mais ricos da população. Precisamos levar a sério o fenômeno da acumulação por despossessão. Ela se tornou um dos principais mecanismos por meio dos quais o capital está se reproduzindo hoje. A acumulação por despossessão sempre esteve presente, é claro, e sempre foi importante. Ela nunca deixou de existir. Na época em que Marx estava escrevendo sobre acumulação primitiva e sobre o capitalismo nos séculos XVII e XVIII, já havia elementos de acumulação por despossessão presentes. Esses processos continuaram desde as origens do capital até os dias de hoje. No entanto, principalmente a partir da década de 1970, temos visto o vetor de acumulação se deslocando cada vez mais para práticas de espoliação, em detrimento da criação de valor por meio do emprego e exploração de mão de obra na produção. Isso levanta questões importantes sobre a natureza da sociedade capitalista na qual nos encontramos. Até que ponto precisamos organizar lutas contra a acumulação por despossessão? Há, é claro, por toda parte, lutas antigentrificação que buscam impedir despejos e remoções de populações situadas em regiões mais valorizadas. Há lutas contra a perda de direitos sociais como previdência e saúde pública. Há lutas contra estratégias de *land grabbing* que ecoam os processos dos séculos XVII e XVIII de que Marx falava, nos quais o poder estatal era frequentemente mobilizado pelas classes afluentes para despossuir o resto da população. É possível constatar a expansão e diversificação das muitas formas de despossessão em nossos tempos. Se observarmos, por exemplo, a última reforma do código tributário e do direito tributário nos Estados Unidos, veremos que se trata de uma redistribuição de riqueza e poder por meio de arranjos de taxação e uma retirada de certos direitos presentes no código anterior. Os fluxos de valor estão sendo cada vez mais canalizados para as corporações e para as classes mais abastadas às custas do resto da população. Portanto, o atual código tributário é um veículo de acumulação por despossessão.

Há muitas técnicas de despossessão. Seria importante ter à nossa disposição um estudo completo sobre acumulação por despossessão na conjuntura atual, elencando os diversos mecanismos que existem para que esse processo ocorra. Este é um momento em que o pecado original dos primórdios do capitalismo retorna cobrando juros. A acumulação primitiva foi construída com base em violência, mentiras, fraude, trapaça e assim por diante. Se olharmos para o que ocorreu nos mercados imobiliários nos Estados Unidos em 2007-2008, no entanto, veremos que muito daquilo também foi baseado na despossessão ilegal de populações por meio de violência, fraude e a promoção de certa narrativa conspiratória e falaciosa (tal como culpar a vítima). O fato é que essa é cada vez mais a principal forma por meio da qual a classe capitalista e suas formas correspondentes de poder político operam hoje. A acumulação por despossessão é um aspecto vital de como nossa atual economia está funcionando. E ela está, é claro, suscitando uma série de movimentações de protesto. Está ocorrendo uma mudança sísmica em nossa economia, de modo que agora o crescimento está sendo canalizado em atividades de acumulação por despossessão, e não em formas mais clássicas de exploração e apropriação de mais-valor por meio de um processo de trabalho organizado.

Um ponto que a acumulação primitiva e a acumulação por despossessão compartilham reside na vasta onda de privatização de bens comuns e estatais que tem ocorrido recentemente. Assim que Margaret Thatcher chegou ao poder, ela começou a privatizar tudo que fosse possível de habitação social, mas também o fornecimento de água, os transportes e todos os outros tipos de ativos públicos, incluindo as empresas estatais todas. Em quase todos os casos, os ativos públicos foram entregues a preços baixíssimos, permitindo que entidades privadas capitalizassem com a privatização. A pilhagem do tesouro público correu solta. Entidades em apuros, tais como o Estado grego durante seus anos de crise, foram obrigadas a privatizar toda sorte de ativos estatais em troca de apoio financeiro. Chegou-se até a sugerir vender e privatizar o Partenon a fim de estabilizar as finanças do Estado endividado!

Nesse contexto, quem ressurge como importante centro de poder é o capital comercial (em comparação com o capital industrial produtivo), armado com mecanismos singulares de apropriação de riqueza. Uma empresa como o Google até tem algum envolvimento na criação de novos veículos para produção, mas boa parte de sua atividade consiste em apropriação por meio de mecanismos de mercado. Trata-se de uma enorme operação capitalista comercial. A Apple é outra corporação que se tornou incrivelmente importante não por organizar capacidade produtiva na esfera da produção, mas sim por meio de práticas capitalistas comerciais de apropriação na esfera do mercado. De certa maneira, o capitalismo industrial está se tornando cada vez mais subserviente ao capitalismo mercantil e a formas rentistas de capitalismo. O capitalismo rentista e o capitalismo mercantil operam cada vez mais por meio de mecanismos de apropriação e acumulação por despossessão, e cada vez menos por meio da organização da produção e da exploração do trabalho vivo na esfera da produção. Esse é o tipo de sociedade capitalista em que nos encontramos hoje em dia. Não é por meio das técnicas clássicas de organização de esquerda que vamos conseguir domá-la. Para tanto, é preciso um projeto e aparato político completamente diferentes, animados por outras formas de protesto político.

13
Produção e realização

Costumo insistir que a luta anticapitalista se dá em diversas esferas da totalidade do sistema capitalista. Por exemplo, ela é travada, evidentemente, na esfera da *produção*, no chão de fábrica. Mas é travada também na esfera da *realização*, no mercado; e na esfera da *reprodução social*, não apenas em torno da reprodução da força de trabalho em si, como também da reprodução social de modos de vida inteiros. Quero aqui abordar a questão da produção e da realização.

A forma clássica de se pensar essa questão na teoria marxista é partindo do chão de fábrica como local de exploração. A fábrica é o local do trabalho coletivo: um espaço organizado e dominado pelo capital no interior do qual se produz e reproduz valor e mais-valor. Há toda uma linhagem de pensamento que se organiza em torno desse eixo central. Mas o que acontece quando as fábricas desaparecem? Muitas economias capitalistas avançadas, tais como os Estados Unidos e alguns países da Europa, passaram por um período de desindustrialização no qual a fábrica foi perdendo cada vez mais espaço e importância. Isso nos coloca uma questão importante: onde está a classe trabalhadora hoje em dia e quem a compõe? Permitam-me primeiro sugerir algo um tanto heterodoxo: talvez devamos, por ora, retirar o termo "classe" e falar apenas em "pessoas trabalhadoras". Digo isso porque a denominação "classe trabalhadora" traz em geral uma conotação de certa situação laboral específica, ao passo que "pessoas trabalhadoras" amplia a questão e nos permite reconstituir uma ideia diferente de quem é a classe trabalhadora, o que ela poderia fazer e quais seriam seus poderes na atual conjuntura.

A desindustrialização ocorrida a partir de meados de 1970 aboliu uma enorme quantidade de postos de trabalho de colarinho azul. Tome o que ocorreu nos Estados Unidos e na Inglaterra, os dois exemplos que conheço melhor. Em ambos os casos, grande parte da perda de postos de trabalho deveu-se à mudança tecnológica. As estimativas são de que 60% dessa perda seria decorrência de transformações tecnológicas ocorridas durante os últimos trinta ou quarenta anos. O restante seria principalmente efeito do processo de *offshoring* – isto é, quando os postos de trabalho de remuneração mais baixa são transferidos para países como China ou México, por exemplo. Com as mudanças tecnológicas, no entanto, o que vemos é o enxugamento da força de trabalho, que deixa de ter a forma de grandes massas para assumir a composição de apenas alguns poucos trabalhadores. Quando me mudei para Baltimore, em 1969, havia grandes siderúrgicas que empregavam mais de 30 mil pessoas. Na década de 1990, elas permaneciam produzindo a mesma quantidade de aço, no entanto tinham passado a empregar apenas cerca de 5 mil pessoas. Em meados dos anos 2000, ou as siderúrgicas haviam fechado as portas, ou então as tinham reaberto após uma aquisição, porém com um quadro de funcionários reduzido, de apenas cerca de mil trabalhadores. Quando o conheci, em 1969, o sindicato dos siderúrgicos era uma instituição muito poderosa na cidade. Hoje, é claro, ele lida sobretudo com aposentados e pensionistas, e quase não tem presença na política municipal de Baltimore.

É tentador afirmar que a classe trabalhadora desapareceu. Se pararmos para pensar, no entanto, talvez ela não tenha sumido. Ela simplesmente não está mais fabricando as mesmas coisas, não está mais envolvida nas mesmas atividades de antigamente. Por exemplo, por que consideramos que fabricar automóveis ou produzir aço configura uma ocupação da classe trabalhadora, enquanto produzir hambúrgueres não receberia essa qualificação? Se analisarmos os dados sobre emprego, veremos que houve um enorme aumento nas contratações feitas por estabelecimentos como McDonald's, Kentucky Fried Chicken, Burger King e assim por diante. Os postos de emprego nessas áreas cresceram de maneira significativa. Tal como os operários da indústria automotiva, esses trabalhadores também estão produzindo valor. A diferença é que estão produzindo alimentos preparados em vez de ligas de aço e automóveis. É assim que deveríamos pensar sobre a "nova" classe trabalhadora. Há pouco, vimos os trabalhadores de cadeias de *fast-food* começarem a se mobilizar para articular ações militantes. É mais difícil, no entanto, se organizar politicamente nesses setores, dada a natureza do trabalho.

Aquilo que Marx denominaria uma "classe-em-si" tem se formado em torno da disseminação e crescimento dessas novas categorias de emprego. Agora ela está começando a se tornar uma "classe-para-si" e passa a lutar contra o McDonald's e a reivindicar um salário mínimo decente de 15 dólares por hora, ou então uma remuneração digna maior que isso. O setor da produção de *fast-food* tem sido palco de bastante agitação. No entanto, também devemos considerar todos os pequenos proprietários de restaurantes e seus funcionários de maneira semelhante. Nova

York é muitas vezes vista como uma cidade parasitária que viveria às custas da produção de valor criada em outras grandes cidades industriais. A verdade, contudo, é que se trata de uma cidade em que se cria bastante valor. Ultimamente, registrou-se um enorme aumento no número de trabalhadores em setores como o de restaurantes, o que corresponde a um aumento da produção total de valor. Setores desse tipo são muito intensivos em mão de obra. Eles podem muito bem ser vulneráveis à inteligência artificial no futuro, mas por enquanto ainda constituem um centro muito relevante de empregabilidade. Se quarenta anos atrás as principais fontes de emprego eram as grandes indústrias automotivas e a siderurgia – de modo que eram empresas como a General Motors e a Ford, por exemplo, que importavam –, hoje os principais empregadores são franquias como McDonald's e Kentucky Fried Chicken. Esse é um dos lugares-chave em que encontramos as novas classes trabalhadoras da atualidade. Mas esses trabalhadores são difíceis de organizar politicamente. Boa parte do seu trabalho é temporário; as pessoas trabalham em determinado lugar por um curto tempo e logo vão embora. Ainda assim, já é possível enxergar algumas brechas de organização, em particular através das mídias sociais, de modo que há, sim, possibilidades políticas aqui.

Outro dia fui pegar um voo e me ocorreu algo que talvez nos apresente novas possibilidades. Eu estava olhando pela janela enquanto esperava meu avião decolar e reparei na força de trabalho do aeroporto de Dallas. De repente, pensei em todas aquelas pessoas que estavam trabalhando naquele lugar. Na teoria de Marx, o transporte produz valor. Portanto, todo mundo que está envolvido no setor de transportes e no deslocamento de pessoas e mercadorias de uma parte do mundo para outra efetivamente faz parte de uma classe trabalhadora produtiva. Mas quando você repara no tipo de trabalho envolvido, começa a perceber algumas coisas interessantes. Há uma série de pessoas que estão ali ajudando no manejo de decolagem e pouso das aeronaves, outras estão carregando ou descarregando as bagagens dos aviões, há todas as pessoas dentro do aeroporto organizando o embarque e o desembarque dos passageiros, há os que trabalham no serviço de bordo, na manutenção e na limpeza das aeronaves...

Quando você observa a estrutura da força de trabalho naquele espaço, percebe que ela não é muito bem remunerada e, no entanto, detém um poder singular. Outra coisa que me impressionou – e tenho notado isso em todos os aeroportos em que estive desde então – é que, quando você presta atenção no perfil das pessoas que estão fazendo a maior parte do trabalho que de fato garante o funcionamento dos aeroportos nos Estados Unidos, você logo constata que há uma enorme quantidade de mulheres, pessoas de grupos étnico-raciais minorizados – afro-americanos em particular, *latinos* e alguns imigrantes brancos recentes da Europa Oriental e da Rússia. De repente me ocorreu que essa, no fundo, é uma forma interessante de

148 / Crônicas anticapitalistas

pensar a composição da classe trabalhadora contemporânea. Trata-se de uma classe dominada por mulheres, afro-americanos e outras pessoas de grupos étnico-raciais minorizados, e imigrantes, particularmente latino-americanos. Nessa configuração, os interesses mútuos de raça, gênero e classe se encontram fundidos em um nível, sem que as identidades deixem de permanecer distintas.

Quão bem remunerada é essa população? Sob quais condições de seguridade social ela vive? A resposta é que, no geral, ela é muito mal paga e muito precarizada. Ao mesmo tempo, não é nada organizada. Por isso, tenho uma fantasia. Imagine que num dado dia todos os trabalhadores do aeroporto repentinamente decidissem cruzar os braços de modo a fechar por completo o aeroporto. Suponha que seis aeroportos estadunidenses – Los Angeles, Chicago, Atlanta, Nova York, Miami e Dallas-Fort Worth – ficassem paralisados até que as demandas desses trabalhadores fossem satisfeitas. Em pouco tempo o país todo ficaria disfuncional. Trump decidiu que seria uma boa ideia paralisar o governo por um mês em janeiro de 2019*. Mas aí chegou um dia – acho que era uma quarta-feira – em que três aeroportos nos Estados Unidos já não tinham como funcionar. Precisaram cancelar uma série de voos que sairiam de LaGuardia e de outros dois aeroportos porque os controladores de tráfego aéreo (funcionários estatais) não podiam mais trabalhar. Estavam sem receber há meses e simplesmente não davam mais conta de se sustentar, por isso vários deles não apareceram para trabalhar. É interessante notar que, um dos grandes ataques que Reagan articulou contra a força sindical em 1982 foi dirigido justamente aos controladores de tráfego aéreo. De uma hora para outra, Trump e sua equipe devem ter percebido que, dentro de três ou quatro dias, a maior parte dos aeroportos estadunidenses fecharia. Quando os aeroportos fecham nos Estados Unidos, você basicamente interrompe o fluxo de capital. Os trabalhadores aeroportuários têm enorme potencial de exercerem poder político. Se eles fossem organizados, não só estariam sendo trabalhadas as articulações entre afro-americanos, *latinos* e mulheres – grupos que agora constituem o núcleo do movimento operário dos Estados Unidos –, como de fato estaríamos diante de uma organização trabalhista com o potencial de causar sérios danos à economia capitalista caso suas demandas não fossem devidamente atendidas. Surge, portanto, a questão de saber quais seriam as demandas de uma coalizão desse tipo.

---

* Desde 1980 ocorrem nos Estados Unidos paralisações governamentais quando a legislação de financiamento necessária para bancar as atividades do governo federal não é promulgada antes do início do novo ano fiscal. Nesses casos, o governo restringe determinadas atividades e serviços, interrompe operações não essenciais e por vezes dispensa temporariamente certos servidores, sem remuneração. O autor refere-se aqui à mais longa paralização governamental ocorrida até hoje na história do país: 35 dias corridos entre 22 de dezembro de 2018 e 25 de janeiro de 2019, durante a gestão Trump. (N. E.)

Sem dúvida, uma das principais pautas seria elevar os salários a fim de garantir que as pessoas gozem de uma vida digna e de um ambiente de vida decente. Penso que um movimento unificado com todos os trabalhadores aeroportuários é algo que faria uma diferença significativa em termos de construir concretamente o poder político da classe trabalhadora.

Basta pensar nas poucas vezes em que algo desse tipo passou perto de acontecer. Logo depois dos atentados de 11 de setembro de 2001, as pessoas pararam de voar de avião. Durante cerca de três dias, tudo se aquietou. Naquele momento, lembro bem, Rudolph Giuliani (o então prefeito de Nova York) e o próprio presidente George W. Bush foram ao ar para instar as pessoas a saírem de suas casas, voltarem a fazer compras e não deixarem de pegar avião. Eles perceberam que se o país não voltasse a se movimentar, haveria graves perdas de capital. Se a resposta imediata ao 11 de setembro de 2001 foi uma paralisação geral, logo depois houve uma intensa pressão para que as pessoas voltassem a trabalhar e se movimentar.

Depois tivemos o vulcão islandês, que levantou tantas cinzas no ar que os voos transatlânticos tiveram que ficar suspensos por cerca de dez dias. Era quase impossível ir de Nova York a Londres naquele período, a não ser que você descesse, por exemplo, até o Rio de Janeiro e depois voasse para Madri – só com um desvio desses. No lugar de um vulcão, gosto de imaginar uma erupção vulcânica dos trabalhadores aeroportuários. Para que isso aconteça, no entanto, os trabalhadores aeroportuários precisam perceber: (a) que eles têm muitos interesses em comum, ou seja, que compartilham muitas das mesmas demandas; (b) que faz todo sentido se articular coletivamente para conquistá-las; e (c) que além de terem um chão comum para levar essas reivindicações a cabo, eles também construíram uma força coletiva e possuem um tremendo poder de interromper o sistema. É esse tipo de coisa que, no passado, os trabalhadores do setor automotivo ou da mineração, por exemplo, ameaçavam e, às vezes, consumavam. Hoje, o poder de fazer isso está em outro lugar. Mas é tão potente quanto.

A composição da força de trabalho mudou. Seria bom que houvesse uma organização reunindo todos que trabalham no setor de restaurantes, não apenas nas redes de *fast-food* – embora a força de trabalho dessas franquias já fosse um belo ponto de partida. Quando começamos a pensar na classe trabalhadora contemporânea, percebemos que não são mais os trabalhadores do setor automotivo nem da mineração que se encontram na liderança. O coração da política tradicional da classe trabalhadora na Inglaterra sempre foi o sindicato dos mineiros. Margaret Thatcher (que sempre odiou os trabalhadores da mineração) conseguiu essencialmente destruí-lo por meio de uma série de golpes coordenados. O setor carvoeiro inglês saiu de cena e a política tradicional da classe trabalhadora, em consequência, praticamente desapareceu.

150 / Crônicas anticapitalistas

Diante dessa história, precisamos estar preparados para pensar em configurações completamente novas da força de trabalho que sejam capazes de travar lutas na esfera da sua atividade produtiva. Essa luta na esfera ou "momento" da produção, contudo, não está desconectada dos tipos de estilo de vida que levamos hoje. Portanto, o que acontece no momento da realização tem igual importância. No caso dos trabalhadores aeroportuários, o fato é que cada vez mais pessoas estão utilizando aviões; o setor de linhas aéreas está crescendo com muita rapidez. Não tanto nos Estados Unidos, é claro, mas na China, por exemplo, estão brotando aeroportos novos por toda parte, e o público que voa de avião está crescendo, fazendo que vejamos um enorme aumento nas viagens aéreas asiáticas. Isso também se predica no desenvolvimento de certo modo de vida, em que somos capazes de imaginar que podemos nos movimentar livremente contanto que tenhamos dinheiro para atravessar o Atlântico de avião, voar para cá, para lá, para todo lugar. O setor do turismo, com seus pacotes de voos e acomodações, é um dos que mais cresce na economia global. Trata-se, mais uma vez, de um modo de vida. Esse modo de vida, naturalmente, também tem consequências. Uma delas, que deveria nos preocupar muito, é o aquecimento global e a emissão de gases do efeito estufa. Em termos de emissão de gases, um voo de um lado dos Estados Unidos para outro equivale ao consumo de não sei quantos milhares de carros ao longo de um ano todo. Essa é uma das grandes fontes de gases do efeito estufa. Faz sentido continuar sustentando esse estilo de vida no qual o tráfego aéreo é central? É isso mesmo que queremos como sociedade?

Repare que a questão aqui é que o crescimento do tráfego aéreo está criando uma classe trabalhadora organizada em torno da facilitação do surgimento desse novo estilo de vida; ao mesmo tempo, o crescimento do tráfego aéreo está enredado naquilo que Marx denomina a unidade contraditória entre produção e realização. As questões de realização estão muito fortemente ligadas a questões de estilo de vida e à produção de novas vontades, necessidades e desejos. A vontade, necessidade e desejo de viajar; a vontade, necessidade e desejo de estar em uma parte do mundo em vez de outra. Essas questões estão todas interligadas. Aqui, no meu entendimento, reencontramos a necessidade de pensar as relações entre o que está acontecendo na esfera da realização – a criação de novas vontades, necessidades, desejos e estilos de vida – e o que está acontecendo na esfera da produção. Afinal, a forma pela qual nos organizamos na esfera da produção está ligada àquilo que gostaríamos de fazer a respeito de certas coisas que estão ocorrendo na esfera da realização. É espantoso perceber quanto da nossa economia contemporânea está estruturada em torno da tentativa de realizar a fantasia de um romance total em um cenário bucólico com mar, areia, sol e sexo.

Surgem questões parecidas no campo da reprodução social. Durante a minha juventude na Inglaterra, na década de 1940, praticamente todas as refeições eram cozinhadas em casa. A única exceção se dava às sextas-feiras, quando meus pais me mandavam para a venda (que só abria naquele dia) para comprar *fish and chips* (embrulhados em um jornal, que nós tínhamos que providenciar). Fora isso, toda a preparação de alimentos era feita em casa. Hoje, em muitas partes do mundo, o preparo de alimentos está completamente incorporado ao mercado. A maior parte desse preparo não ocorre mais em casa. As famílias têm uma escolha: buscar refeições no restaurante do bairro ou, é claro, utilizar plataformas de entrega de comida, como a Grubhub. Essa prática está se disseminando rapidamente. Da última vez em que estive na China, fiquei espantado com a quantidade de bicicletas com pessoas entregando comida. Ou seja, *delivery* chinês... na China! Esse é o processo padrão por meio do qual o preparo de alimentos está sendo incorporado ao mundo da mercadoria. Isso pode ou não ser uma coisa boa, podemos debater seus pontos positivos e negativos. Mas o que me parece mais importante é o estilo de vida de que estamos falando. O surgimento e o desenvolvimento dessas grandes plataformas de entrega, somadas às grandes franquias de *fast-food* – como Burger King, McDonald's e assemelhados –, têm provocado um enorme impacto na vida cotidiana de todo mundo nos Estados Unidos. Quando você começa a delinear esse quadro, fica claro como as características de determinado estilo de vida – o como e o porquê de suas formas de provisão – estão reconfigurando radicalmente os processos de reprodução social. Historicamente, as mulheres sempre cuidaram da maior parte do preparo de alimentos no interior da esfera doméstica. O fato de o preparo de alimentos deixar de ocorrer nesse espaço de fato alterou aquela discriminação de gênero na qual as mulheres estavam essencialmente circunscritas à cozinha, cuidando de todo esse trabalho. Com as pessoas passando a comer mais em restaurantes *fast-food* ou pedindo a comida para ser entregue em casa, o trabalho doméstico na cozinha diminuiu. Essa liberação do trabalho feminino na reprodução social permite a absorção de cada vez mais mulheres na força de trabalho (por exemplo, nos aeroportos...). Isso não significa que as tarefas domésticas tenham desaparecido, nem que a discriminação de gênero em torno dessas tarefas tenha deixado de existir. A questão é que a orquestração entre reprodução social, política de realização e divisão do trabalho passou por uma revolução durante a última geração.

Em todos esses aspectos, quando fazemos a pergunta política "O que fazer?", precisamos de fato nos indagar sobre o que precisa ser feito especificamente a respeito da ascensão desses novos estilos de vida; o surgimento de uma forma poderosa de organização dos trabalhadores em torno, digamos, dos restaurantes *fast-food*, dos aeroportos ou no campo da logística; e como o poder dessa nova força de trabalho pode ser mobilizada de determinado modo para fins políticos. Precisamos vislumbrar uma transformação da ordem social que faça que ela se descole da acumulação e da órbita das estruturas capitalistas, e se aproxime de algo que seja mais social, mais cooperativo e menos enredado na lógica da expansão acelerada do capital. A grande questão é como fazer isso.

14
EMISSÕES DE DIÓXIDO DE CARBONO
E MUDANÇA CLIMÁTICA

Há momentos na vida em que aprendo algo que muda tudo e me faz repensar muitas das minhas posições e perspectivas. Às vezes é um aprendizado teórico, como costuma acontecer, por exemplo, quando me debruço mais detidamente sobre a obra de Marx. Em outras ocasiões, é simplesmente uma nova informação ou um novo conjunto de dados.

Foi assim que, há mais ou menos quatro meses, me deparei com um gráfico que me deixou literalmente de queixo caído e me fez repensar muitas das posições que eu sustentava até então. Era um informativo divulgado pela Administração Oceânica e Atmosférica Nacional (NOAA, na sigla em inglês), o qual apresentava as concentrações de dióxido de carbono na atmosfera ao longo dos últimos 800 mil anos. Pode parecer um enorme intervalo de tempo, mas, em termos geológicos, não é tanto. Por outro lado, ele é extenso o bastante para capturar fases de aquecimento e resfriamento globais. A concentração de dióxido de carbono na atmosfera não passou de 300 partes por milhão (ppm) em nenhum momento durante os últimos 800 mil anos. Na verdade, ela oscilou na faixa entre 150 ppm e 300 ppm durante todo esse período, com picos no marco dos 300 ppm. Ela ultrapassou os 300 ppm, pela primeira vez, no século XX. Depois disso, principalmente a partir dos anos 1960, foi de 300 ppm para mais de 400 ppm. Ora, esse é um aumento enorme e muito acelerado. Trata-se de algo muito além de qualquer coisa experimentada no decorrer dos últimos 800 mil anos (Figs. 3 e 4).

Ultimamente, tenho refletido muito sobre as causas e implicações dessa informação. Uma das implicações é que se alguém como Donald Trump, por exemplo, ficar sabendo desse informativo, vai mandar abolir a NOAA, a organização que o publicou, ou ao menos instruí-la a não divulgar mais coisas desse tipo. No entanto, esse aumento enorme significa que a quantidade de dióxido de carbono na atmosfera já é muito elevada, a ponto de ser quase certamente hostil à continuidade do habitar humano tal como o conhecemos. Todo o gelo da Terra não vai simplesmente derreter de um dia para o outro. Vai demorar cinquenta, talvez cem anos, para isso acontecer. Mas ele vai embora. Ponto final. E com isso, teremos uma rápida elevação do nível do mar (a calota polar da Groenlândia já está encolhendo muito rápido). A camada de neve dos Himalaias também desaparecerá, o que significa que os rios Indo e Ganges ficarão essencialmente secos em determinadas épocas do ano; haverá uma seca crônica em todo o subcontinente indiano, e o resto do mundo sofrerá enormes transformações.

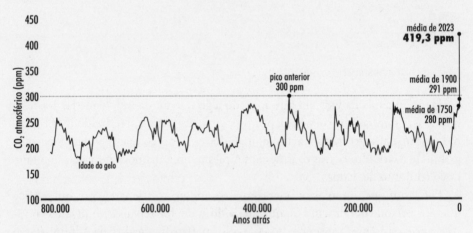

Figura 3. Dióxido de carbono atmosférico nos últimos 800 mil anos.
Fonte: NOAA

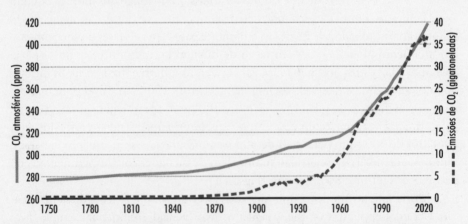

Figura 4. Concentração atmosférica global *versus* emissões humanas anuais (1751-2023).
Fonte: NOAA

Emissões de dióxido de carbono e mudança climática / 155

De onde vieram esses 400 ppm? Afinal, o que aconteceu? Vou aqui me aventurar num terreno incômodo porque uma das respostas a essa questão está no que ocorreu na China. Chegarei a esse ponto em breve. Antes, contudo, precisamos reconhecer outra coisa sobre a dinâmica do aquecimento global, qual seja, o fato de que seu caráter desenfreado significa que, se a mudança climática derreter o permafrost do Ártico (o que já está começando a ocorrer), esse degelo irá liberar metano (um gás do efeito estufa muito mais danoso que o dióxido de carbono), o qual, por sua vez, irá provocar uma mudança climática ainda mais acelerada.

Os dados da NOAA mudaram a minha atitude diante da questão da mudança climática e do que fazer a respeito dela. Aqui preciso recuar um pouco para falar sobre a posição geral que adotei nos últimos sessenta anos no que diz respeito a questões e problemas ambientais. Na minha época de estudante, havia bastante agitação no mundo em torno da ideia de que estávamos exaurindo a base viável e sustentável de recursos do nosso planeta. O recurso que mais preocupava as pessoas na época – e falo da virada da década de 1950 para a de 1960 – era a energia, em particular os combustíveis fósseis como o petróleo. Durante os anos 1960, houve mais movimentações nesse sentido e, quando chegamos em 1970 (ano do primeiro Dia da Terra), havia bastante preocupação sobre os limites do crescimento, agora incluindo não apenas o esgotamento da base natural de recursos, como também problemas de poluição e do uso do planeta como um depósito de resíduos. Havia bastante literatura surgindo que apontava que as capacidades ambientais da Terra não eram ilimitadas e que, portanto, havia uma crise ambiental iminente.

O primeiro Dia da Terra marcou um momento em que até mesmo os setores corporativos dos Estados Unidos começaram a acordar para o fato de que poderia haver um problema ambiental. A revista *Fortune* publicou uma edição especial sobre os limites do meio ambiente. O primeiro ensaio desse número era assinado pelo então presidente dos Estados Unidos, Richard Nixon, e dizia, basicamente, que precisávamos cuidar do meio ambiente e que nossa postura não podia ser só a de dominação. Ou seja, o próprio poder político admitia que poderia haver problemas nesse quesito. A revista tinha algumas ideias maravilhosas sobre o que deveria ser feito; especificamente sobre a questão da urbanização, ela apresentava projetos de novas cidades cheias de árvores e de verde – havia muitas evidências daquilo que hoje chamamos de uma campanha de *greenwashing* por parte do setor corporativo.

Mas existia uma ala mais radical do movimento que culpava o capitalismo pelos males ecológicos. Em 1969, depois do derramamento de petróleo na costa de Santa Bárbara, na Califórnia, um grupo de estudantes universitários enterrou um carro na areia como um protesto simbólico contra o uso excessivo de combustíveis fósseis. Havia bastante agitação desse tipo em torno do primeiro Dia da Terra, em 1970. Muitas pessoas estavam perturbadas com a situação da cadeia alimentar, com

156 / Crônicas anticapitalistas

a qualidade do ar, e assim por diante. Contudo, o que me chamou a atenção num evento do Dia da Terra em Baltimore foi que em uma cidade na qual metade da população era negra, praticamente não havia nenhuma pessoa afro-americana presente. O público era inteiro composto por pessoas brancas de classe média. Na mesma semana em que participei desse evento do Dia da Terra, fui ao Left Bank Jazz Society, em Baltimore, uma instituição predominantemente negra, com apenas um punhado de pessoas brancas presentes. O som estava sensacional. Os músicos abordaram problemas ambientais e foram muito aplaudidos e bem-recebidos pelo público. Eles salpicavam as suas canções com comentários sobre desemprego, moradia, discriminação racial e degradação das cidades – o ponto alto foi quando arremataram dizendo que o principal problema ambiental deles era o presidente Nixon. Claramente, havia um enorme descompasso nas definições do que constitui um problema ambiental.

Essa experiência me deixou bem apreensivo em relação a boa parte da retórica ambientalista. Eu resistia, em especial, àquela ala do movimento ambientalista que proclamava que o apocalipse estava próximo, que os recursos do mundo iriam se esgotar e que tudo desmoronaria em um grande desastre ambiental. Sempre tive certa resistência a essas interpretações apocalípticas, o que não quer dizer que considerava que as questões ambientais não fossem relevantes ou mesmo, em certas dimensões, graves. Pelo contrário, considerava-as muito relevantes. Eu só não partilhava de muitas das visões apocalípticas que já circulavam na época. Defendia, isso sim, que as questões ambientais deveriam ser abordadas à medida que fossem se colocando, manejadas a fim de lidar com os problemas da poluição do ar, da contaminação da água e das concentrações de carbono mediante políticas e regulamentações, por exemplo, sem mergulhar no pânico de que, se não fizermos tudo imediatamente, amanhã haverá um colapso total.

Na década de 1970 foi feita uma aposta famosa entre o ambientalista Paul Ehrlich e o economista Julian Simon*. Ehrlich insistia que o mundo estava superpovoado e que estávamos rumando a uma situação de esgotamento dos nossos recursos alimentares. Simon negava esse cenário e postulou que dali a dez anos veríamos que todos os preços das mercadorias básicas estariam mais baixos, o que assinalaria não haver problemas graves de escassez inerentes ao meio ambiente. Ehrlich aceitou o desafio. Dez anos depois eles constataram que os preços das mercadorias de fato tinham baixado e Simon ganhou a aposta. Desde então, algumas pessoas até apontaram que Erlich só perdeu a aposta por conta do ano em que ela foi feita. Em outras palavras, se você fizer a aposta em um momento no qual os preços das mercadorias estiverem particularmente altos, a probabilidade de eles

---

* Ver Paul Sabin, *The Bet: Paul Ehrlich, Julian Simon, and Our Gamble over Earth's Future* (New Haven, Yale University Press, 2013). (N. E.)

caírem ao longo da década seguinte é alta. E vice-versa se a aposta for feita em um momento no qual os preços estiverem mais baixos, como era o caso de 1970. Como alguém depois observou, se eles tivessem feito a aposta em 1980, a curva de preços desenhada entre 1980 e 1990 teria dado razão a Ehrlich.

Na verdade, essa questão sobre estarmos ou não em uma situação ambiental complicada já é antiga. De um lado, temos os cornucopianos, que pensam que o meio ambiente dispõe de uma capacidade praticamente ilimitada de absorver aquilo que os seres humanos estão fazendo; do outro, os apocalípticos, que acreditam na perspectiva de um colapso ambiental iminente. Há ainda a aposta malthusiana feita há duzentos anos, segundo a qual as taxas exponenciais de crescimento populacional global iriam inevitavelmente se chocar com restrições de recursos naturais, produzindo fome e pobreza internacionais, em um cenário de degradação social, violência e guerra.

Ou seja, há um debate de longa data sobre isso tudo. Minha posição até pouco tempo atrás era a de que deveríamos levar as questões ambientais a sério, mas sempre nutri um profundo ceticismo diante de posições e cenários apocalípticos. Isso, porém, de fato mudou quando me deparei com aquele dado dos 400 ppm de concentrações de dióxido de carbono, em um contexto no qual nada acima de 300 ppm havia jamais sido registrado durante os últimos 800 mil anos. Esse dado nos diz que não é a *taxa* de emissões de carbono que deveríamos estar observando e controlando; temos que começar a olhar para o *nível absoluto* de concentrações de gases do efeito estufa já presentes na atmosfera. O atual patamar é garantia de que haverá um processo acelerado de dessecação, um aumento acentuado nas temperaturas globais, uma elevação rápida do nível do mar e uma frequência cada vez maior de padrões de clima extremo. Isso sugere que a política de restringir a taxa de emissões de carbono (a principal pauta sobre a qual falamos ultimamente) precisa ser outra.

Há um problema urgente que é o de diminuir as concentrações já existentes de gases do efeito estufa (dióxido de carbono e metano). No capítulo 9, discutimos a diferença entre pensar as transformações do mundo em termos de taxas relativas ou em termos de massas absolutas. No exemplo que cotejamos, vimos que se você tiver um patamar de partida muito baixo, é possível sustentar uma taxa elevada de mudança sem que haja grande impacto; ao passo que se você já partir de um patamar elevado, uma taxa modesta de mudança pode produzir um enorme aumento de massa.

Mas, afinal, de onde veio o aumento recente na massa de dióxido de carbono na atmosfera? Os dados indicam que uma das fontes foi o desenvolvimento chinês pós-2000. Esse processo implicou um desenvolvimento maciço de infraestruturas. Para ilustrar a dimensão desse processo, basta retomar o gráfico do consumo de cimento na China que vimos no capítulo 7. O aumento foi de tal grau que a China foi capaz de consumir, em apenas dois anos e meio, cerca de 45% mais cimento que os Estados Unidos consumiram em um século inteiro. Desde a década de 1990, a China já vinha crescendo em um ritmo muito rápido; mas esse processo acelerou enormemente depois da crise de 2007-2008, porque o mercado de exportação chinês (sobretudo os Estados Unidos) entrou em colapso e, em seu lugar, o país criou um programa de desenvolvimento infraestrutural que seria impensável em qualquer outro lugar do mundo. Enquanto os demais países mergulharam em austeridade, a China apostou no expansionismo.

No capítulo 7, argumentei que a China salvou o capitalismo global do colapso em 2007-2008 por meio desse projeto gigantesco de expansão infraestrutural. O país não fez isso porque queria, mas porque essa era a única maneira de absorver seu problema de mão de obra excedente produzido pela quebra das indústrias exportadoras. Portanto, a China salvou o capitalismo global às custas de um aumento enorme nas emissões de gases do efeito estufa. É em parte daí que veio o salto nas concentrações de carbono na atmosfera, para além da marca das 400 ppm. Mas a China não era o único lugar que estava se desenvolvendo dessa maneira. Se observarmos o expansionismo ocorrido no Brasil e na Turquia nesse mesmo período, veremos alguns dos mesmos fenômenos acontecendo em resposta à crise de 2007--2008, com efeitos análogos sobre as emissões de gases do efeito estufa.

Bem, e agora? A primeira implicação é que não podemos confinar o debate apenas ao desafio de limitar as taxas de emissão. Precisamos reconhecer a importância da massa já existente e estudar formas de extrair da atmosfera o máximo possível de gases do efeito estufa. Parte disso já ocorre naturalmente através da absorção de dióxido de carbono pelos oceanos, onde ele é transformado em conchas por moluscos e assim por diante. Essa é uma forma natural de absorção. Precisamos, entretanto, bolar formas de absorver esse dióxido de carbono por meio da agricultura. É a liberação de concentrações subterrâneas de carbono, de energia armazenada há éons, durante outras épocas geológicas, que está na raiz dos nossos problemas contemporâneos. O carbono que estamos retirando de debaixo da terra precisa ser devolvido para lá se quisermos voltar a um mundo de 300 ppm. Ele foi originalmente colocado debaixo da terra pela ação da vegetação e, até certo ponto, dos crustáceos. Fomos nós que pegamos toda essa energia armazenada de debaixo da terra e a liberamos. Agora precisamos falar seriamente sobre reduzir essas 400 ppm para 300 ppm. A única maneira de fazer isso é encontrando formas de retirar o dióxido de carbono da atmosfera e devolvê-lo para debaixo da terra.

Uma das estratégias conhecidas é o reflorestamento. Mas a plantação de novas florestas é um esforço ainda muito circunscrito. Reflorestar o mundo reduziria o conteúdo de dióxido de carbono da atmosfera. Há esquemas pontuais de reflorestamento e, no hemisfério Norte, houve inclusive um aumento líquido na quantidade de áreas cobertas por florestas. As grandes regiões problemáticas, contudo, são as florestas tropicais da Amazônia, em Sumatra, Bornéu e na África, que foram incrivelmente atacadas. O desmatamento da Amazônia e do Sudeste Asiático continua acelerado. A eleição de Bolsonaro, no Brasil, representa algo análogo à eleição de Trump: trata-se de um projeto político que não dá a mínima para essa "baboseira" de mudança climática e promove um ataque à Amazônia a fim de abri-la ao agronegócio, à monocultura de soja, à pecuária e tudo mais. Logo, a luta pela proteção da floresta tropical e pelo reflorestamento é um dos campos cruciais de ação política.

Outra possibilidade é recorrer a formas de cultivo que absorvem o dióxido de carbono e o devolvem para debaixo da terra. Não sou nenhum perito no assunto e só fiquei sabendo dessa alternativa há pouco tempo, por isso vale a pena pesquisá-la mais a fundo. Ao que parece, ela permite depositar o dióxido de carbono cerca de quinze centímetros debaixo do solo. Se a terra for arada nessa profundidade, no entanto, ele é novamente liberado. Teria, portanto, de haver uma mudança radical na tecnologia e nas técnicas agrícolas pra evitar essa liberação. Contudo há também certos cultivos que depositam o dióxido de carbono quase dois metros debaixo do solo; são plantações que têm sistemas de raízes profundas que recolhem o dióxido de carbono e o depositam nessa profundidade. Se formos capazes de cultivar plantas desse tipo, seria possível começar um processo de extrair o dióxido de carbono da atmosfera e devolvê-lo ao solo.

Essa é uma possibilidade muito importante. Como fazer, contudo, para que os agricultores se engajem nessa proposta? Quais seriam as implicações de um projeto desses? Que impacto ele teria na agricultura? Há aqui um sinal de esperança. Na União Europeia, e também nos Estados Unidos, há programas que pagam os agricultores para não cultivarem nada, porque já há excedente agrícola. Isso significa retirar algumas terras da atividade produtiva. Dessa maneira, em vez de pagá-los para não cultivarem nada, por que não pagar para que cultivem esses tipos de vegetação que absorvem dióxido de carbono e o devolvem ao solo? E quanto disso teríamos que fazer para conseguir baixar as concentrações de 400 ppm para 300 ppm? Não tenho essa resposta, mas posso dizer que são técnicas e tecnologias desse tipo que precisam ser mobilizadas. Assim, em termos de produção de emissões de gases do efeito estufa, precisamos refletir seriamente sobre como retirar o dióxido de carbono da atmosfera e devolvê-lo para debaixo da terra. A única outra alternativa futurista é projetar e construir enormes máquinas de extração de carbono que o enterrariam.

Foi assim que o gráfico de concentrações de dióxido de carbono ao longo dos últimos 800 mil anos mudou tudo na minha visão de mundo. Eu considerava que a questão da mudança climática era algo que poderia ser manejado por meio de técnicas normais e intervenções sensatas. Depois de tomar conhecimento dessas informações, passei a reconhecer a necessidade de uma transformação radical de todas as nossas formas de pensar, todos os nossos modos de fazer e viver, não só em termos de reduzir o nosso consumo de combustíveis fósseis e nossa taxa de emissões de carbono, mas também buscando seriamente encontrar maneiras de retirar o dióxido de carbono da atmosfera e devolvê-lo a debaixo da terra.

Precisamos levar mais a sério o problema das mudanças climáticas – e elaborar formas de controlar e conter o aumento contínuo das emissões de dióxido de carbono, em especial na China e nos mercados emergentes de todo o mundo. É certo que quando os governos dos Estados Unidos, da Inglaterra ou da Europa repreendem a industrialização da China e dos países emergentes de modo geral, tais países têm toda razão de se queixar de certa hipocrisia. Afinal, os países desenvolvidos promoveram esse tipo de industrialização por um século até atingirem seu atual patamar de desenvolvimento. No entanto, é fato que as emissões de carbono provenientes da Índia, da China, do Brasil e da Turquia têm aumentado bastante. Precisamos, portanto, encontrar uma forma de promover um desenvolvimento econômico que não seja baseado na intensificação de carbono e no uso crescente de combustíveis fósseis.

Há uma emergência que nossa reflexão e nossas práticas econômicas e políticas precisam abordar. Repare, no entanto, que o grande problema de fundo em tudo isso é a acumulação de capital. Foi, afinal, o impulso de acumulação de capital na China que exigiu que o país se desenvolvesse daquela maneira. Se o que garantiu a sobrevida do capitalismo global pós crise de 2007-2008 foi em larga medida a expansão radical da China e dos mercados emergentes, que produziu um surto nas emissões de gases do efeito estufa, isso significa que temos uma situação na qual a sobrevivência do capitalismo dependia de um projeto expansionista em todos esses países às custas de um aumento acelerado nas emissões de dióxido de carbono. Mas volto a insistir: o problema são as concentrações já existentes. A comunidade global precisa enfrentar esse problema o mais rapidamente possível – e isso não tem como acontecer sem colocar em questão a força motriz por trás de tudo, a saber, as taxas exponenciais da infindável acumulação de capital.

15
Taxa *versus* massa de mais-valor

Marx nos introduz à ideia de valor logo no primeiro capítulo do Livro I d'*O capital*. Ele o define como tempo de trabalho socialmente necessário. Quando trabalho esse capítulo em sala de aula, sempre aparece um estudante para perguntar: "O que acontece no caso de uma empresa que não emprega mão de obra alguma? Para Marx ela não produz valor?". Essa questão tem se tornado cada vez mais importante nos últimos anos, ainda mais com a perspectiva de que a inteligência artificial poderá assumir muitas das atividades atualmente realizadas por trabalho humano. É uma questão perfeitamente compreensível. Mas ela tem uma resposta intrigante, na qual quero me deter um pouco neste momento.

Em um capítulo posterior do Livro I d'*O capital*, Marx examina a relação entre a taxa e a massa de mais-valor*, indagando se afinal os capitalistas estariam mais interessados na massa ou na taxa de extração de mais-valor. Muitas pessoas já familiarizadas com a obra marxiana tendem a pensar que os capitalistas dão mais importância à taxa, porque tais leitores sabem que depois Marx vai falar da queda tendencial da taxa de lucro. Isso, contudo, é só no Livro III. No primeiro livro d'*O capital* o foco principal de fato é a massa de mais-valor, porque é ela que confere aos capitalistas o seu poder. Elevar a taxa de lucro, no fundo, é simplesmente uma forma de aumentar a massa.

Marx ainda destrincha outra contradição nesse mesmo primeiro capítulo do Livro I. Permita-me citar o trecho, porque ele está muito atento, penso eu, à maneira pela qual o tempo de trabalho socialmente necessário depende da natureza da

---

* Karl Marx, *O capital: crítica da economia política*, Livro I: *O processo de produção do capital* (trad. Rubens Enderle, São Paulo, Boitempo, 2013), cap. 9. (N. E.)

tecnologia e da natureza do processo de trabalho. Mais para o final desse capítulo, Marx observa como as massas de valor e mais-valor produzidas por diferentes capitais variam conforme a mão de obra empregada, o que sinaliza uma contradição.

> Qualquer um sabe que um fiador de algodão, que, calculando a porcentagem do capital total aplicado, emprega muito capital constante e pouco capital variável, não embolsa, por causa disso, um lucro ou mais-valor menor do que um padeiro que põe em movimento muito capital variável e pouco capital constante. Para a solução dessa contradição aparente, são necessários muitos elos intermediários.[1]

Quando Marx diz algo assim, pode ter certeza que em algum outro lugar de sua vasta obra haverá uma solução a essa contradição particular – se não propriamente uma resolução, ao menos uma elaboração que dará conta de explicar o funcionamento da contradição.

Sabemos que quando Marx estava escrevendo o Livro I d'*O capital* ele já tinha redigido os rascunhos que se tornaram a base do Livro III. Assim, de imediato pulamos para o Livro III para ver o que ele tem a dizer a esse respeito. A resposta aparece no capítulo sobre a equalização da taxa de lucro*. O que interessa aos capitalistas, ao operarem no mercado, é a taxa de lucro – e não propriamente a taxa de mais-valor absoluto, que mede a exploração do trabalho vivo na produção. Uma vez que os capitalistas competem entre si pela taxa de lucro, a tendência, no longo prazo, é que haja uma convergência e que se produza uma taxa de lucro padrão para todas as empresas, independente de estarem empregando muita ou pouca mão de obra.

Se assim for, significa que o que efetivamente acontece é uma transferência de valor das empresas, regiões e setores envolvidos em atividades intensivas em trabalho para as empresas, regiões e setores em que há modos de produção intensivos em capital. Em outras palavras, há uma transferência de valor das formas de produção intensivas em trabalho para as formas de produção intensivas em capital. Esse processo é às vezes apelidado de "comunismo dos capitalistas". Seu lema é: *de cada capitalista conforme a mão de obra empregada; para cada capitalista conforme o capital adiantado*. Há de fato um subsídio sendo transferido das formas de produção e economias intensivas em mão de obra para as empresas e economias intensivas em capital. Essa transferência de valor ocorre por meio da concorrência pela taxa de lucro no mercado. Trata-se de um efeito natural de mercados perfeitamente concorrenciais e é uma das descobertas mais significativas de Marx.

---

[1]   Ibidem, p. 378.

*   Karl Marx, *O capital: crítica da economia política*, Livro III: *O processo global da produção capitalista* (trad. Rubens Enderle, São Paulo, Boitempo, 2017), cap. 10, p. 207-34. (N. E.)

Esse achado levanta alguns temas interessantes. Por exemplo, se você tiver que decidir qual modalidade de industrialização quer para seu país – intensiva em trabalho ou intensiva em capital –, a questão é que, se optar por formas intensivas em trabalho, acabará transferindo valor para economias organizadas em torno de formas de produção intensivas em capital. A escolha sensata, portanto, seria evitar se industrializar de acordo com um modelo intensivo em trabalho. Uma economia que exemplifica isso muito bem é a de Singapura. Quando foi expulso da Federação da Malásia no início dos anos 1960, o país foi obrigado a repensar seus rumos e a refletir sobre o tipo de estratégia industrial que seria adotado. A decisão foi evitar atividades intensivas em mão de obra – caminho trilhado por Hong Kong, por exemplo – e investir em atividades intensivas em capital. Foi o que fizeram. Singapura é um ótimo exemplo das vantagens de apostar em formas de produção intensivas em capital. Isso explica por que tantas economias que ingressam no mercado mundial por meio de processos de industrialização intensivos em mão de obra permanecem pobres (como no caso de Bangladesh), ou então buscam fazer a transição para formas econômicas intensivas em capital (como fizeram Japão, Coreia do Sul, Taiwan e, agora, China).

Essa transferência de valor – que nada mais é que um processo de subvenção – é algo que precisa ser estudado. Por intermédio da equalização da taxa de lucro, ocorre uma transferência de valor das economias e empresas intensivas em mão de obra para as economias e empresas intensivas em capital. Essa transferência é uma constante e ajuda a explicar por que economias de baixa produtividade – quando inseridas em uma situação de concorrência com economias altamente produtivas – acabam subsidiando as economias mais intensivas em capital. Por exemplo, quando a Grécia entrou para a União Europeia, o país tinha uma economia intensiva em mão de obra e de baixa produtividade, comparada à Alemanha, que tem uma economia intensiva em capital. O resultado é que a Grécia de fato subsidia a Alemanha. Uma afirmação dessas decerto causaria espanto em muitos alemães, pois a visão mais corrente no país é a de que o motivo pelo qual eles estão tendo que emprestar dinheiro a um país mais pobre como a Grécia, é que os gregos seriam preguiçosos, improdutivos e culturalmente atrasados. O problema da Grécia, todavia, é que o país tem um regime de trabalho de baixa produtividade. Isso significa que não importa o quão duro os gregos trabalhem, a maior parte do valor criado escoará para a Alemanha através de mecanismos de livre-mercado que tendem a equalizar a taxa de lucro. Livre-comércio não é, de forma alguma, comércio justo.

É assim que nossa economia global funciona, e hoje estamos começando a testemunhar algo muito importante: uma batalha em torno da intensidade de capital em que as economias disputam quem terá permissão para se tornar intensiva em capital. Em breve voltarei a abordar os mecanismos por meio dos quais essa disputa se dá. Por ora, vale assinalar que o fundamental aqui é que há muito tempo a China se organizou como uma economia intensiva em mão de obra, mas há pouco anunciou que pretende fazer a passagem para um modelo mais intensivo em capital. Se eles conseguirem, isso mexerá no fluxo de transferência de valor que atualmente corre da China para as economias europeias e estadunidense, intensivas em capital. Há uma batalha sendo travada entre Trump e os chineses em torno de tecnologia e direitos de propriedade intelectual. Tecnologia, evidentemente, anda de mãos dadas com intensidade de capital. Por isso, os Estados Unidos estão tentando impedir a transferência de *know-how* tecnológico para a China, para garantir que os chineses permaneçam uma economia intensiva em mão de obra. A China, no entanto, já não tem mais condições de sustentar um modelo intensivo em trabalho, em parte por motivos demográficos – o país tem se deparado com problemas de escassez de mão de obra – e em parte por outras razões ligadas à natureza do mercado.

As formas de produção mais intensivas em trabalho estão saindo da China e se deslocando para países como Camboja, Laos, Vietnã e até mesmo Bangladesh. Aqui é instrutivo comparar a trajetória de um país como Singapura, por exemplo, que optou por um caminho intensivo em capital, com a de Bangladesh, que trilhou um modelo intensivo em trabalho, como mencionado. De cara constatamos que Bangladesh é uma economia muito problemática e que não está indo nada bem, mesmo produzindo bastante valor em virtude de toda a mão de obra que emprega. Já Singapura está auferindo bastante valor, mesmo sem empregar tanta mão de obra. Tem ocorrido uma transferência de valor de economias como a de Bangladesh para economias como a de Singapura. Parte da atual tensão entre os Estados Unidos e a China se deve a essa transferência de capital. O objetivo dos chineses é fazer a passagem para uma economia intensiva em capital até 2025, o que evidentemente os colocaria em posição de rivalidade com os Estados Unidos. Trump parece determinado a detê-los.

Dentro dos círculos marxistas, em geral se reconhece a importância dessa questão. No entanto, Michael Roberts escreveu há pouco um texto em seu blog se queixando de que "a transferência de valor das economias capitalistas pobres, com patamares inferiores de tecnologia, às economias imperialistas ricas, tem sido em larga medida negligenciada por economistas marxistas ultimamente"[2]. Eu gostaria, portanto, de sublinhar a importância dessa transferência de valor dos setores da economia intensivos em trabalho para os setores intensivos em capital. Quais são as suas implicações? A principal delas é uma tendência de que as regiões intensivas em capital aumentem ainda mais a sua intensidade de capital. Trata-se de uma

---

[2]   Michael Roberts, "Imperialism and profitability at Lille", *Michael Roberts blog: Blogging from a Marxist economist,* 7 jul. 2019, disponível on-line.

tendência que o economista sueco Gunnar Myrdal já havia identificado nos anos 1940 – um pensador keynesiano, diga-se de passagem, e não marxista. Ele apontou os mecanismos pelos quais, sob condições de livre-comércio e equalização de lucros, as regiões mais ricas enriquecem ainda mais, ao passo que as regiões mais pobres permanecem estagnadas ou entram em declínio. O nome que Myrdal deu para esse processo é "causação circular cumulativa". Ele ocorre, na explicação dele, porque o capital é inevitavelmente atraído para os setores, cidades e regiões dinâmicos, de modo a drenar os setores, cidades e regiões menos dinâmicos de sua riqueza, população, recursos, talentos e habilidades.

O próprio Marx já havia identificado essa dinâmica ainda no século XIX. Esta citação, por exemplo, é do segundo livro d'*O capital*:

> essa facilidade específica do intercâmbio e a rotação acelerada do capital daí decorrente (na medida em que a rotação é condicionada pelo tempo de curso) promove, inversamente, uma concentração acelerada do centro de produção, por um lado, e de seu mercado, por outro. Juntamente com a concentração, assim acelerada, de massas de homens e de capitais em pontos determinados, avança a concentração dessas massas de capital em poucas mãos.[3]

Ou seja, é como se quase pudéssemos escutar, nas economias capitalistas, um certo som de sucção; um som que expressa como o valor está sendo chupinhado de diversas partes do mundo e aglutinado em áreas de grande intensidade de capital e vantagem tecnológica. Há uma forte tendência – e vejo que esse é um fenômeno da economia capitalista contemporânea que está sendo muito comentado – de os grandes centros metropolitanos (como Nova York, Chicago e São Francisco) acabarem atraindo todo o talento, todo o capital, tornando-se assim os eixos do dinamismo e do crescimento mundiais e ainda os centros nos quais grandes fortunas pessoais serão feitas. Se observarmos os Estados Unidos, por exemplo, veremos que cerca de dois terços do PIB do país são gerados em uma dúzia dos maiores centros metropolitanos. As metrópoles se tornaram ímãs irresistíveis tanto para o capital quanto para talentos.

Esse é um processo interessante de sublinhar porque os economistas clássicos (e depois os neoclássicos também) ancoram seus argumentos na suposta neutralidade do mercado, na igualdade e justeza que seriam inerentes a ele. O que se constata, contudo, é como os mercados, mesmo operando perfeitamente, se revelam injustos uma vez que a taxa de lucro se equaliza. Em outras palavras, o fenômeno da equalização da taxa de lucro demole o pressuposto de que um sistema de mercado

---

[3] Karl Marx, *O capital: crítica da economia política*, Livro II: *O processo de circulação do capital* (trad. Rubens Enderle, São Paulo, Boitempo, 2014), p. 345.

poderia ser justo. Daria inclusive para ir além e afirmar que talvez a forma mais injusta de organizar um sistema capitalista seria garantindo um sistema de mercado perfeitamente operante no qual ocorre a equalização da taxa de lucro, pois assim ele preserva a aparência de ser igualitário e justo quando, na realidade, não o é. Esse é um caso clássico em que vale a máxima "não há nada mais desigual do que tratar desiguais como iguais". A equalização da taxa de lucro produz desenvolvimento geográfico desigual de riqueza e poder.

Quando ocorre então a equalização da taxa de lucro? É preciso analisar essa questão historicamente. Marx, com efeito, afirma que tal equalização cria estruturas injustas de comércio nas quais as regiões ricas enriquecem e as regiões pobres ficam ainda mais pobres; em que os Estados ricos enriquecem ainda mais e os Estados pobres empobrecem ainda mais. O argumento dos economistas neoclássicos é o de que o livre-mercado equivale a um comércio justo e que, portanto, uma situação dessas só pode produzir resultados igualitários; ao passo que o argumento de Marx vai na direção oposta, ao insistir que essa configuração produz formas altamente concentradas de riqueza e privilégio. Logo, um sinal de que a equalização da taxa de lucro está ocorrendo é uma crescente desigualdade regional, nacional e social.

A verdade é que na época de Marx não havia um sistema tão bom de equalização da taxa de lucro, porque para muitas mercadorias os custos de transporte eram muito elevados e havia várias tarifas e barreiras comerciais. Na década de 1860, a capacidade de equalização da taxa de lucro não era tão robusta – mesmo na esfera local, que dirá em nível internacional. Ela foi ganhando força com as inovações nas comunicações e nos transportes. A chegada das ferrovias, dos navios a vapor e do telégrafo significava que poderia haver pelo menos uma equalização dos preços das principais mercadorias em todo o mundo. Comerciantes londrinos teriam informações sobre o preço do trigo em Buenos Aires, Odessa e Chicago, por exemplo.

Se o avanço nos transportes e comunicações promoveram uma aproximação da equalização da taxa de lucro, o que vemos depois, porém, é a construção de um sistema global de comércio que vai na direção contrária. Em 1944, o acordo de Bretton Woods estipulava que o capital não podia circular de maneira desimpedida pelo mundo em função de um conjunto de políticas macroeconômicas de controle de capitais. A economia estadunidense não era propriamente uma economia fechada, mas tampouco era uma economia aberta, uma vez que, na prática, era difícil movimentar o capital para dentro ou para fora do país. Ou seja, naquela época era possível, em certo grau, encarar a economia estadunidense mais ou menos como uma economia encerrada em si mesma. Havia trabalhadores lutando por vantagens no interior daquela economia, o movimento trabalhista se organizava dentro dela. A própria organização da produção no interior daquela economia podia desenvolver um caráter monopolista. Aliás, em sua obra clássica sobre o tema, Paul Sweezy e Paul A. Baran inclusive citam Detroit como um ótimo exemplo de capitalismo monopolista*. Naquele caso, tratava-se de uma situação em que havia apenas três grandes empresas que puxavam os preços e ainda estavam interligadas entre si. Para Sweezy e Baran, esse era um exemplo típico usado para falar de estruturas monopolistas. Nos anos 1960 não havia concorrência por parte de empresas, digamos, alemãs ou japonesas; isso só foi acontecer mais tarde, nas décadas de 1970 e 1980.

Os trabalhadores estadunidenses lutavam por vantagens no interior do seu país; assim como ocorria na Inglaterra, na França e na Alemanha. Podíamos falar de uma classe trabalhadora alemã, uma classe trabalhadora francesa, uma classe trabalhadora inglesa e uma classe trabalhadora estadunidense. Cada uma dessas classes trabalhadoras podia lutar por vantagens no interior de um terreno definido, porque elas estavam em larga medida protegidas de terem que competir com trabalhadores de todas as outras economias do mundo por conta do sistema de controle de capitais. Esse sistema durou até a quebra do sistema de Bretton Woods em 1971, com a retirada do lastro em ouro do dólar. Depois disso, os trabalhadores repentinamente se viram tendo que competir com todas as outras forças de trabalho do resto do mundo. Até então, sua única concorrência vinha da organização de ondas imigratórias. A Alemanha importou mão de obra turca, a França importou mão de obra do Norte da África – os trabalhadores magrebinos –, os suecos importaram mão de obra da Iugoslávia e de Portugal, os ingleses importaram mão de obra de suas antigas regiões imperiais, do Sul da Ásia e das Índias Ocidentais, e os Estados Unidos abriram seu sistema de imigração em 1965.

Durante a década de 1960, o principal problema para os trabalhadores vinha da forma pela qual o capital estava instrumentalizando a imigração a fim de minar tanto as leis trabalhistas quanto o poder dos trabalhadores. Isso acabou incitando certos sentimentos xenófobos no interior de muitos dos movimentos de classe trabalhadora na Europa e, em determinada medida, até mesmo nos Estados Unidos. Hoje, é claro, estamos vendo todo um reavivamento desse tipo de sentimento. No entanto, nos anos 1970, de uma hora para outra os controles de capitais foram abolidos e o capital passou a poder se movimentar livremente de uma parte do mundo para outra. À supressão das barreiras do controle de capitais somaram-se reduções nos custos de transporte e comunicações mais avançadas, de modo a tornar o capital altamente móvel. Por fim, depois da década de 1980, em particular, começamos a ver o surgimento de uma situação na qual a equalização da taxa de lucro se torna cada vez mais significativa.

---

* Paul Sweezy e Paul A. Baran, *Capitalismo monopolista: ensaio sobre a ordem econômica e social americana* (trad. Waltensir Dutra, Rio de Janeiro, Zahar, 1966). (N. E.)

168 / Crônicas anticapitalistas

O que estou sugerindo aqui, portanto, é que durante boa parte do século XIX, e no fundo até o final do período do acordo de Bretton Woods, faltavam as condições históricas para que a equalização da taxa de lucros ocorresse de maneira plena. Nesse sentido, o que realmente marcou o sentido da onda de globalização a partir da década de 1980 é que a equalização da taxa de lucro passou a poder ocorrer. Isso significa que durante esse período é provável que vejamos bem mais transferências de valor indo de economias intensivas em mão de obra para economias intensivas em capital. Em outras palavras, passou para o primeiro plano a distinção entre economias intensivas em mão de obra e economias intensivas em capital. Ela agora se tornou, em consequência, um foco de luta, uma batalha ferrenha para tentar impedir que certas regiões do mundo se tornem intensivas em capital. É isso que os Estados Unidos estão tentando fazer em relação à China na atualidade.

Por que é que os Estados Unidos estão tão incomodados com o fato de que a China quer se tornar uma economia intensiva em capital até 2025? Por que estão tão incomodados com as transferências tecnológicas que têm ocorrido em benefício da China? E por que, afinal, há essa grande disputa em torno de direitos de propriedade intelectual (o principal fator de atrito nas atuais tratativas com os chineses)? Ora, historicamente o contraste entre economias intensivas em mão de obra e economias intensivas em capital não era tão significativo, embora Marx já tivesse percebido sua importância e relevância no plano teórico quando escreveu *O capital* ainda em meados do século XIX. Hoje, contudo, chegamos a um ponto em que aquilo que Marx via como uma possível característica de uma economia capitalista em estado puro efetivamente se realizou. É por isso que estamos assistindo a esse conflito entre Estados Unidos e China em torno da questão da tecnologia.

16
ALIENAÇÃO

O conceito de alienação tem uma história um tanto ambígua no interior da esquerda. Tenho, no entanto, um ótimo motivo para querer reavivá-lo. Considero que ele tem grande relevância para nos ajudar a compreender as relações entre política e economia. Parte da razão por trás desse estatuto ambíguo é que ele remete a certo idealismo. Explico. Marx, no seu período de juventude, gostava de falar de alienação. O conceito tinha uma função proeminente no seu pensamento quando escreveu os *Manuscritos econômico-filosóficos* de 1844*. Naquela época, contudo, a definição de alienação que ele utilizava baseava-se na ideia de que nossa realidade cotidiana não estava de acordo com nossa potencialidade espiritual enquanto gênero humano. Sua noção de humanidade era um tanto idealista naquele período, um idealismo que sustentava seu conceito de ser genérico. Seu argumento era o de que o capital estava nos impedindo de realizar a perfeição da qual éramos capazes dado o nosso ser genérico.

Embora se tratasse de um conceito idealista, utópico, a alienação desempenhava uma função muito importante na definição dos sentimentos subjetivos de perda e separação que surgiam no seio da classe trabalhadora em relação à dominação do capital. Como conceito científico, portanto, não era completamente desprezível. A questão é que ele repousava em uma concepção um tanto humanista do que os seres humanos são capazes de fazer e de como o sistema de mercado, no qual a classe capitalista detinha o poder, frustrava esse potencial. Essa ideia de alienação nos escritos de juventude era problemática até mesmo para o próprio Marx. No final dos anos 1840, ele já propunha uma interpretação diferente, que não

---

* Karl Marx, *Manuscritos econômico-filosóficos* (trad. Jesus Ranieri, São Paulo, Boitempo, 2004). (N. E.)

170 / Crônicas anticapitalistas

dependia mais da concepção idealista de ser genérico. Ele passou a ancorar sua obra cada vez mais em uma investigação histórica dos conceitos e de como eles seriam reflexos das relações realmente existentes sob o capitalismo. Marx estava procurando desenvolver uma abordagem mais científica na qual a alienação, como conceito idealista, já não se encaixava tão bem. Por esse motivo, surgiu uma tendência, no interior da história do marxismo, de apagar a alienação das formas científicas do marxismo. Defendida, no campo da teoria, por autores como Louis Althusser, e, no campo da política, pelos partidos comunistas europeus da época, essa tendência ganhou muita força nos anos 1960 e 1970. Era um apagamento que seguia de perto as doutrinas comunistas promovidas pela União Soviética naquele momento.

A partir dos anos 1960, o marxismo foi em larga medida abandonando o conceito de alienação, sob a justificativa de que se tratava de um conceito não científico e inverificável; não era considerado parte do que uma ciência socialista e comunista deveria ser[1]. No entanto, o argumento de que o próprio Marx teria abandonado o conceito de alienação no final da década de 1840 não coaduna muito bem com o fato de que em 1857-1858 ele escreveu os *Grundrisse*, que retomam esse conceito de maneira muito expressiva*. Nesse texto, porém, o conceito assume uma forma muito diferente, desempenha uma função bem diversa e tem, portanto, um significado muito diferente daquele transmitido nos manuscritos de 1844.

Nos *Grundrisse*, o conceito aparece da seguinte maneira: se nos tornamos separados de algo que nos pertence, e perdemos controle sobre esse algo, nos tornamos alienados dele. Marx argumenta que o próprio ato de intercâmbio de uma pessoa para outra significa que há uma alienação de uma mercadoria, à medida que ela é trocada. A alienação tem um significado técnico. Mais que isso: à medida que você constrói um entendimento sobre como funciona o sistema de mercado, esse significado técnico adquire sentidos mais amplos.

Marx examina, nos *Grundrisse*, como o trabalhador é alienado do processo de trabalho. Alienado no seguinte sentido: ele é empregado pelo capital e produz uma mercadoria, mas no fundo não tem poder algum sobre a mercadoria produzida, tampouco nenhum direito ao valor incorporado nela. A força de trabalho que o trabalhador fornece é alienada de seu produto. Essa é uma alienação técnica que repousa no fato de que a mercadoria e o valor criado pelo trabalhador pertencem ao capital. Além disso, o próprio controle sobre o processo de trabalho é retirado das mãos do trabalhador. O trabalhador que detém suas ferramentas e habilidades

---

[1] Há exceções, evidentemente. Entre elas, poderíamos citar nomes como Erich Fromm, Raya Dunayevskaya e Herbert Marcuse, por vezes descritos justamente como "marxistas humanistas".

* Karl Marx, *Grundrisse: manuscritos econômicos de 1857-1858. Esboços da crítica da economia política* (trad. Mario Duayer e Nélio Schneider, São Paulo, Boitempo, 2011). (N. E.)

ainda tem certo poder de definir como as coisas serão produzidas. Contudo, com a introdução da maquinaria e a consolidação do sistema fabril, o trabalhador se torna cada vez mais um apêndice da máquina, alienado tanto do processo de trabalho, quanto de seu produto. O processo de trabalho, os produtos do trabalho e o valor neles embutidos: tudo isso é alienado do trabalhador. Essa perda está na base de uma bandeira política segundo a qual nós devemos inventar um tipo de sociedade na qual os trabalhadores possam reivindicar os direitos sobre o valor e a mercadoria que produzem.

A alienação, entretanto, não atinge apenas o trabalhador. Marx argumenta que o capitalista também experimenta um problema semelhante. O capitalista, ao menos na teoria burguesa, é um indivíduo jurídico livre, dotado de direitos de propriedade privada, que pratica comércio em um sistema de mercado igualitário. O ponto de partida para a acumulação de capital é uma situação na qual o capitalista tem a "liberdade de escolher", como diria Milton Friedman, isto é, uma situação na qual ele goza da liberdade de escolha e do igualitarismo próprios da troca mercantil. Marx precisa então dar conta de explicar como esse sistema de mercado, que ele admite ser baseado na universalidade da igualdade e da liberdade, acaba por se verter em desigualdade e ausência de liberdade, até mesmo para os capitalistas. Sua resposta é que os indivíduos não controlam o sistema de mercado. Na verdade, esse sistema força os capitalistas a desempenharem certas atividades, independentemente da sua vontade. As "leis compulsórias da concorrência" regem os comportamentos dos capitalistas individuais, que, portanto, não são exatamente livres para escolher[2]. O mercado disciplina-os a fazer isto ou aquilo. Neste ponto, a visão de Marx de certa forma vai ao encontro à de Adam Smith, o qual argumentava que o mercado tinha o poder de combinar a totalidade das motivações e desejos empresariais, de modo que as motivações individuais no fundo eram irrelevantes para o resultado. Afinal, era a "mão invisível do mercado" que decidia o que seria produzido, em que quantidade, de que forma, quanto custaria e assim por diante. A diferença é que Adam Smith simplesmente presumia que o resultado seria benéfico para todos – conclusão que Marx contestou e refutou de maneira decisiva em *O capital*. Mas tanto Marx quanto Smith concordavam que os capitalistas também eram alienados do seu produto.

Nos *Grundrisse* Marx explica como o trabalho alienado e o capital alienado se encontram no processo de trabalho. Essa dupla alienação tem caráter fundante no modo de produção capitalista. A alienação está, portanto, embutida no seio do sistema capitalista. Ela retorna como um conceito científico-chave na construção

---

2   Karl Marx, *O capital: crítica da economia política*, Livro I: *O processo de produção do capital* (trad. Rubens Enderle, São Paulo, 2013), p. 391.

de uma teoria crítica do capital. Althusser defendeu de maneira muito influente a tese de que há uma ruptura epistemológica na obra marxiana a partir de 1848, quando Marx abandona a linguagem da alienação e passa a desenvolver uma crítica da economia política na qual esse conceito já não tem mais lugar. No entanto, a recuperação que Marx faz do conceito em 1858 poderia indicar uma forma de reincorporá-lo à nossa compreensão da economia política.

O conceito de alienação que aparece na versão de 1858 já é muito diferente daquele que Marx havia mobilizado em 1844. Isso fica bastante evidente no capítulo de *O capital* que trata da jornada de trabalho*. Ali, vemos que o capitalista emprega o trabalhador por determinado período de tempo, valendo-se da sua força de trabalho como uma mercadoria cujo valor de uso é a capacidade de criar valor. O trabalhador recebe o valor de troca equivalente ao valor da força de trabalho como uma mercadoria e o capitalista estica a jornada de trabalho de modo a gerar um mais-valor (a base do lucro). O mais-valor é trabalho apropriado pelo capital. Essa é a alienação experimentada pelo trabalhador. As leis coercitivas da concorrência pressionam os capitalistas a maximizarem a exploração da força de trabalho que empregam. Se eu só empregar meus trabalhadores por seis horas diárias enquanto meu concorrente estiver colocando os funcionários dele para trabalhar por oito horas diárias pagando o mesmo salário, muito em breve vou acabar indo à falência. Logo, os capitalistas farão de tudo para esticar a jornada de trabalho até onde conseguirem para não ficarem para trás na concorrência. Independentemente de serem pessoas boas ou más, essa pressão da concorrência força todos os capitalistas individuais a tensionar ao máximo a jornada de trabalho – a não ser que haja algum outro mecanismo que lhes imponha limites nesse quesito. Esse mecanismo é a legislação estatal que controla a extensão da jornada de trabalho e define seus parâmetros. Quando o Estado estipula uma jornada de trabalho de dez ou oito horas, ou então uma semana de quarenta horas de trabalho, coloca um teto na exploração de trabalho que decorre da dupla alienação de trabalho e capital no processo de trabalho.

Podemos, porém, levar mais longe a questão da alienação e indagar: em que medida o trabalhador de fato obtém satisfação com o processo de trabalho e com as mercadorias que produz? Aqui voltamos ao lado subjetivo das coisas, que Marx abordou lá em 1844. Porque quando ele começa a falar sobre o capital ser regido por abstrações, praticamente não sobra espaço para a crítica enquanto as ideias dominantes forem as ideias da classe dominante. Essa perspectiva, contudo, se choca com a percepção dos trabalhadores, sua experiência de serem explorados. Os sentimentos subjetivos de alienação voltam à cena. As pessoas que trabalham se sentem alienadas pelas suas condições de emprego, alienadas pelo fato de que

---

* Ibidem, cap. 8, p. 305-74. (N. E.)

o trabalho que realizam não é devidamente remunerado, alienadas por não terem nenhum controle sobre o processo de produção, uma vez que ele é regulado a partir de fora por meio da dinâmica da maquinaria. O tempo do trabalhador é alienado pelo capital porque o regime temporal é ditado pelas condições laborais no interior do processo de trabalho. Em todos esses sentidos, daria para dizer que as condições da alienação se encontram latentes no interior de qualquer força de trabalho, e que há o potencial de que elas sejam expressas, politicamente, na forma de uma oposição por parte dos trabalhadores e de uma crescente consciência de classe a respeito de sua condição subjetiva. Neste ponto, portanto, volta à cena a subjetividade da alienação, descrita nos *Manuscritos econômico-filosóficos*. Não se trata mais, porém, da alienação em relação às nossas plenas potencialidades enquanto gênero humano, e sim uma alienação produzida pelo desgaste diário de ir trabalhar todo dia em longas jornadas, recebendo uma remuneração ínfima. Não ser tratado com dignidade e respeito é o golpe mais cruel de todos. Logo, é provável que as condições de trabalho ensejem sentimentos políticos de alienação. A atual intensificação de sentimentos de descontentamento anticapitalista exige que reacendamos e revitalizemos o conceito de alienação nas nossas reflexões e na nossa política.

A alienação tem poderosas consequências subjetivas. É muito difícil imaginar uma força de trabalho que esteja profundamente engajada com o que está acontecendo se ela se sentir alienada. A condição subjetiva de alienação cria uma distância entre o processo de trabalho e o sentimento de satisfação e de orgulho que ele poderia gerar para o trabalhador. Isso não significa que seja impossível que os trabalhadores sintam qualquer tipo de satisfação. É possível que os próprios trabalhadores organizem processos de trabalho de modo a torná-los interessantes e garantir que haja um sentimento de valor pessoal vinculado à atividade realizada. Os trabalhadores muitas vezes exibem um sentimento de orgulho pelo trabalho que fazem. Há forças de trabalho empregadas sob o capital que gozam de algum grau de contentamento. Os próprios capitalistas por vezes elaboram estratégias para tentar estimulá-lo. Trata-se daquilo que no jargão empresarial se denomina "eficiência-x": a gestão busca desenvolver certas relações sociais no interior da força de trabalho, ou entre a força de trabalho e os seus supervisores e os capitalistas, como forma de tentar compensar um pouco a alienação. Nos anos 1970, por exemplo, algumas montadoras automotivas implementaram os chamados "círculos de qualidade" nos quais os trabalhadores se reuniam para decidir por conta própria como seria organizado seu trabalho no chão de fábrica. Uma concorrência amistosa entre equipes de trabalho animava o local de trabalho. Havia situações nas quais dava para dizer que os trabalhadores talvez se sentissem um pouco menos alienados em termos das condições subjetivas, por mais que, é claro, ainda vigorasse a alienação objetiva, de base.

No geral, contudo, permanece uma insatisfação profunda e generalizada com as condições do processo de trabalho sob o capitalismo. Há pesquisas que indicam que cerca de 50% ou 70% da força de trabalho estadunidense ou não se interessa pelo próprio trabalho, ou está pouco se lixando para ele, ou então simplesmente o odeia. Isso é da natureza do processo capitalista de trabalho, porque, tal como o trabalhador, o capitalista individual também não tem a liberdade de escolher fazer algo muito diferente disso. Há uma proliferação de processos mecanizados e automatizados de trabalho, por meio dos quais os trabalhadores deixam de desempenhar qualquer papel verdadeiramente criativo ou interessante. São esses os processos de trabalho mais lucrativos que os capitalistas bem ou mal acabam sendo obrigados a introduzir. Considero não ser por acaso que aqueles círculos de qualidade que surgiram nos anos 1970 tenham desaparecido na década seguinte ante o acirramento da concorrência entre as diferentes montadoras automotivas. O capital não escolhe livremente qual tecnologia será adotada, nem as condições de trabalho que irá impor sobre a força de trabalho quando ela adentrar os portões da fábrica.

Para além disso, é claro, também precisamos reconhecer os impactos do surgimento de novas divisões de trabalho, bem como do desaparecimento de muitos postos de trabalho fabris e sua substituição por empregos um tanto desprovidos de sentido no setor de serviços, ou por trabalhos de limpeza que não têm praticamente nenhum conteúdo real em termos de satisfação física. Com a presença crescente da automação e, mais recentemente, da inteligência artificial nos processos laborais, parece cada vez mais improvável que surjam estruturas de trabalho capazes de proporcionar alguma satisfação aos trabalhadores. Com efeito, poderíamos dividir o trabalho na nossa sociedade, grosso modo, em duas categorias: de um lado, o trabalho mental mais desafiador, e, do outro, o trabalho manual mais rotineiro no chão de fábrica e em muitos setores de serviços, como bancos e assim por diante.

Precisamos nos debruçar mais detidamente sobre as condições contemporâneas de trabalho. Afinal, quanta alienação há no mundo hoje? Existe um sentimento generalizado e crescente de alienação em relação às estruturas de emprego e em relação à precarização cada vez maior do trabalho? O grau de satisfação ligado ao processo de trabalho diminuiu? Em certo sentido, daria para argumentar que uma economia socialista seria uma tentativa de minimizar o trabalho alienante de tal forma a reduzi-lo a algo automatizado – por exemplo, repassar esse trabalho todo à inteligência artificial e dispensar as pessoas de realizarem tarefas rotineiras chatas, liberando assim tempo para que todos possamos fazer o que quisermos. Com efeito, um dos grandes indicadores de uma sociedade socialista é a abundância de tempo livre para todos; uma sociedade na qual as pessoas estejam emancipadas de vontades e necessidades e se vejam capazes de viver naquele mundo que Marx descreveu quando afirmou que "o reino da liberdade só começa onde cessa o trabalho determinado pela necessidade e pela adequação a finalidades externas"[3]. A implicação é a de que, se conseguirmos suprir todas as necessidades, cuidar de todo o trabalho alienante por intermédio da automação, reduzir os empregos alienantes a apenas algumas horas por semana ou algo assim, no resto do tempo ficaremos livres para fazer o que quisermos da maneira que bem entendermos.

A alienação no processo de trabalho reaparece, portanto, nos escritos marxianos de crítica da economia política, como os *Grundrisse*. Além disso, por mais que a palavra alienação praticamente não compareça em *O capital*, o *fato* da alienação está por toda parte naquela obra. Marx está preocupado com a forma pela qual os trabalhadores são transformados em apêndices das máquinas; com o fato de que eles perderem controle de seus meios de produção e passarem a ser controlados por estes. Marx também fala sobre a alienação relacionada à maneira pela qual a jornada de trabalho é estruturada; sobre alienação em termos da tomada de decisões no processo de trabalho. Com efeito, ele reaviva tacitamente as categorias às quais recorreu nos *Manuscritos econômico-filosóficos*. Marx sublinha como o trabalhador não tem controle sobre o valor nem sobre a mercadoria que produz, os quais pertencem ao capital; os trabalhadores não controlam o processo de trabalho. Essa alienação é importante. Para além dela, ele nos fala também de uma relação alienada com a natureza. O extrativismo na relação metabólica com a natureza está cada vez mais intenso. O capital, desimpedido, destrói as duas principais fontes de sua própria riqueza: o trabalhador e o solo.

Todas as formas de alienação descritas nos *Manuscritos econômico-filosóficos* estão presentes em *O capital*, só que agora incorporadas na compreensão científica do processo de acumulação de capital. Tanto o trabalhador quanto o capitalista são alienados, movidos por abstrações e pelas leis de movimento do capital que são fetichizadas e objetificadas pelas ideias dominantes da classe dominante. Essa é uma faceta da questão da alienação que precisa ser reconhecida como ainda mais relevante no mundo de hoje. Ela é a fonte de muitos descontentamentos atuais.

*

Até agora, nossa discussão se centrou na alienação no processo de trabalho. Observamos a dimensão dessa alienação em relação às transformações nas divisões do trabalho, à epidemia de empregos desprovidos de sentido e ao aumento dos problemas decorrentes das tensões na relação capital-trabalho e da intensificação do extrativismo da natureza. A partir das décadas de 1960 e 1970, muitos trabalhadores

---

[3] Idem, *O capital: crítica da economia política*, Livro III: *O processo global da produção capitalista* (trad. Rubens Enderle, Boitempo, 2017), p. 882.

foram tomando consciência da sua alienação e se engajaram cada vez mais ativamente em tentativas de fazer algo a respeito. Surgiram demandas de reestruturar os processos de trabalho de modo a torná-los menos alienantes, de criar conselhos operários de chão de fábrica, de construir cooperativas e outras formas de associação de trabalhadores para organizar a produção de uma maneira muito diferente.

Alguns marxistas, tais como André Gorz, argumentaram que essa era uma batalha perdida e que havia outra coisa igualmente importante acontecendo. Essa outra coisa era a seguinte: os levantes de 1968 se concentraram nas demandas da juventude por liberdade individual e justiça social. A resposta da classe capitalista e das corporações foi tentar satisfazer essas reivindicações dedicando uma atenção mais detida às vontades, necessidades e desejos da geração mais jovem, e reestruturando o consumismo em torno dos temas da liberdade de escolha e da expressão cultural. Disso saiu a teoria e prática daquilo que poderíamos denominar "consumismo compensatório". Trata-se de uma espécie de acordo faustiano entre capital e trabalho. Basicamente, o capital admitiu que não tinha condições de proporcionar processos de trabalho adequados aos trabalhadores, mas propôs compensar isso ao oferecer uma cornucópia de produtos de consumo baratos, com a promessa de que estes supririam todos os seus desejos imagináveis e inimagináveis de felicidade delirante. Os trabalhadores continuariam tendo uma experiência miserável durante a jornada de trabalho, porém, quando saíssem do processo de trabalho e voltassem para casa, teriam acesso a prateleiras e mais prateleiras de mercadorias e a todo esse universo de gozo e liberdade de escolha na esfera do consumismo.

É nesse contexto que surge o projeto de criar uma classe trabalhadora razoavelmente afluente. A ideia de um consumismo compensatório ganhou muita tração e as décadas de 1970 e 1980 foram palco de um enorme surto de novas formas de consumismo. O elemento mais importante dessa onda é que não se tratou de um consumo de massas no sentido tradicional do termo. Boa parte do consumo era nichado. Com efeito, o capital respondeu a nichos de consumo e, em muitos casos, até criou novas segmentações de marcado. O resultado foi uma fragmentação social. Ao explorar, e em alguns aspectos, moldar políticas identitárias e guerras culturais, promoveram-se diferenciações de estilo de vida e diferentes formas de expressão cultural, sexualidade e assim por diante.

As corporações viram o consumismo compensatório como uma das respostas ao problema das alienações que estavam sendo experimentadas no local de trabalho. O pressuposto do consumismo compensatório, no entanto, é que haja uma demanda efetiva, isto é, ele exige que os consumidores tenham dinheiro suficiente para irem às lojas e comprarem tudo que quiserem. Aqui, a resposta capitalista não foi tanto a de elevar os salários, mas a de agir na outra ponta para reduzir o custo dos bens de consumo. Embora os salários permanecessem estagnados, o poder de compra aumentou por conta do declínio geral nos custos dos bens de consumo (muitos dos quais passaram a ser produzidos na China, com mão de obra barata). Assim, era possível uma melhora no bem-estar material das classes trabalhadoras mesmo diante de um cenário de estagnação salarial. Outro fator que pesou nesse sentido foi que os lares conseguiram aumentar sua renda familiar por conta da entrada de grande número de mulheres na força de trabalho, em parte devido a mudanças culturais (dentre as quais os próprios estímulos do consumismo), em parte devido à proliferação de tecnologias e serviços voltados para poupar trabalho na esfera doméstica. Mas aqui também chega um ponto em que não fica claro se o consumismo compensatório realmente funciona.

Quando atentamos para o lado do consumidor do sistema capitalista, vemos que o capital transforma vontades, necessidades e desejos de modo a criar o tipo de mercado que o dito "consumo racional" exige – racional do ponto de vista do capital, é claro. A verdade, contudo, é que o consumismo compensatório não tem funcionado muito bem. Por algumas razões. A primeira é que no decorrer dos anos 1980 a classe trabalhadora afluente começou a ser golpeada pela automação e pela revitalização *high-tech* da manufatura. À medida que o "trabalhador afluente" (e o perfil era em larga medida masculino mesmo), como ele era chamado no início da década de 1980, sofria esse cerco, o poder sindical foi sendo minado de uma série de maneiras – tanto por investidas políticas quanto pela substituição da classe trabalhadora fabril pela automação, em um processo que tornava os trabalhadores cada vez mais redundantes. O declínio do poder de compra de grandes segmentos da população deixou-os muito às margens desse consumismo compensatório. Além disso, aqueles que ainda eram contemplados por esse consumismo começaram a experimentar certas frustrações no que diz respeito à qualidade dos produtos que efetivamente lhes estavam sendo oferecidos.

Há uma história interessante sobre o lado das vendas desse processo. Lembro de quando li *O paraíso das damas*, um romance de Émile Zola sobre as novas lojas de departamento criadas na Paris do Segundo Império*. Mouret, o proprietário ficcional de uma loja como a Le Bon Marché, explica "o mecanismo do grande comércio moderno" para um barão (inspirado, muito obviamente, em Haussmann):

> no pico da mecânica mercantil vinha a exploração da mulher. Tudo convergia para isso: o capital incessantemente renovado, o sistema de acúmulo de mercadorias, os preços baixos que atraem, a marcação em cifras conhecidas que tranquiliza. Era a mulher que os magazines disputavam, a mulher que capturavam na armadilha de seus preços,

---

* Ver David Harvey, *Paris, capital da modernidade* (trad. Magda Lopes, São Paulo, Boitempo, 2014), cap. 13. (N. E.)

178 / Crônicas anticapitalistas

depois de tê-las atordoado diante das vitrines. Os grandes magazines haviam despertado novos desejos na carne feminina, eram uma tentação constante, à qual a mulher sucumbia fatalmente, cedendo inicialmente a suas compras de boa dona de casa, conquistada em seguida pela vaidade, e finalmente devorada. Ao decuplicar as vendas, ao democratizar o luxo, essas lojas se tornavam um terrível agente de gastos, devastavam os lares, tirando proveito da loucura da moda, cada vez mais cara. [...] "Domine a mulher" – disse baixinho ao barão – "e venderá o mundo!"[4]

Essa ideia de fisgar as mulheres como consumidoras é uma forma generificada de armar a questão. Sempre penso nessa passagem quando entro numa loja de departamento porque as primeiras coisas com as quais você logo se depara em quase todas elas são perfumes, bolsas e produtos femininos. Você precisa subir até o quarto piso para chegar aos artigos masculinos. Portanto esse imperativo de fisgar as mulheres continua importante. A partir de 1945, no entanto, surgiu outra linha: a de fisgar as *crianças* como consumidores. Essa forma de consumismo se tornou ainda mais virulentamente exploradora e, à sua maneira, alienante.

Até que ponto o consumismo compensatório promove satisfação? Para começar, muitos dos produtos eram um tanto de má qualidade e vários acabavam quebrando. Isso também é conveniente porque não é do interesse do capital a existência de produtos muito duráveis, pois isso se traduz em uma saturação do mercado. Trata-se da lógica da obsolescência programada. O consumismo compensatório significou criar novas modas, se possível diariamente, e fabricar todo tipo de produto pouco durável. Isso produz um dinamismo nos mercados de consumidor que pode se tornar cansativo e frustrante. Além do mais, muitas das tecnologias domésticas supostamente poupadoras de tempo e trabalho acabam se mostrando bem pouco eficazes nesse sentido.

Lembro aqui do comentário irônico que Marx dirige a John Stuart Mill em *O capital*. Como vimos no capítulo 10, Mill se perguntava por que as novas tecnologias fabris não estavam aliviando a carga de trabalho, mas pelo contrário, pioravam ainda mais o fardo do trabalhador. Marx responde que isso não é nenhum espanto, afinal o propósito dessas inovações tecnológicas nunca foi aliviar a carga de trabalho, e sim aumentar a taxa de exploração da força de trabalho[5]. Penso que algo

---

[4] Émile Zola, *O paraíso das damas* (trad. Joana Canêdo, São Paulo, Estação Liberdade, 2008), p. 112.

[5] "John Stuart Mill, em seus *Princípios da economia política*, observa: 'É questionável que todas as invenções mecânicas já feitas tenham servido para aliviar a faina diária de algum ser humano'. Mas essa não é em absoluto a finalidade da maquinaria utilizada de modo capitalista. Como qualquer outro desenvolvimento da força produtiva do trabalho, ela deve baratear mercadorias e encurtar a parte da jornada de trabalho que o trabalhador necessita para si mesmo, a fim de pro-

análogo vale para muitas das novas tecnologias domésticas voltadas para o consumo. Todo lar tinha que ter uma geladeira, um lava-louças, uma máquina de lavar roupas, uma televisão, computadores com videogames, telefone móvel e assim por diante. Isso absorvia boa parte da capacidade produtiva excedente que estava se acumulando no interior da economia capitalista. Ou seja, o papel desses produtos domésticos e bens de consumo duráveis era menos facilitar a vida doméstica e mais conseguir criar e expandir um novo mercado no mais curto prazo possível. Até porque a maioria dos produtos costuma ter cada vez menos durabilidade. Precisamos trocar de computador a cada três ou quatro anos; e de celular a cada dois anos.

Hoje o capital desenvolveu um tempo de rotação muito rápido no consumo, inclusive a ponto de começar a cultivar formas de consumo praticamente instantâneas e não excludentes. É preciso um investimento elevado de capital para produzir, digamos, uma série da Netflix, mas essa série pode ser consumida instantaneamente por uma vasta população; e ela tem caráter não excludente, isto é, o fato de eu assistir a ela não impede que outra pessoa faça o mesmo. Começam a mudar as formas de consumismo. Em vez de fabricar coisas que duram bastante tempo e que satisfazem uma necessidade específica, como facas, garfos, pratos e coisas assim, cria-se uma enorme indústria do espetáculo. Fico fascinado quando de repente vejo a quantidade de novos filmes que são lançados, a maior parte dos quais sequer ouvi falar, mas cuja produção absorve uma enorme quantidade de capital. Isso alimenta um mercado consumidor instantâneo, ou de curtíssimo prazo. Você assiste a um episódio de uma série da Netflix e é isso, pronto, ele foi consumido, e então você passa ao próximo. É a lógica do consumismo de maratonar séries. A lógica dos *reality shows* passa a dominar a ponto do próprio noticiário se converter em um espetáculo de consumo, com desastrosas consequências políticas. Todo o universo do consumidor está passando por mudanças e transformações. Mas não está sendo transformado de uma maneira necessariamente mais satisfatória. O consumismo compensatório também pode se tornar alienante.

Pense, por exemplo, no crescimento do turismo. O turismo é hoje, evidentemente, uma enorme indústria que concentra uma quantidade vultosa de investimentos. Turismo significa que as pessoas visitarão um lugar e, efetivamente, consumirão a experiência daquele lugar, aquela "vista". Depois irão passar para o lugar seguinte, e assim por diante. Essa é uma forma particularmente interessante de consumo instantâneo. No entanto, cada vez mais o turismo tem todo tipo de efeito negativo. Se você tiver a expectativa de ir a algum lugar tranquilo e silencioso, pode acabar se deparando com um lugar apinhado de gente. Quantos pontos

---

longar a outra parte de sua jornada, que ele dá gratuitamente para o capitalista. A maquinaria é meio para a produção de mais-valor." Karl Marx, *O capital*, Livro I, cit., p. 445.

180 / Crônicas anticapitalistas

turísticos hoje não se tornaram impossíveis de aproveitar por conta do franco volume de turistas? Estive há pouco em Florença e não via a hora de sair de lá. O turismo excessivo simplesmente destruiu as qualidades da cidade. Algumas cidades têm tentado controlar o turismo desenfreado. Barcelona, por exemplo, sofre desse problema de excesso de turistas. Eles estão tentando reduzir a quantidade de Airbnbs e de construção de hotéis porque o caráter da cidade está começando a se desfazer e ela vai ficando cada vez menos interessante para visitantes, e cada vez mais insuportável para os moradores locais. Quem vai querer ir para um lugar lindo para ficar espremido numa multidão de pessoas zanzando por aí, comendo cachorro-quente e hambúrguer e bebendo Coca-Cola?

Há, portanto, formas de consumismo que em determinado momento pareceram oferecer algumas qualidades compensatórias, mas que já não dão mais conta de nos satisfazer. O resultado é que o consumismo compensatório passa a produzir uma alienação generalizada. Os dois elementos fundamentais da nossa vida – a vida cotidiana que levamos nos nossos espaços de residência e o ritmo diário de trabalho em que estamos empenhados – oferecem cada vez menos satisfações significativas, mesmo quando a lista de possibilidades extravagantes se multiplica. As insatisfações indicam que há algo errado nos rumos que a nossa sociedade está tomando. Se você fizesse a pergunta: "A nossa sociedade está caminhando em uma direção boa ou ruim?", a maior parte das pessoas responderia negativamente. Onde estão as instituições para nos proteger desse processo? Que instituições seriam essas? Da mesma maneira que a extensão da jornada de trabalho passou por uma regulamentação, não existiria também algum meio de controlar as formas desregulamentadas de produção e de consumo que hoje imperam na sociedade?

O lado político das coisas foi de mal a pior. Por isso penso que a questão da alienação está se tornando cada vez mais relevante. Se há populações alienadas de suas vidas cotidianas e de seus potenciais prazeres, bem como de seu trabalho, isso significa que elas provavelmente procurarão instituições, meios políticos ou outras formas de responder a essas insatisfações. A ascensão da religião – em particular do cristianismo evangélico e de formas radicais de islamismo – é uma das respostas à falta de sentido na vida cotidiana e no trabalho do dia a dia. Além disso, é claro, há um vasto poço de descontentamento com um processo político que funciona conforme as ideias dominantes de uma classe dominante, em que tudo se resume à eficiência do mercado e do capital, relegando ao terreno da irrelevância ou da impertinência a responsabilidade pelo ambiente, pela cultura e por tudo que não se reduza ao economicismo estreito.

Surgem situações em que há alienação dos processos de trabalho, alienação generalizada no que diz respeito ao consumismo contemporâneo, alienação em relação ao processo político, alienação em relação a muitas daquelas instituições que tradicionalmente nos ajudaram a lidar com as coisas e proporcionaram sentido à vida. Tudo isso cria uma combinação aterradora. Quando você tem populações alienadas simplesmente sentadas ali, descontentes, vivendo em um estado passivo--agressivo de afastamento em relação ao processo social, incapazes de se importar com qualquer coisa porque tudo parece desprovido de sentido, essa é uma situação perigosa. Em um mundo eivado de múltiplas alienações, a raiva oculta torna-se palpável, basta uma faísca para que ela exploda em tumulto e transborde em violência desestruturada.

Populações alienadas são vulneráveis e suscetíveis a mobilizações súbitas e imprevisíveis. É aí que vem para o primeiro plano a questão de determinar quem seria o culpado pelo mal-estar generalizado. O capital, que controla as ideias dominantes através da hegemonia da mídia, garante que ele mesmo será o último a ser culpabilizado. Segue-se assim uma busca para encontrar outros culpados, tais como imigrantes, preguiçosos, pessoas diferentes de mim (e de você), pessoas que ofendem a moral e os bons costumes, pessoas que não partilham das minhas perspectivas religiosas e assim por diante. Isso tipicamente conduz a certa instabilidade política e mesmo a confrontos violentos. É o que agora vemos despontar por todo o mundo com o surgimento de políticos autoritários. São figuras que emergem das sombras e subitamente capturam a raiva das massas. Esses novos líderes, geralmente carismáticos, parecem tentar se apoderar da raiva dessas populações alienadas, seduzi-las a deixarem que seu descontentamento seja por eles canalizado, como se isso oferecesse uma solução para seus problemas. Imigrantes, minorias, pessoas racializadas, feministas, socialistas, secularistas: todos esses grupos são alinhavados como bodes expiatórios. O resultado, em suma, é o tipo de política que vemos cada vez mais à nossa volta.

Sei que essa é uma representação demasiadamente simplista da nossa atual situação, mas penso que há certa virtude nessa crueza. Culpe toda e qualquer coisa que não seja o capital, o deus sagrado do nosso universo social. Acontece que o capital atingiu hoje uma posição terminal em termos da sua dinâmica da acumulação, pautada por um crescimento exponencial contínuo: vemos desigualdades sociais explodindo, aprofundamento da escravidão por dívida, aumento da escravidão salarial e deterioração acelerada das condições ambientais. Está em queda livre a capacidade das pessoas se sustentarem recorrendo a formas de consumismo compensatório raso e gestos vazios de inclusão. As frustrações são múltiplas.

É preciso retomar o conceito de alienação no debate político. Sem ele, é impossível compreender o que está acontecendo na política. Populações inteiras essencialmente cederam às suas condições alienadas. Modos de vida inteiros estão desmoronando e sendo abandonados. No seu rastro, vemos fenômenos de drogadição e alcoolismo, dependência de opioides e assim por diante. As expectativas de vida estão despencando em muitas partes do mundo, mesmo na Inglaterra e em diversas partes dos Estados Unidos. Um mal-estar generalizado assola as populações, que se sentem alienadas, abandonadas e negligenciadas. Elas sentem que só lhes resta apostar as suas últimas fichas no apoio a algum líder carismático capaz de liberar e canalizar a sua raiva latente. Estamos vendo a emergência de movimentos populistas de extrema direita em todo o mundo. A situação no Brasil, por exemplo, é desastrosa. Não é só Bolsonaro. A sociedade como um todo deu uma enorme guinada à direita e o capital está se valendo dessas circunstâncias para reestabelecer seu poder na base de uma política autoritária, neofascista. A mesma coisa está acontecendo na Hungria e na Polônia, há gestos nesse sentido na Alemanha e na França, temos Modi na Índia, Erdoğan na Turquia, Sisi no Egito, Duterte nas Filipinas.

Está surgindo todo tipo de forma política desastrosa. Precisamos examinar as condições econômicas e políticas que as ancoram. Os movimentos políticos ameaçadores de direita precisam ser cortados na raiz. Mas isso requer a criação de uma outra economia política que combine uma compreensão das causas basilares desse mal-estar. Sem uma transformação revolucionária, contudo, e se permanecerem desimpedidos, o processo social hegemônico e suas concepções mentais dominantes nos afundarão ainda mais nas entranhas do autoritarismo fascista. Os desfechos são potencialmente trágicos. Embora sejam muitos os elementos que contribuem para nossa presente situação, será impossível escapar das nossas atuais dificuldades sem uma exploração rigorosa das estruturas de alienação nas quais estamos imersos.

17
ALIENAÇÃO NO TRABALHO: A POLÍTICA
DE UM FECHAMENTO DE FÁBRICA

Tive o privilégio de passar um final de semana em Chicago, junto com a artista LaToya Ruby Frazier*. Ela trabalha com fotografia há alguns anos e é bem conhecida em círculos culturais. Mais recentemente, LaToya decidiu investigar e registrar o impacto sobre os trabalhadores do fechamento da fábrica da General Motors em Lordstown. O anúncio de que a fábrica fecharia as suas portas veio entre o Dia de Ação de Graças e o Natal de 2018. Foi uma surpresa e um choque e tanto porque para muitos trabalhadores a impressão era a de que a General Motors estava indo muito bem. A montadora tinha uma taxa de lucro elevada, dispunha de enormes recursos e ainda assim estava fechando uma fábrica que produzia o Chevrolet Cruze, o compacto da GM. LaToya decidiu ir a Lordstown para tentar captar um pouco do impacto que esse fechamento teria para os trabalhadores e suas famílias.

Quando chegou lá, é claro, LaToya logo percebeu que não era bem-vinda pela General Motors. Ela teve a sua entrada na fábrica barrada e inclusive ouviu algumas coisas um tanto ameaçadoras dos seguranças da empresa. O fato de ter sido obrigada a fazer seu trabalho longe do local imprimiu uma coloração especial ao resultado artístico. Afinal, ela acabou trabalhando não só com operários fabris individuais, mas também com a família deles, em seus lares. As famílias, nesse caso, seriam seriamente afetadas pelo processo. Quando foi anunciado o fechamento, a empresa

---

* Um encontro público com a artista ocorreu em 21 de setembro de 2019, por ocasião da abertura da exposição *The Last Cruze* no museu The Renaissance Society, localizado na Universidade de Chicago. No ano seguinte, o projeto foi publicado em forma de livro: LaToya Ruby Frazier, Karsten Lund e Solveig Øvstebø (eds.), *LaToya Ruby Frazier: The Last Cruze* (Chicago, The Renaissance Society/University of Chicago Press, 2020). (N. E.)

prometeu encontrar empregos para os trabalhadores em outros locais no interior do sistema da General Motors. Mas ninguém sabia exatamente para onde poderia acabar sendo realocado, onde poderia ter que ir trabalhar. O que se seguiu, portanto, foi um período de silêncio. Em seguida, os trabalhadores receberam uma carta informando o local designado e comunicando que eles tinham quatro dias para decidir se queriam ser transferidos para lá ou se preferiam simplesmente se desligar por completo da General Motors, renunciando, ato contínuo, a todos os seus benefícios trabalhistas. Eles tinham um prazo de quatro dias para tomar essa decisão; e mais três semanas para completar a mudança para o novo local. Imagine o que isso significava para uma família em que, digamos, o pai ou a mãe era funcionário da fábrica. Será que você leva a família toda? Filhos, avós, agregados? Ou só o membro da família que trabalha para a GM vai? Quão longe a família ficaria separada? Mil quilômetros? Mil e quinhentos quilômetros?

O efeito foi bastante draconiano. LaToya testemunhou um processo decisório muito doloroso, registrando a angústia gerada nas crianças (de repente confrontadas com o fato de que passariam a ver um de seus pais apenas uma vez a cada três semanas, por exemplo, pois ele seria transferido para uma fábrica em outro estado). Ou então os trabalhadores podiam optar por se mudar com a família toda, sacrificando assim todas as suas relações sociais e redes de apoio. A imposição de uma decisão tão rápida provocou um impacto traumático nessas pessoas, e o ensaio fotográfico retrata isso muito bem. Mas as imagens também fazem outra coisa. O que LaToya queria fazer não era apenas nos oferecer um registro e um ensaio fotográficos. Por meio de uma série de entrevistas, ela também deu voz às famílias, deu expressão a seus sentimentos, criando um retrato de como elas estavam processando esse tratamento particularmente brutal por parte da empresa e respondendo a ele.

A fábrica da General Motors em Lordstown foi inaugurada no final dos anos 1960. Naquela época, havia toda uma movimentação no sentido de propiciar um processo de trabalho que fosse mais amistoso aos trabalhadores, e a unidade de Lordstown foi vendida como um experimento especial de relações trabalhistas industriais. Houve uma tentativa de dar aos trabalhadores um maior investimento participativo no processo de trabalho. Essa fábrica foi criada em um momento em que a literatura especializada falava muito de uma tal de "eficiência-X". A ideia, grosso modo, era a de que uma força de trabalho menos alienada seria muito mais eficiente e eficaz do que uma força de trabalho mais alienada que não se importasse com seu envolvimento na produção. Na época, algumas montadoras automotivas tentaram fomentar uma nova estrutura de relações de trabalho, na qual o que se destacava era a participação, a colaboração e a cooperação dos trabalhadores – e não apenas a sua repressão e dominação, como tinha sido a norma no processo de trabalho fabril capitalista desde os seus primórdios.

Alienação no trabalho / 185

Sherria Duncan sentada à sua mesa de cozinha, em Austintown (OH), ao lado de sua mãe, Waldine Arrington, sua filha, Olivia, e seu marido Jason. Contratada em 1970, "na primeira leva de mulheres de Lordstown", Waldine trabalhou 34 anos no complexo da GM: "montei vans, carros, trabalhei com carroceria, chassi... fiz tudo menos pintura e acabamento". Todos sindicalizados pela United Auto Workers (UAW), Sherria trabalhou por 23 anos na fábrica e Jason (que também era representante sindical adjunto) por 19 anos, ambos nos setores de acabamentos e pintura.

Parte do ensaio fotográfico *The Last Cruze*, de LaToya Ruby Frazier. A reprodução é cortesia da artista e da Galeria Gladstone.

186 / Crônicas anticapitalistas

Isso foi possível por conta da situação particular e peculiar da indústria automotiva da década de 1960. O setor estava consolidado em três grandes empresas automotivas: General Motors, Ford e Chrysler. A literatura especializada da época descrevia essa situação como uma forma clássica de capital monopolista. Tecnicamente, as três montadoras não constituíam um monopólio, mas sim um oligopólio: eram só algumas poucas firmas, mas elas praticavam liderança de preço e eram geralmente vistas como dominantes na economia estadunidense. Naquele momento, não havia empresas estrangeiras: não havia nenhuma Toyota, Volkswagen nem BMW para lhes fazer frente. Como mencionei no capítulo anterior, no estudo clássico de Sweezy e Baran sobre o tema, as montadoras de Detroit aparecem como um bom exemplo de como o capital monopolista realmente funcionava: por meio de práticas de colaboração de preços, liderança de preços e fixação de preços. Isso proporcionava às empresas automobilísticas certa margem de manobra para negociar com os sindicatos.

Com o fortalecimento do sindicato de trabalhadores automotivos nas décadas de 1950 e 1960, surgiu um processo chamado "negociação de painel". Os trabalhadores automotivos efetivamente escolheriam uma das montadoras para tentar renegociar seus contratos trabalhistas, incrementá-los por meio da inclusão de cláusulas de custo de vida, por exemplo, segundo as quais os salários aumentariam caso o custo de vida subisse. Se o sindicato conseguisse fechar um acordo com a Ford, por exemplo, eles iriam às outras montadoras exigir condições semelhantes. As outras empresas acabavam seguindo o exemplo, mas não à risca, para evitar possíveis conflitos com a legislação antitruste e ainda poder alegar estarem em situação de concorrência. Na prática, contudo, as montadoras não estavam competindo tanto assim e os trabalhadores podiam contar com contratos razoavelmente compatíveis e favoráveis. Digo "razoavelmente favoráveis" em um sentido bastante qualificado, porque sempre houve muita luta, muita batalha em torno das condições de trabalho no chão de fábrica, das taxas salariais, do emprego de grupos étnico-raciais minorizados e assim por diante; havia fortes movimentos de trabalhadores no setor automotivo. Por exemplo, grupos como o Dodge Revolutionary Union Movement (DRUM) [Movimento Sindical Revolucionário da Dodge], de Detroit, e depois a League of Revolutionary Black Workers [Liga de Trabalhadores Negros Revolucionários] estavam de fato fazendo pressão para que as montadoras fossem ainda mais longe na época.

Na década de 1960, portanto, as corporações tinham interesse em tentar colaborar com os trabalhadores e trazê-los a bordo. Esse interesse em governar não apenas por coerção, mas também por consenso, envolvia ceder aos trabalhadores algum controle sobre certos aspectos do processo de trabalho: atribuição de tarefas e coisas do tipo. A fábrica de Lordstown foi criada como uma experiência inovadora de processo de trabalho com ênfase no consenso, ainda que do ponto de vista do capital. A força de trabalho desenvolveu, assim, uma relação especial com a fábrica e esta ficou marcada como uma unidade especial da General Motors. Curiosamente, o experimento de Lordstown parece ter fracassado em seus objetivos imediatos por um motivo muito interessante. As evidências sugerem que as montadoras tinham razão em acreditar que, se os trabalhadores passassem a participar da concepção e do desenho das atribuições do processo de trabalho, esse envolvimento maior se traduziria em um ganho de eficiência e em um sentimento de orgulho diante da sua situação e dos produtos do seu trabalho. Era um trabalho menos alienado. Por outro lado, isso também significava que os trabalhadores estavam mais envolvidos na determinação das condições em que a produção se dava e, uma vez engajados nessa dinâmica, eles passaram a querer ter cada vez mais voz ativa nesse sentido. Lordstown se tornou um centro de militância de trabalhadores, precisamente por conta da consciência e do engajamento avançados dos trabalhadores. Eles eram conscientes de quem estava no controle e, à medida que se sentiram ligeiramente empoderados, começaram a pensar ainda mais sobre o que esse empoderamento poderia significar. Assim, a fábrica de Lordstown, que foi pensada para ser um modelo de empreitada colaborativa, tornou-se um espaço militante de luta.

O que LaToya descobriu foi que a tradição de orgulho em relação ao processo de produção, o orgulho de fazer parte daquela experiência, nunca desapareceu. Por isso o fechamento da fábrica foi um duplo choque. Não era simplesmente que a fábrica estava fechando as suas portas: era todo um modo de vida, todo um modo de ser que estava de repente sendo posto em xeque. O fechamento foi traumático em vários níveis. Ele abalou a vida familiar e as relações sociais comunitárias. Representou também a perda de uma experiência de engajamento em um processo de produção do qual as pessoas tinham certo orgulho. Uma vez que os trabalhadores se orgulhavam da excelência do seu trabalho e do seu produto, ficou duplamente difícil aceitar o fato de que a fábrica fecharia as suas portas.

Curiosamente, o fechamento se deve em parte à incoerência das políticas econômicas do próprio Trump, que havia sido eleito prometendo ajudar os trabalhadores fabris de colarinho azul. Acontece que um dos motivos pelos quais a fábrica de Lordstown tinha ficado aberta era a existência de uma regulamentação que impedia as grandes montadoras de concentrarem sua produção em SUVs, que eram sucesso de vendas, em detrimento da produção de automóveis compactos menos rentáveis economicamente, mas também menos nocivos ao meio ambiente. A fábrica de Lordstown produzia o Cruze, o modelo compacto da General Motors, conforme exigia a regulamentação. Porém, quando Trump se livrou dessa regulamentação, a General Motors deixou de precisar produzir carros compactos. Ou seja, na sua tara antiambientalista de desregulamentar tudo, Trump acabou se livrando da legislação que estava preservando os empregos em Lordstown. Essa perda de postos de trabalho de colarinho azul foi, portanto, parcialmente obra de Donald J. Trump.

Outra parte importante dessa história é que a dinâmica de controle de capitais do sistema Bretton Woods tinha efetivamente protegido a estrutura oligopolista das três grandes montadoras de Detroit contra a concorrência estrangeira durante a década de 1960. Ou seja, o capital não entrava nem saía dos Estados Unidos de maneira completamente livre e desimpedida. Claro, isso não quer dizer que não havia nenhuma movimentação de capitais acontecendo; apenas que os diferentes Estados-nação eram territórios muito protegidos no interior dos quais podiam se formar estruturas quase monopólicas. O território protegido dos Estados Unidos permitiu que as três grandes montadoras automotivas dominassem. Contudo, por uma série de motivos o controle de capitais foi abandonado em 1971. O efeito foi abrir o mercado estadunidense para o capital estrangeiro, permitindo que montadoras de fora entrassem no país e competissem com o oligopólio de Detroit. No final dos anos 1970 e início da década seguinte, houve uma enorme onda de investimentos estrangeiros. Foi quando as montadoras japonesas e alemãs entraram no país e quebraram a estrutura monopólica das empresas de Detroit, em particular no que diz respeito ao carro compacto. Os japoneses tinham um produto superior e mais barato.

De uma hora para outra, na década de 1980, Detroit se viu enfrentando dificuldades econômicas por conta da forte concorrência estrangeira. Nesse contexto, as grandes montadoras estadunidenses abandonaram suas estratégias colaborativas com os trabalhadores e passaram a adotar uma linha mais coercitiva. No caso de Lordstown, no entanto, implementar uma estratégia mais coercitiva significava enfrentar uma força de trabalho consciente, militante e combativa. A própria literatura sobre relações de trabalho sofreu uma mudança perceptível. No final dos anos 1960 e começo dos 1970, muito se falava sobre círculos operários e círculos de produção na indústria automotiva, às vezes inclusive com o apoio do próprio Departamento de Trabalho dos Estados Unidos. No final da década de 1970 e início da década seguinte, no entanto, a literatura especializada abandonou tudo isso, e a mensagem geral passou a girar em torno da necessidade de devolver a classe trabalhadora a seu devido lugar; houve um foco cada vez maior na importância de criar sistemas de trabalho muito mais coercitivos. O resultado foi que o capital passou a enxergar os trabalhadores como uma força de trabalho descartável que pode facilmente ser jogada de um lado para outro, de modo que as relações de trabalho no chão de fábrica sofrem uma verdadeira transformação.

Quatro décadas de neoliberalismo depois, vem a crise de 2007-2008. A situação criou dificuldades agudas para as montadoras. O poder de consumo nos Estados Unidos despencou durante a crise imobiliária. Sete milhões de famílias perderam suas casas, o que significava que essas pessoas também não estavam comprando carros novos. A General Motors quase faliu. Na verdade, ela tecnicamente foi à falência, tendo de ser socorrida. A montadora foi efetivamente nacionalizada por um breve período, no qual o governo assumiu a empresa e a socorreu. Ela também foi resgatada pelos trabalhadores que concordaram em renegociar seus contratos. Esse foi um momento importante. Os operários automotivos de fato salvaram seus próprios empregos ao socorrerem a empresa que os empregava. Para tanto, reduziram suas demandas salariais e seu acesso a benefícios como saúde e previdência. Chegou-se a um acordo com o sindicato, que dividiu a força de trabalho em duas categorias. Os trabalhadores mais velhos permaneceram com seus contratos-padrão vigentes, mantendo seus benefícios salariais, mas sobretudo previdenciários e de plano de saúde. Já as contratações mais recentes da General Motors caíram em uma segunda categoria contratual, que não tinha a mesma remuneração salarial nem os mesmos benefícios de saúde e previdência. Passou a haver, dessa forma, dois grupos diferentes de pessoas trabalhando lado a lado, fazendo as mesmas tarefas, porém sob condições contratuais diferentes. Com efeito, a força de trabalho mais veterana, na categoria sênior, permaneceu no sistema antigo, ao passo que os jovens que chegavam tinham que aceitar as novas condições contratuais, muito mais modestas. Foi essa combinação de intervenção estatal e concessões sindicais que resgatou a General Motors do apuro em 2007-2008. Foi por conta desse efeito duplo que hoje a empresa é uma das mais rentáveis do país.

Nas conversas com LaToya, os trabalhadores frequentemente desabafavam que não conseguiam compreender por que a fábrica de Lordstown tinha que ser fechada uma vez que eles haviam sido tão generosos com a empresa. Afinal, em um momento de apuro, eles tinham aberto mão de tantos ganhos duramente conquistados a fim de socorrer a empresa; e justamente agora que estava incrivelmente lucrativa, a General Motors de repente os tratava como se não fossem nada, como se fossem trabalhadores descartáveis, e não uma força de trabalho leal que tinha se sacrificado para salvar a fábrica. Além disso, parecia particularmente cruel o prazo de apenas quatro dias para decidir sobre a transferência para uma fábrica em outro estado, como Missouri, Minnesota, ou onde quer que fosse. E a cereja do bolo: se eles recusassem a transferência, estariam abrindo mão de todos os seus benefícios. Imagine o estresse que um ultimato como esse não gera. Você tem benefícios previdenciários e um plano de saúde familiar, e de repente se depara com o fato de que, se não topar ser transferido para uma fábrica localizada a mil ou mil e quinhentos quilômetros de distância da sua cidade, você e sua família perderão tudo isso. O que você faz? Como se organiza? Como discute a questão? E você só tem quatro dias para refletir e tomar uma decisão. Para mim, essa situação é absolutamente inconcebível. Infelizmente, ela revela muito bem o atual estado das relações de trabalho em um dos setores mais privilegiados de negociação sindical – e o que isso pode significar para a população trabalhadora como um todo. Algumas pessoas decidiram que não tinham como aceitar a transferência, e que simplesmente teriam que arcar com as consequências da proposta. Isso implicava bancar uma redução real de padrão de vida, de segurança econômica e social. Contudo, como a alternativa era ter que separar a família e abalar as relações comunitárias, muitos optaram por preservar essas valiosas conexões, mesmo que ao custo de uma precarização econômica.

No meu entendimento, isso tudo sublinha algo a respeito da forma pela qual o capital enxerga o processo de trabalho. A mão de obra é um mero valor de uso, um fator de produção descartável que pode ser utilizado sob certas circunstâncias e condições jurídicas. Nada mais do que isso. Ao passo que para o trabalhador, é claro, o processo de trabalho tem que ver com toda a sustentação da vida familiar e das relações sociais; é algo que diz respeito ao que acontece no chão de fábrica e na comunidade; tudo se articula e se conecta, o papel do sindicato, dos funcionários do sindicato, e assim por diante. É importante atentar para isso porque, neste momento, a ênfase das corporações capitalistas é unicamente em eficiência e taxa de lucro. Nada mais importa. Não há responsabilidade corporativa pelas condições da vida na comunidade, apesar da General Motors e do sindicato estarem profundamente enredados na vida comunitária.

Por exemplo, a United Way, uma grande instituição de caridade, tem tido uma enorme presença através do financiamento de uma série de serviços comunitários, atividades culturais, estruturas de assistência social e assim por diante. A contribuição que os funcionários da General Motors faziam à United Way era muito grande. A empresa igualava as contribuições dos funcionários, dólar por dólar. Se os funcionários doassem cem mil dólares, a empresa entrava com outros cem mil do próprio bolso. Com o fechamento da fábrica, porém, tudo isso iria desaparecer. Essa dinâmica de doações caridosas tinha ajudado a urdir a comunidade e, evidentemente, se as pessoas não tiverem mais seus empregos na General Motors, não poderão mais contribuir com doações. A comunidade enfrenta um grave processo de desagregação de seu tecido social, com uma erosão das suas relações sociais e da sua capacidade de provisão social e cultural.

Na história do capital, algumas empresas crescem e outras quebram. Sabemos que isso acontece. Não se trata de afirmar que nunca, em nenhuma circunstância, se deve fechar uma fábrica. As grandes questões são: de que forma isso é feito e com qual finalidade? No caso da General Motors, a retórica da CEO Mary Barra tem girado em torno de insistir que a "comunidade General Motors" seria uma grande família; isso justamente no momento em que eles estão destruindo famílias a torto e a direito.

Alienação no trabalho / 191

MacKenzie Acierno, em sua casa em Youngstown (OH), segurando o cartaz que preparou para uma apresentação escolar sobre o fechamento do complexo da GM em Lordstown. Seu avô, Bob Brown, trabalhou no setor de vans de Lordstown por 33 anos. Sua mãe, Trisha Brown, foi por 25 anos eletricista na fábrica, onde conheceu o namorado, Dave Lopez, que trabalhou lá por 8 anos no setor de brazagem a lazer.

"Minha carta involuntária da GM chegou via FedEx oferecendo a oportunidade de ser realocada para Wentzville, Missouri. Me deram quatro dias para responder. Em quatro dias, não dá pra tomar uma decisão de deslocar minha família toda, ou ficar a onze horas de distância deles. Dave recebeu uma oferta de realocação para Bowling Green, no Kentucky [sete horas de distância]. Ele aceitou a transferência faltando cinco anos para se aposentar." – Trisha Brown

Parte do ensaio fotográfico *The Last Cruze*, de LaToya Ruby Frazier. A reprodução é cortesia da artista e da Galeria Gladstone.

192 / Crônicas anticapitalistas

Há hoje uma nova direção se abrindo para a empresa, a saber, o mercado de veículos elétricos. Agora a General Motors está dizendo que no futuro não quer ser uma empresa automotiva, mas sim uma empresa de alta tecnologia. Ou seja, estão tentando copiar a Tesla dizendo que vão entrar na produção de carros elétricos. Existe um problema real na indústria automotiva. Ela é muito poluente e contribui pesadamente com a mudança climática. É evidente a necessidade de uma transição que abandone gradualmente o uso de automóveis e combustíveis fósseis em geral. Há muita capacidade produtiva excedente no setor automotivo mundial, particularmente em formas tradicionais de produção de carros. Isso não faz o menor sentido. A principal base econômica de São Paulo é o setor automotivo; ao mesmo tempo, a cidade é notória pelos seus engarrafamentos e pela má qualidade do seu ar. Precisa haver algum tipo de planejamento, algum tipo de reorganização da ordem social para que esse abandono gradual da produção em massa de automóveis se realize.

Não vou dizer que a fábrica de Lordstown deveria permanecer aberta indefinidamente. Precisamos reconhecer que, em algum momento, vamos querer viver em uma sociedade na qual não somos tão dependentes de automóveis e, para tanto, a base econômica da sociedade terá que mudar. Uma coisa, no entanto, é dizer isso; outra, muito diferente, é bolar um plano de transição de quinze ou vinte anos que parta das habilidades e estruturas sociais presentes em um lugar como Lordstown e as transforme. Só há uma maneira de pensar sobre isso: por meio de um projeto coerente de reatribuição e reconstrução da indústria automotiva. Não me preocupa tanto quando aparece alguém dizendo que deveríamos pensar em fazer a passagem da produção de automóveis para uma produção de tecnologia de ponta de sistemas veiculares elétricos de inteligência artificial. A princípio, não vejo grande problema nisso. O aspecto tão condenável da experiência de Lordstown foi a forma pela qual a empresa tratou os trabalhadores como itens descartáveis a serem jogados fora em nome de um cálculo de rentabilidade.

Além disso, ela descarta uma comunidade inteira e, com ela, uma série de recursos comunais construídos coletivamente por décadas (relações sociais, estruturas de provisão social e assim por diante). Tem de haver outra maneira de fazer transições como essas. Mas o capital, é claro, quase certamente não terá interesse em endossar alternativas. Os capitalistas continuam operando da mesmíssima forma. A General Motors não deve nenhuma lealdade a seus trabalhadores; ela deve tudo aos acionistas e altos executivos – é só a eles que a empresa se sente obrigada a prestar contas. Em nome de assegurar elevados dividendos aos acionistas e remunerações exorbitantes a seus altos executivos, a empresa destrói uma força de trabalho absolutamente viável, toda uma comunidade e estruturas inteiras de relações sociais, deixando em seu rastro nada além de possibilidades aterradoras.

Atualmente, Ohio é um estado muito assolado pela epidemia de opioides – uma crise que remonta a condições de desemprego, de perda de identidade e senso de significado e, sim, a uma alienação cada vez mais profunda. É isso que está devastando as comunidades em Ohio.

Precisamos elaborar uma alternativa que não imponha os custos sociais de um fechamento súbito como esse, feito sem nenhum diálogo com o sindicato, sem nenhum tipo de discussão com as organizações comunitárias. A General Motors estava disposta a sentar para dialogar com o sindicato quando estava em apuros, mas assim que ficou de bolsos cheios dispensou toda e qualquer conversa. É isso que permite que eles tratem seus antigos trabalhadores como lixo, como itens descartáveis que não pertencem à sua visão do que deveria ser o futuro. O maravilhoso ensaio fotográfico de LaToya e os comentários escritos dos trabalhadores e suas famílias, evidenciam uma tragédia desnecessária em curso. Esse é o tipo de história que deveria levar todos a adotarem resolutamente o anticapitalismo como única postura política possível.

Werner Lange, vigília de 45 dias na beira da rodovia Ohio Turnpike, em frente ao complexo da GM em Lordstown (2019).

Parte do ensaio fotográfico *The Last Cruze*, de LaToya Ruby Frazier. A reprodução é cortesia da artista e da Galeria Gladstone.

18
Política anticapitalista em tempos de coronavírus*

Ao tentar interpretar, entender e analisar o fluxo diário de notícias, tenho a tendência de situar o que está acontecendo em dois modelos distintos, porém interligados, de como o capitalismo funciona. O primeiro deles é um mapeamento das contradições internas da circulação e acumulação do capital, à medida que o valor monetário flui em busca de lucro ao longo dos diferentes "momentos" (como Marx os chama) de produção, realização (consumo), distribuição e reinvestimento. Esse é o arranjo da economia capitalista como uma espiral de expansão e crescimento sem fim. Fica mais complicado conforme é analisado, por exemplo, por meio de rivalidades geopolíticas, desenvolvimentos geográficos desiguais, instituições financeiras, políticas estatais, reconfigurações tecnológicas e a rede em constante mudança de divisões do trabalho e relações sociais.

Imagino esse modelo inserido, no entanto, em um contexto mais amplo de reprodução social (em lares e comunidades), em uma relação metabólica contínua e em constante evolução com a natureza (incluindo a "segunda natureza" da urbanização e do ambiente construído) e todas as maneiras de formações sociais culturais, científicas (baseadas em conhecimento), religiosas e contingentes que as populações normalmente criam no espaço e no tempo. Esses últimos "momentos" incorporam a expressão ativa das vontades, necessidades e desejos humanos, a ânsia por conhecimento e significado e a contínua busca por realização em um cenário de mudanças nos arranjos institucionais, disputas políticas, confrontos ideológicos, perdas, derrotas, frustrações e alienações, todas essas questões elaboradas em um mundo de acentuada diversidade geográfica, cultural, social e política. Esse

---

* Tradução de Cauê Seigner Ameni, para a revista *Jacobin*. (N. E.)

segundo cenário constitui, por assim dizer, minha compreensão prática do capitalismo global como uma formação social distinta, enquanto o primeiro envolve as contradições dentro do mecanismo econômico que alimenta essa formação social ao longo de certos caminhos de sua evolução histórica e geográfica.

ESPIRAL PRODUTIVA

Quando, em 26 de janeiro de 2020, li pela primeira vez sobre o coronavírus que vinha ganhando espaço na China, pensei imediatamente nas repercussões para a dinâmica global da acumulação de capital. Eu sabia, por causa de meus estudos sobre o modelo econômico, que bloqueios e interrupções na continuidade do fluxo de capital resultariam em desvalorizações, e que, se as desvalorizações se tornassem generalizadas e profundas, isso sinalizaria o início de uma crise. Também estava ciente de que a China é a segunda maior economia do mundo e de que, na prática, foi ela que resgatou o capitalismo global no período pós-2007-2008. Portanto, qualquer impacto na economia chinesa provavelmente teria sérias consequências para uma economia global que já estava em péssimas condições.

Pareceu-me que o modelo existente de acumulação de capital já estava com muitos problemas. Movimentos de protesto estavam ocorrendo em quase todos os lugares (de Santiago a Beirute), muitos focados no fato de que o modelo econômico dominante não tem funcionado bem para a maioria da população. Esse modelo neoliberal repousa cada vez mais no capital fictício e em uma vasta expansão na oferta de moeda e na criação de dívida, e já enfrenta o problema de uma demanda efetiva insuficiente para realizar os valores que o capital é capaz de produzir. Como, então, o modelo econômico dominante, com sua legitimidade decadente e saúde delicada, poderia absorver os impactos inevitáveis de uma pandemia e sobreviver a eles? A resposta dependia fortemente de por quanto tempo a interrupção poderia durar e se espalhar, pois, como Marx apontou, a desvalorização não ocorre porque as mercadorias não podem ser vendidas, mas porque não podem ser vendidas a tempo.

Não é de hoje que recuso a ideia de que a "natureza" está fora e separada da cultura, da economia e da vida cotidiana. Adoto uma visão mais dialética e relacional da relação metabólica com a natureza*. O capital modifica as condições ambientais da própria reprodução, mas o faz em um contexto de consequências não intencionais (como as mudanças climáticas) e em um cenário de forças evolutivas

---

* Ver, por exemplo, David Harvey, "A natureza do meio ambiente: a dialética das transformações sociais e ambientais", em *Os sentidos do mundo: textos essenciais* (trad. Artur Renzo, São Paulo, Boitempo, 2020), p. 181-243. (N. E.)

autônomas e independentes que remodelam perpetuamente as condições ambientais. Desse ponto de vista, não existe um desastre verdadeiramente natural. É certo que os vírus sofrem mutações o tempo todo. Porém, as circunstâncias em que uma mutação se torna ameaçadora e fatal dependem das ações humanas.

Existem dois aspectos relevantes para isso. Primeiro, condições ambientais favoráveis aumentam a probabilidade de mutações vigorosas. Por exemplo, é plausível esperar que sistemas intensivos ou irregulares de suprimento de alimentos nos subtrópicos úmidos possam contribuir para isso. Tais sistemas existem em muitos lugares, incluindo a China ao sul do rio Yangtzé e o Sudeste Asiático. Em segundo lugar, as condições que favorecem a transmissão rápida por organismos hospedeiros variam muito. Populações de alta densidade pareceriam um alvo fácil para serem hospedeiros. É sabido que as epidemias de sarampo, por exemplo, só florescem em grandes centros populacionais urbanos, mas morrem rapidamente em regiões pouco povoadas.

O modo pelo qual os seres humanos interagem, movimentam-se, disciplinam-se ou esquecem de lavar as mãos afeta a forma como as doenças são transmitidas. Nos últimos tempos, a síndrome respiratória aguda grave (Sars, na sigla em inglês), a gripe aviária e a gripe suína parecem ter saído da China ou do Sudeste Asiático. A China também sofreu muito com a peste suína em 2019, implicando o abate em massa de porcos e o aumento dos preços da carne suína. Não digo tudo isso para indiciar a China. Existem muitos outros lugares onde os riscos ambientais para mutação e difusão viral são altos. A gripe espanhola de 1918 pode ter saído do Kansas, a África pode ter incubado o HIV/aids e, certamente, originou o vírus do Nilo Ocidental e o ebola, enquanto a dengue parece florescer na América Latina. Os impactos econômicos e demográficos da propagação de um vírus dependem, contudo, de fendas e vulnerabilidades preexistentes no modelo econômico hegemônico.

Não fiquei muito surpreso que de início a covid-19 tenha sido encontrada em Wuhan (embora não se saiba se foi de lá que ela se originou). Claramente, os efeitos locais seriam substanciais e, dado que se trata de um grande centro de produção, provavelmente haveria repercussões econômicas globais (embora eu ainda não tivesse ideia da magnitude). A grande questão era como o contágio e a difusão poderiam ocorrer e quanto tempo durariam (até que uma vacina pudesse ser encontrada). Experiências anteriores haviam mostrado que uma das desvantagens da globalização crescente é como é impossível impedir uma rápida difusão internacional de novas doenças. Vivemos em um mundo altamente conectado, em que quase todos viajam. As redes humanas para potencial difusão são vastas e abertas. O perigo (econômico e demográfico) era que a interrupção durasse um ano ou mais.

Embora tenha havido uma queda imediata nos mercados financeiros quando as notícias iniciais foram divulgadas, foi impressionante como, em seguida, os mercados

198 / Crônicas anticapitalistas

atingiram novos picos por um mês ou mais. As notícias pareciam indicar que os negócios estavam normais em todos os lugares, exceto na China. Acreditava-se que iríamos experimentar uma reprise da Sars, que acabou sendo contida rapidamente e manteve um baixo impacto global, apesar de ter uma alta taxa de mortalidade e de ter criado um pânico desnecessário (em retrospecto) nos mercados financeiros. Quando a covid-19 apareceu, a reação dominante foi descrevê-la como uma repetição da Sars, tornando o pânico redundante. O fato de a epidemia ter assolado a China, que rápida e implacavelmente se moveu para conter seus impactos, também levou o resto do mundo a tratar o problema erroneamente como algo acontecendo "do lado de lá" e, portanto, fora do horizonte e sem importância (acompanhado por alguns sinais preocupantes de xenofobia antichinesa em certas partes do mundo). O espinho que o vírus colocou na história triunfante do crescimento chinês foi até recebido com alegria em certos círculos do governo Trump.

No entanto, histórias de interrupções nas cadeias produtivas globais que passavam por Wuhan começaram a circular. Elas foram amplamente ignoradas ou tratadas como problemas pontuais de determinados produtos ou corporações (como a Apple). As desvalorizações foram locais e particulares, não sistêmicas. Os sinais de queda na demanda dos consumidores também foram minimizados, embora empresas como McDonald's e Starbucks, que tinham grandes operações no mercado interno chinês, tenham sido obrigadas a fechar suas portas no país por um tempo. A sobreposição do Ano-Novo Chinês ao surto do vírus mascarou os impactos ao longo de janeiro. A complacência dessa resposta foi gravemente inadequada.

As notícias iniciais sobre a disseminação internacional do vírus foram ocasionais e episódicas, com um surto grave na Coreia do Sul e em alguns outros pontos críticos, como o Irã. Foi o surto italiano que desencadeou a primeira reação mais violenta. O colapso do mercado financeiro começou em meados de fevereiro e oscilou um pouco, mas, até meados de março, levou a uma desvalorização líquida de quase 30% nas bolsas de valores do mundo todo.

A escalada exponencial das infecções provocou uma série de respostas muitas vezes incoerentes e às vezes motivadas por pânico. O presidente Donald Trump fez uma imitação do rei Canuto diante de uma potencial maré crescente de doenças e mortes. Algumas das respostas pareceram estranhas. Fazer o Sistema de Reserva Federal reduzir as taxas de juros diante de um vírus parecia inusitado, mesmo quando se reconheceu que a medida pretendia aliviar os impactos no mercado, em vez de impedir o progresso do vírus.

Autoridades públicas e sistemas de saúde foram, em quase todos os lugares, pegos de surpresa. Quarenta anos de neoliberalismo nas Américas do Norte e do Sul e na Europa deixaram a população totalmente exposta e mal preparada para enfrentar uma crise de saúde pública desse calibre, apesar de sustos anteriores como a Sars e o ebola terem fornecido avisos abundantes e lições convincentes sobre o que seria necessário fazer. Em muitas partes do suposto mundo "civilizado", governos locais e autoridades regionais/estatais, que invariavelmente formam a linha de frente de defesa em emergências de saúde e segurança pública desse tipo, tinham sido privados de verbas graças a uma política de austeridade projetada para financiar cortes de impostos e subsídios para as corporações e para os ricos.

O corporativismo da grande indústria farmacêutica tem pouco ou nenhum interesse em pesquisas não remunerativas sobre doenças infecciosas (como as originadas em toda a família do coronavírus, que é bem conhecida desde a década de 1960). Esse setor raramente investe em prevenção e tem pouco interesse em investir na preparação para crises na saúde pública. O que a indústria farmacêutica adora é projetar curas. Quanto mais doentes estamos, mais eles ganham. Prevenção não contribui para o valor do acionista. O modelo de negócios aplicado à provisão de saúde pública eliminou as capacidades excedentes de enfrentamento que seriam necessárias em uma emergência. A prevenção não era um campo de trabalho suficientemente atraente nem mesmo para justificar parcerias público-privadas.

O presidente Trump tinha cortado o orçamento do Centro de Controle de Doenças e dissolvido o grupo de trabalho sobre pandemias no Conselho de Segurança Nacional no mesmo espírito com que cortou todo o financiamento de pesquisas, inclusive sobre as mudanças climáticas. Se eu quisesse ser antropomórfico e metafórico quanto a isso, concluiria que a covid-19 é a vingança da natureza por mais de quarenta anos de maus-tratos e abuso nas mãos de um extrativismo neoliberal violento e não regulamentado.

Talvez seja sintomático que, até agora, os países menos neoliberais – como China e Coreia do Sul, Taiwan e Singapura – tenham passado melhor pela pandemia do que a Itália, embora o Irã contrarie esse argumento como um princípio universal. Apesar de haver fortes evidências de que a China lidou mal com a Sars, com muita dissimulação e negação iniciais, com a covid-19 o presidente Xi Jinping passou rapidamente a exigir transparência, tanto nos relatórios quanto nos testes, como fez também a Coreia do Sul. Mesmo assim, na China perdeu-se um tempo valioso (apenas alguns dias fazem toda a diferença). O que foi notável lá, contudo, foi o confinamento da epidemia à província de Hubei, com Wuhan no centro. No final de março, a China anunciou que não havia novos casos em Hubei e a Volvo anunciou que estava retomando a produção de carros ao normal, quando o restante da indústria automobilística global estava paralisada. A epidemia não se mudou para Pequim, nem para o Oeste nem para o Sul. As medidas tomadas para confinar geograficamente o vírus foram draconianas. Seria quase impossível replicá-las em outros lugares, por razões políticas, econômicas e culturais. Os relatórios que saem da China sugerem que os tratamentos e as políticas não foram nada simpáticos.

Além disso, China e Singapura empregaram seus poderes de vigilância pessoal em níveis invasivos e autoritários, apesar de que eles parecem ter sido extremamente eficazes em conjunto. Ainda assim, se as medidas tivessem sido acionadas alguns dias antes, os modelos sugerem que muitas mortes poderiam ter sido evitadas. Esta é uma informação importante: em qualquer processo de crescimento exponencial, existe um ponto de inflexão além do qual a massa ascendente fica totalmente fora de controle (observe aqui, mais uma vez, o significado da massa em relação à taxa). O fato de Trump ter demorado tantas semanas provavelmente será oneroso a muitas vidas.

Agora os efeitos econômicos estão fora de controle, tanto na China quanto fora dela. As interrupções do trabalho nas cadeias de produção das empresas e em certos setores se mostraram mais sistêmicas e substanciais do que se pensava no início. O efeito a longo prazo pode ser o de encurtar ou diversificar as cadeias de suprimentos, enquanto se caminha para formas de produção menos intensivas em mão de obra (com enormes implicações para o emprego) e maior dependência de sistemas de produção inteligentes. A interrupção das cadeias produtivas implica demitir ou dispensar trabalhadores, o que diminui a demanda final, enquanto a demanda por matérias-primas diminui o consumo produtivo. Esses impactos no lado da demanda já teriam produzido, por si sós, ao menos uma leve recessão.

Entretanto, as maiores vulnerabilidades estavam em outros lugares. Os modos de consumismo que explodiram após 2007-2008 sofreram um colapso com consequências devastadoras. Esses modos eram baseados na redução do tempo de rotação do consumo o mais próximo possível de zero. A enxurrada de investimentos em tais modos de consumo teve tudo que ver com a absorção máxima de volumes de capital exponencialmente crescentes em formas de consumismo com o menor tempo de rotação possível. O turismo internacional foi emblemático. As visitas internacionais aumentaram de 800 milhões de dólares para 1,4 bilhão de dólares entre 2010 e 2018.

Essa forma de consumismo instantâneo exigiu investimentos maciços em infraestrutura de aeroportos e companhias aéreas, hotéis e restaurantes, parques temáticos e eventos culturais etc. Esse local de acumulação de capital ficou morto, com companhias aéreas beirando a falência, hotéis vazios e a indústria da hospitalidade flertando com um desemprego em massa. Comer fora não é uma boa ideia, e restaurantes e bares foram fechados em muitos lugares. Até a comida para viagem parece arriscada. O vasto exército de trabalhadores na economia de *freelancers* e autônomos ou em outras formas de trabalho precário está sendo dispensado sem meios visíveis de apoio. Eventos como festivais culturais, torneios de futebol e basquete, shows, convenções profissionais e de negócios e até reuniões políticas em torno das eleições estão sendo cancelados. Essas formas de consumismo experiencial "baseadas em eventos" foram encerradas. As receitas dos governos locais foram afetadas. Universidades e escolas estão fechando.

Grande parte do modelo mais avançado do consumismo capitalista contemporâneo é inoperável nas condições atuais. O esforço em direção ao que André Gorz descreve como "consumismo compensatório" (no qual os trabalhadores alienados deveriam recuperar o ânimo por meio de um pacote de férias em uma praia tropical) foi sabotado.

As economias capitalistas contemporâneas são 70% ou até 80% motivadas pelo consumismo. Nos últimos quarenta anos, a confiança e o sentimento do consumidor tornaram-se a chave para a mobilização da demanda efetiva, e o capital tornou-se cada vez mais orientado pela demanda e pelas necessidades. Essa fonte de energia econômica não tem estado sujeita a flutuações violentas (com algumas exceções, como a erupção vulcânica na Islândia que bloqueou voos transatlânticos por algumas semanas). Mas a covid-19 não está sustentando uma flutuação violenta, e sim um colapso onipotente no coração da forma de consumismo dominante nos países mais ricos. A forma espiral de acumulação infinita de capital está entrando em colapso interno, de uma parte do mundo para todas as outras. A única coisa que pode salvá-la é um consumismo em massa financiado pelo governo, evocado do nada. Isso exigirá socializar toda a economia dos Estados Unidos, por exemplo, sem chamar isso de socialismo.

AS LINHAS DE FRENTE

Existe um mito conveniente de que as doenças infecciosas não reconhecem classe social nem outras barreiras e fronteiras sociais. Como em muitos ditados, há certa verdade nisso. Nas epidemias de cólera do século XIX, a transcendência das barreiras de classe foi suficientemente dramática para gerar o nascimento de um movimento de saneamento e saúde pública que se profissionalizou e perdurou até os dias de hoje. Se esse movimento foi projetado para proteger todos ou apenas as classes altas, nem sempre foi uma história clara. Hoje, porém, o diferencial de classe e os efeitos e impactos sociais contam uma história diferente. Os impactos econômicos e sociais são filtrados por discriminações "costumeiras" que estão em evidência em toda parte. Para começar, a força de trabalho que deve cuidar do número crescente de doentes é altamente seccionada por gênero, raça e etnia na maior parte do mundo. Nisso, ela reflete as forças de trabalho baseadas em classe encontradas, por exemplo, em aeroportos e outros setores logísticos.

Essa "nova classe trabalhadora" está na vanguarda e tem o peso de ser a força de trabalho que possui o maior risco de contrair o vírus por meio de seus empregos ou de ser demitida sem nenhuma compensação por causa da contenção econômica imposta pelo vírus. Há, por exemplo, a questão de quem pode trabalhar

202 / Crônicas anticapitalistas

de casa e quem não pode. Isso aumenta a divisão social, assim como a questão de quem pode se dar ao luxo de se isolar ou se colocar em quarentena (com ou sem pagamento) em caso de contato ou infecção. Da mesma maneira que aprendi a chamar os terremotos na Nicarágua (1972) e na Cidade do México (1985) de "terremotos de classe", o progresso da covid-19 exibe todas as características de uma pandemia de classe, de gênero e de raça.

Apesar de os esforços de mitigação estarem convenientemente ocultos na retórica de que "estamos todos juntos nessa", as práticas, sobretudo por parte dos governos nacionais, sugerem motivações mais sinistras. A classe trabalhadora contemporânea nos Estados Unidos (composta de forma predominante por afro-americanos, latino-americanos e mulheres assalariadas) enfrenta a impossível escolha entre a contaminação em nome do cuidado e manter abertos os principais recursos da provisão (como supermercados), ou o desemprego sem benefícios (como cuidados de saúde adequados). O pessoal assalariado, como eu, pode trabalhar de casa e receber seus salários, enquanto CEOs voam em jatos particulares e helicópteros para se isolar.

As forças de trabalho em muitas partes do mundo são socializadas há muito tempo para se comportar como bons sujeitos neoliberais, o que significa culpar a si mesmas ou a Deus se algo der errado, mas nunca ousar sugerir que o capitalismo pode ser o problema. Mesmo bons sujeitos neoliberais, contudo, podem ver que há algo errado com a maneira como esta pandemia vem sendo respondida.

A grande questão é: quanto tempo isso vai durar? Pode demorar mais de um ano e, quanto mais tempo, mais desvalorização, inclusive da força de trabalho. Os níveis de desemprego quase certamente subirão para níveis comparáveis aos da década de 1930, na ausência de intervenções estatais maciças que terão de ir contra o mantra neoliberal. As ramificações imediatas para a economia e para o cotidiano social são múltiplas. Mas elas não são de todo ruins. Na medida em que o consumismo contemporâneo estava se tornando excessivo, aproximava-se do que Marx descreveu como "consumo excessivo e consumo insano, alimentando, por sua vez, o monstruoso e a bizarra queda" de todo o sistema.

A imprudência desse consumo excessivo tem desempenhado um papel importante na degradação ambiental. O cancelamento de voos e a restrição radical de transporte e movimentação tiveram consequências positivas em relação às emissões de gases de efeito estufa. A qualidade do ar em Wuhan está muito melhor, como também ocorre em muitas cidades dos Estados Unidos.

Os locais de ecoturismo terão tempo para se recuperar das pegadas ambientais. Os cisnes retornaram aos canais de Veneza. À medida que o gosto pelo excesso de consumo imprudente e insensato for reduzido, poderá haver alguns benefícios a longo prazo. Menos mortes no monte Everest pode ser uma coisa boa. E, ainda que ninguém diga isto em voz alta, o viés demográfico do vírus pode acabar afetando as pirâmides etárias, com efeitos a longo prazo sobre os encargos da previdência social e o futuro da "indústria do cuidado". A vida cotidiana diminuirá o ritmo e, para algumas pessoas, isso será uma bênção. As regras sugeridas de distanciamento social podem, se a emergência persistir por tempo suficiente, levar a mudanças culturais. A única forma de consumismo que quase certamente se beneficiará com tudo isso é a que eu chamo de economia "Netflix", que já atende aos "*binge watchers*"*.

Na frente econômica, as respostas foram condicionadas pelo êxodo da crise de 2007-2008. Isso implicou uma política monetária ultraflexível, associada ao resgate dos bancos e complementada por um aumento dramático no consumo produtivo conduzido pela expansão maciça do investimento em infraestrutura na China. Este último não pode ser repetido na escala necessária. Os pacotes de resgate criados em 2008 focaram os bancos, mas também envolveram a estatização da General Motors. Talvez seja significativo que, diante do descontentamento dos trabalhadores e do colapso da demanda de mercado, as três grandes montadoras de Detroit estejam fechando, pelo menos temporariamente.

Se a China não pode repetir seu papel de 2007-2008, então o ônus de sair da atual crise econômica agora recai sobre os Estados Unidos, e aqui está a ironia final: as únicas políticas que funcionarão, tanto econômica quanto politicamente, são muito mais socialistas que qualquer coisa que Bernie Sanders possa propor, e esses programas de resgate terão de ser iniciados sob a égide de Donald Trump, presumivelmente sob a máscara do "*Make America Great Again*".

Todos os republicanos que se opuseram visceralmente ao resgate de 2008 terão de engolir a seco ou desafiar Donald Trump. Este último, se for sagaz, cancelará as eleições em caráter emergencial e declarará a origem de uma presidência imperial para salvar o capital e o mundo dos "tumultos e revoluções". Se as únicas políticas que funcionariam são socialistas, sem dúvida a oligarquia dominante agirá para garantir que estas sejam nacional socialistas, e não verdadeiramente socialistas. A tarefa de uma política anticapitalista é evitar que isso aconteça.

---

* A expressão pode ser traduzida como "maratonistas de sofá". (N. E.)

19
A RESPOSTA COLETIVA A UM DILEMA COLETIVO

Faço estas reflexões em meio à crise do coronavírus, do meu isolamento voluntário em meu apartamento em Nova York. São tempos difíceis para saber exatamente como responder ao que está ocorrendo. Usualmente, em uma situação dessas, nós anticapitalistas estaríamos nas ruas nos manifestando e nos movimentando. Ao invés disso, nos encontramos nesta condição de necessário isolamento pessoal em um momento que clama por formas coletivas de ação. Porém, como diria Marx, não fazemos história sob circunstâncias de nossa própria escolha[1]. Precisamos, portanto, pensar em como melhor fazer uso das oportunidades que temos diante de nós.

Minhas circunstâncias são relativamente privilegiadas. Posso continuar trabalhando, mas de casa. Não perdi meu emprego e meu salário continua caindo normalmente. Só preciso me proteger do vírus. Minha idade e gênero me colocam no grupo de risco, então a recomendação é evitar ao máximo o contato com outras pessoas. Isso me dá bastante tempo para refletir e escrever, entre sessões de videoconferência. No entanto, em vez de tratar das particularidades da situação aqui em Nova York ou em outros lugares do mundo, ocorreu-me que seria interessante oferecer algumas reflexões a respeito de possíveis alternativas e me colocar a seguinte pergunta: como um anticapitalista pensaria a respeito de circunstâncias deste tipo?

Começo citando um comentário que Marx faz em seu *A guerra civil na França*, que trata da grande insurreição de 1871 que foi a Comuna de Paris. Ele diz o seguinte:

---

[1] "Os homens fazem a sua própria história; contudo, não a fazem de livre e espontânea vontade, pois não são eles quem escolhem as circunstâncias sob as quais ela é feita, mas estas lhes foram transmitidas assim como se encontram." Karl Marx, *O 18 de brumário de Luís Bonaparte* (trad. Nélio Schneider, São Paulo, Boitempo, 2011), p. 25.

A classe trabalhadora não esperava milagres da Comuna. Os trabalhadores não têm nenhuma utopia já pronta para introduzir *par décret du peuple* [por decreto do povo]. Sabem que, para atingir sua própria emancipação, e com ela essa forma superior de vida para a qual a sociedade atual, por seu próprio desenvolvimento econômico, tende irresistivelmente, terão de passar por longas lutas, por uma série de processos históricos que transformarão as circunstâncias e os homens. Eles não têm nenhum ideal a realizar, mas sim querem libertar os elementos da nova sociedade dos quais a velha e agonizante sociedade burguesa está grávida.[2]

Permita-me fazer alguns comentários sobre esta passagem. Em primeiro lugar, é claro, Marx se contrapunha de certa forma ao pensamento dos socialistas utópicos – e havia muitos deles nas décadas de 1840, 1850 e 1860 na França. Trata-se da tradição de Joseph Fourier, Henri de Saint-Simon, Étienne Cabet, Louis Auguste Blanqui e até Pierre-Joseph Proudhon, em certa medida, entre outros. Marx sentia que os socialistas utópicos eram sonhadores, e não trabalhadores práticos que realmente transformariam as condições de trabalho no aqui e agora*. Enquanto que, para transformar as condições no aqui e agora, seria preciso uma boa compreensão da natureza da sociedade capitalista.

No entanto, ele deixa bastante claro que o projeto revolucionário deveria se concentrar na autoemancipação dos trabalhadores. E a partícula "auto" dessa formulação é bem importante. Qualquer projeto de mudar o mundo também exigiria uma transformação de si. Os trabalhadores teriam de transformar a si mesmos também. Marx tinha bastante disso em mente quando escreveu sobre a Comuna de Paris. Além disso, acrescenta a ideia de que o próprio capital estava criando as possibilidades para transformação, e que por meio de longas lutas seria possível "libertar" os lineamentos de uma nova sociedade na qual os trabalhadores poderiam se ver livres do trabalho alienado. A tarefa revolucionária era liberar os elementos dessa nova sociedade, já presentes no bojo de uma velha e agonizante ordem social burguesa.

Ora, acredito estarmos de acordo que vivemos uma situação marcada por uma "velha e agonizante sociedade burguesa" – e devo dizer que ela está prenhe de todo tipo de coisas horrorosas (como racismo e xenofobia) que eu, particularmente, não gostaria de liberar. Mas repare que Marx não está dizendo "libertem tudo que está dentro dessa velha e horrível sociedade burguesa agonizante". O que ele está dizendo é que devemos selecionar os aspectos do colapso da sociedade burguesa que contribuirão para a emancipação dos trabalhadores e das classes trabalhadoras.

---

[2] Karl Marx, *A guerra civil na França* (trad. Rubens Enderle, São Paulo, Boitempo, 2011), p. 60.

* Ver David Harvey, "Sonhando o corpo político: política revolucionária e esquemas utópicos, 1830--1848", em *Paris, capital da modernidade* (trad. Magda Lopes, São Paulo, Boitempo, 2015). (N. E.)

Daí que se coloca a pergunta de identificar quais são essas possibilidades e de onde elas vêm. Marx não chega a explicar isso nesse seu panfleto sobre a Comuna, mas boa parte de seu trabalho teórico anterior se dedica a revelar quais seriam as possibilidades construtivas abertas para as classes trabalhadoras. Um dos lugares em que ele faz isso extensamente é em um texto longo, complexo e inacabado conhecido como os *Grundrisse*, que escreveu nos anos de crise de 1857-1858. Algumas passagens desse texto jogam luz sobre, justamente, o que é que Marx tem em mente com sua defesa da Comuna de Paris. A ideia de "libertar" algo remete a uma compreensão a respeito da dinâmica em curso no interior da sociedade burguesa, capitalista. É isso que Marx estava constantemente buscando compreender.

Nos *Grundisse*, Marx se detém bastante na questão da transformação tecnológica e do dinamismo tecnológico inerente ao capitalismo. Ele demonstra como a sociedade capitalista, por definição, será fortemente voltada para a inovação e a construção de novas possibilidades tecnológicas e organizacionais. Isso ocorre porque, se eu, na condição de capitalista individual, estiver concorrendo com outros capitalistas, vou obter mais lucro se a minha tecnologia for superior à do meu rival. Logo, todo capitalista individual possui um incentivo para buscar uma tecnologia mais produtiva do que a dos seus concorrentes.

O dinamismo tecnológico, portanto, está embutido na própria natureza de uma sociedade capitalista. Como se sabe, Marx já reconhecia isso desde o *Manifesto Comunista* de 1848. Essa é uma das principais forças que explica o caráter permanentemente revolucionário do capitalismo. Ele nunca se contentará com a tecnologia vigente, lançando-se em uma constante busca para aprimorá-la porque sempre recompensará a pessoa, a empresa ou a sociedade que tiver a tecnologia mais avançada. É o Estado, nação ou bloco de poder que detiver a tecnologia mais dinâmica e sofisticada que liderará os demais. O dinamismo tecnológico, dessa maneira, é intrínseco às estruturas globais do capitalismo. E foi assim desde o início.

Contudo, na sequência Marx apresenta um argumento interessante. A princípio, quando pensamos no processo de inovação tecnológica, geralmente imaginamos alguém fazendo uma coisa ou outra e buscando uma melhoria tecnológica no que quer que esteja fazendo. Ou seja, o dinamismo tecnológico seria específico a determinada fábrica, determinado sistema de produção, determinada situação. Mas ocorre que muitas tecnologias acabam transbordando de uma esfera de produção para outra. Elas efetivamente tornam-se genéricas. Por exemplo, a tecnologia computacional está disponível para quem quiser usá-la para quaisquer finalidades. Tecnologias de automação estão disponíveis para todo tipo de pessoa e setor industrial.

Marx repara que nas décadas de 1820, 1830 e 1840 na Inglaterra a invenção de novas tecnologias já havia se tornado um negócio independente por si só. Isto é, não se trata mais de alguém do setor têxtil, por exemplo, procurando bolar novas tecnologias para aumentar a produtividade da mão de obra que emprega. Em vez disso, empreendedores simplesmente criam uma nova tecnologia que buscam em seguida aplicar em vários outros lugares. O grande exemplo disso na época de Marx era o motor a vapor. A tecnologia tinha uma série de aplicações diferentes, da drenagem de água nas minas de carvão, passando pela produção de motores a vapor e ferrovias, até os novos teares mecânicos na indústria têxtil. Portanto, se você tivesse interesse em entrar nesse novo negócio da inovação, as tecnologias de maquinaria e engenharia eram um bom lugar para começar. Economias inteiras – tais como as que surgiram em torno da cidade de Birmingham, que se especializou na produção de máquinas-ferramenta – passaram a se orientar para a criação não apenas de novas tecnologias, como também de novos produtos. Já na época de Marx a inovação tecnológica havia se tornado um negócio autônomo por si só.

Nos *Grundrisse*, Marx explora a fundo o que ocorre quando a tecnologia se torna um negócio por si só, quando a inovação cria novos mercados em vez de simplesmente responder a uma demanda específica preexistente por uma nova tecnologia no mercado. As novas tecnologias tornam-se assim os fatores de ponta do dinamismo de uma sociedade capitalista. São muitas as consequências desse processo. Um resultado evidente é que as tecnologias nunca são estáticas: nunca se estabelecem, e rapidamente tornam-se obsoletas. Ficar a par das últimas tecnologias pode ser estressante e oneroso. A obsolescência acelerada pode ser desastrosa para empresas existentes. Ainda assim, há setores inteiros da sociedade – eletrônicos, farmacêuticos, bioengenharia e por aí vai – que se dedicam a efetivamente desenvolver inovações como um fim em si mesmo. Quem conseguir desenvolver a inovação tecnológica que melhor capte a imaginação de seu tempo, como o telefone celular ou o tablet, ou tenha um maior número de aplicações, como o chip de computador, provavelmente sairá na frente.

Portanto, essa ideia de que a própria tecnologia se converte em um negócio por si só torna-se absolutamente central para a compreensão de Marx a respeito da natureza do capitalismo. A capacidade de inovação é evidentemente onipresente na história humana. Havia transformações tecnológicas na China antiga e inclusive no feudalismo. O que é singular no interior do modo de produção capitalista, contudo, é o simples fato de que a tecnologia se transforma em um negócio, com um produto genérico a ser comercializado tanto para produtores quanto consumidores. Isso é bastante específico do capitalismo. Passa a se tornar uma das principais forças motrizes da forma pela qual a sociedade capitalista evolui. Gostemos ou não, este é o mundo em que vivemos.

Marx passa então a assinalar um corolário muito significativo desse desenvolvimento. Para que a tecnologia se torne um negócio, é preciso mobilizar novas formas de conhecimento de determinadas maneiras. Isso significa aplicar ciência e tecnologia como compreensões distintas do mundo. A criação de novas tecnologias na prática passa a se integrar com a ascensão da ciência e da tecnologia como disciplinas acadêmicas. Marx assinala como a aplicação da ciência e da tecnologia e a criação de novas formas de conhecimento tornam-se essenciais para essa inovação revolucionária tecnológica.

Isso define outro aspecto da natureza de um modo de produção capitalista. O dinamismo tecnológico está ligado a um dinamismo na produção de novos conhecimentos científicos e técnicos e novas concepções mentais, muitas vezes revolucionárias, de mundo. Os campos da ciência e da tecnologia se fundem com a produção e mobilização de novos conhecimentos e entendimentos. Eventualmente, instituições totalmente novas, como o MIT e o Caltech, precisaram ser fundadas para facilitar esse desenvolvimento*.

Marx então se pergunta: como isso impacta os processos de produção no interior do capitalismo e de que forma isso afeta a forma pela qual o trabalho (e o trabalhador) é incorporado nesses processos de produção? Na era pré-capitalista, digamos, nos séculos XV e XVI, o trabalhador controlava, de maneira geral, os meios de produção – as ferramentas necessárias – e tornava-se hábil na utilização dessas ferramentas. O trabalhador qualificado detinha certo monopólio de determinado conhecimento e certo entendimento do que, nota Marx, sempre foi considerado uma arte. Contudo, quando chegamos na época do sistema fabril, e ainda mais no mundo contemporâneo, isso já não se verifica. As habilidades tradicionais dos trabalhadores são tornadas redundantes porque a ciência e a tecnologia assumem o controle. A tecnologia e a ciência, e novas formas de conhecimento são incorporadas na máquina e a arte desaparece.

E assim, Marx, em um conjunto impressionante de passagens nos *Grundrisse*[3], trata da forma pela qual novas tecnologias e conhecimentos se tornam embutidos na máquina: não se encontram mais no cérebro do trabalhador, e o trabalhador é escanteado para se tornar um apêndice da máquina, um mero operador da máquina. Toda a inteligência e todo o conhecimento que pertenciam aos trabalhadores e que os conferiam certo poder de monopólio em relação ao capital, desaparecem. O capitalista que antigamente precisava das habilidades do trabalhador agora está livre dessa restrição, e a habilidade passa a estar incorporada na própria máquina. O conhecimento produzido por meio da ciência e da tecnologia é absorvido pela

---

* O Instituto de Tecnologia de Massachusetts (MIT) e o Instituto de Tecnologia da Califórnia (Caltech) foram fundados justamente na segunda metade do século XIX, respectivamente em 1865 e 1891, em resposta ao crescente processo de industrialização dos Estados Unidos. (N. T.)

[3] Para quem tiver interesse, a localização das passagens é a seguinte: Karl Marx, *Grundrisse: manuscritos econômicos de 1857-1858. Esboços da crítica da economia política* (trad. Mario Duayer, Nélio Schneider, Alice Helga Werner e Rudiger Hoffman, São Paulo, Boitempo, 2011), p. 544-93.

máquina, e a máquina se torna "a alma" do dinamismo capitalista. Essa é a situação que Marx está descrevendo.

O dinamismo de uma sociedade capitalista passa a depender crucialmente de inovações perpétuas, movidas pela mobilização da ciência e da tecnologia. Marx percebeu esse processo com clareza em sua época – e estava escrevendo sobre tudo em 1858! Mas hoje, é claro, chegamos a uma situação em que esse tópico se tornou crítico e decisivo. A questão da inteligência artificial é a versão contemporânea daquilo sobre o qual Marx estava falando. Agora trata-se de saber em que medida a inteligência artificial está sendo desenvolvida por meio da ciência e da tecnologia, e em que medida ela está sendo implementada (ou provavelmente será implementada) na produção. O efeito mais óbvio seria demover o trabalhador, e efetivamente desarmá-lo e desvalorizá-lo ainda mais, em termos da sua capacidade para aplicação de imaginação, habilidade e *expertise* no processo de produção.

Isso leva Marx a fazer o seguinte comentário nos *Grundrisse*. Permita-me citar a passagem inteira, pois considero-a realmente fascinante:

> a transformação do processo de produção do simples processo de trabalho em um processo científico, que submete as forças da natureza a seu serviço e as faz atuar assim a serviço das necessidades humanas, aparece como qualidade do capital fixo diante do trabalho vivo [...]. Assim, todas as forças do trabalho são transpostas em forças do capital.[4]

O conhecimento e a *expertise* científica agora residem no interior da máquina sob o comando do capitalista. O poder produtivo do trabalho é realocado para o capital fixo, algo que é externo ao trabalho. O trabalhador é escanteado. Assim o capital fixo torna-se o portador de nossa inteligência e conhecimento coletivos quando se trata de produção e consumo. Mais adiante, Marx se concentra em identificar do que a ordem burguesa em colapso está prenhe e que poderia eventualmente beneficiar o trabalho. E é o seguinte: o capital – "de forma inteiramente involuntária – reduz o trabalho humano, o dispêndio de energia, a um mínimo. Isso beneficiará o trabalho emancipado e é a condição de sua emancipação"[5]. Na visão de Marx, a ascensão de algo como a automação ou a inteligência artificial cria condições e possibilidades para a emancipação do trabalho.

Na passagem do panfleto de Marx sobre a Comuna de Paris que citei, é central a questão da autoemancipação do trabalho e do trabalhador. Essa condição é algo que precisa ser abraçada. Mas o que a torna tão potencialmente libertadora? A resposta é simples. Toda essa ciência e tecnologia está elevando a produtividade

---

[4] Karl Marx, *Grundrisse*, cit., p. 584.

[5] Ibidem, p. 585.

social do trabalho. Um único trabalhador, cuidando de todas aquelas máquinas, pode produzir uma vasta quantidade de mercadorias em um período muito curto de tempo. Cito Marx mais uma vez, nos *Grundrisse*:

> à medida que a grande indústria se desenvolve, a criação da riqueza efetiva passa a depender menos do tempo de trabalho e do *quantum* de trabalho empregado que do poder dos agentes postos em movimento durante o tempo de trabalho, poder que – sua "poderosa efetividade" –, por sua vez, não tem nenhuma relação com o tempo de trabalho imediato que custa sua produção, mas que depende, ao contrário, do nível geral da ciência e do progresso da tecnologia, ou da aplicação dessa ciência à produção. [...] A riqueza efetiva se manifesta antes – e isso o revela a grande indústria – na tremenda desproporção entre o tempo de trabalho empregado e seu produto, bem como na desproporção qualitativa entre o trabalho reduzido à pura abstração e o poder do processo de produção que ele supervisiona.[6]

Na sequência, porém – e aqui Marx está citando as palavras de um dos socialistas ricardianos que escrevia naquela época –, ele acrescenta o seguinte: "Uma nação é verdadeiramente rica quando se trabalha seis horas em lugar de doze. A riqueza não é o comando sobre tempo de trabalho excedente [...] mas tempo disponível para cada indivíduo e toda a sociedade para além do usado na produção imediata"[7].

É isso que leva o capitalismo a produzir a possibilidade para "o livre desenvolvimento de individualidades", incluindo a dos trabalhadores. Aliás, já disse isso antes, mas digo novamente: Marx está sempre, sempre enfatizando que é o livre desenvolvimento do indivíduo que é o ponto de chegada da ação coletiva. Como vimos no capítulo 6, aquela ideia muito comum de que Marx só quer saber da ação coletiva e da supressão do individualismo é equivocada. Na verdade, é o contrário: Marx é a favor de mobilizar a ação coletiva a fim de conquistar liberdade individual. Voltaremos a essa ideia mais à frente. Mas é importante frisar que o objetivo crucial aqui é o potencial para o livre desenvolvimento das individualidades.

Tudo isso depende da "redução geral do trabalho necessário", isto é, da quantidade de trabalho necessário para reproduzir a vida cotidiana da sociedade. A crescente produtividade do trabalho significará que será possível dar conta das necessidades básicas da sociedade de maneira muito fácil. Com isso, haverá bastante tempo disponível para liberar o potencial desenvolvimento artístico e científico dos indivíduos. Em um primeiro momento, será tempo para uma minoria privilegiada, mas no limite esse processo gerará tempo livre disponível para todos. Ou

---

[6] Ibidem, p. 587-8.
[7] Ibidem, p. 589.

seja, liberar indivíduos para que eles façam o que quiserem é crucial, porque você consegue dar conta das necessidades básicas utilizando tecnologias sofisticadas.

O problema, diz Marx, é que o próprio capital é uma "contradição em processo". Ele "procura reduzir o tempo de trabalho a um mínimo, ao mesmo tempo que, por outro lado, põe o tempo de trabalho como única medida e fonte da riqueza. Por essa razão, ele diminui o tempo de trabalho na forma do trabalho necessário [isto é, o que é realmente necessário] para aumentá-lo na forma do supérfluo"[8]. Agora, a forma supérflua é aquilo que Marx denomina mais-valor. A questão é: quem vai capturar esse excedente? O problema que Marx identifica não é que o excedente não está disponível, mas que ele não está disponível ao trabalhador: "sua tendência é sempre, por um lado, de criar tempo disponível, por outro lado, de convertê-lo em trabalho excedente" em benefício da classe capitalista[9]. Ele não está efetivamente sendo aplicado na emancipação do trabalhador, quando poderia ser: está sendo usado para encher os bolsos da burguesia e, portanto, para a acumulação de riqueza através de meios tradicionais dentro dessa classe.

Aqui há uma contradição central. Como compreender a riqueza de uma nação, por exemplo? Bem, pode-se entendê-la em termos do montante de dinheiro e recursos que um país comanda. Mas para Marx, como vimos, "uma nação é verdadeiramente rica quando se trabalha seis horas em lugar de doze. A riqueza não é o comando sobre tempo de trabalho excedente [...] mas tempo disponível para cada indivíduo e toda a sociedade para além do usado na produção imediata"[10]. Ou seja, a riqueza de uma sociedade deve ser medida por quanto tempo livre disponível todos nós temos, para fazer o que quer que nos dê na telha, sem restrições, porque nossas necessidades básicas estão atendidas. E o argumento de Marx é de que é preciso um movimento coletivo para garantir que esse tipo de sociedade possa ser construída. O que atrapalha, é claro, é a relação imperante de classe, e o exercício do poder capitalista de classe.

Há um eco interessante disso tudo em nossa atual situação de *lockdown* e colapso econômico como consequência do novo coronavírus. Muitos de nós nos encontramos em uma situação na qual, individualmente, dispomos de bastante tempo. A maioria de nós estamos presos em casa. Não podemos ir trabalhar; não podemos fazer as coisas que normalmente fazemos. O que faremos com nosso tempo? Se temos filhos, é claro, temos bastante a fazer. Mas chegamos a esta situação na qual temos tempo disponível de sobra. A segunda coisa é que, evidentemente, estamos agora experimentando uma situação de desemprego em massa. Os dados mais

---

[8] Ibidem, p. 588-9.
[9] Ibidem, p. 590.
[10] Ibidem, p. 589.

recentes sugerem que, nos Estados Unidos, algo da ordem de 26 milhões de pessoas perderam seus empregos. Normalmente diríamos que isso é uma catástrofe, e sem dúvida é uma catástrofe, porque quando você perde seu emprego, você perde a capacidade de reproduzir sua própria força de trabalho ao ir ao supermercado porque você não tem mais dinheiro. Muitas pessoas perderam o seguro-saúde, e muitas outras estão enfrentando dificuldade de acessar seus benefícios de seguro-desemprego. O direito à moradia se vê ameaçado à medida que os boletos de aluguel ou financiamento começam a vencer. Boa parte da população estadunidense – talvez até 50% de todos os domicílios – não dispõe de mais de 400 dólares em recursos excedentes no banco para lidar com pequenas emergências (o que dirá uma crise de enorme proporção do tipo em que agora nos encontramos). É bem provável que essas pessoas logo voltem a sair de casa, diante da perspectiva cada vez mais explícita de enfrentar uma situação de fome junto a seus filhos. Mas analisemos mais a fundo situação.

A força de trabalho que se espera que cuide dos números cada vez maiores de doentes, ou forneça os serviços mínimos que permitem a reprodução da vida cotidiana é, via de regra, altamente generificada, racializada e etnicizada. Essa é a "nova classe trabalhadora" que está na linha de frente do capitalismo contemporâneo, como vimos no capítulo 13. Seus integrantes precisam suportar dois fardos: eles são os mais expostos ao risco de contrair o vírus ao realizarem seus trabalhos, e ao mesmo tempo os mais propensos a serem demitidos sem nenhuma compensação por conta das medidas de contenção econômica introduzidas pelo vírus. A classe trabalhadora contemporânea nos Estados Unidos – composta predominantemente por afro-americanos, latino-americanos e mulheres assalariadas – se encontra diante de uma escolha terrível: entre se expor à contaminação em nome de cuidar das pessoas e manter abertos canais fundamentais de provisão (tais como mercados de alimentos), ou correr o risco de ficar desempregado sem benefícios (tais como atendimento à saúde). Essa força de trabalho há muito vem sendo socializada para se comportar como bons sujeitos neoliberais. Ou seja, a culpar sempre a si mesmos (ou então a Deus) se algo dá errado, mas jamais ousar sugerir que o capitalismo possa ser o problema. Entretanto, mesmo bons sujeitos neoliberais percebem que há algo de errado na resposta que está sendo dada a esta pandemia, e no fardo desproporcional com o qual precisam arcar na reprodução da ordem social.

São necessárias formas coletivas de ação para que saiamos desta grave crise no enfrentamento à covid-19. Precisamos de ação coletiva para controlar sua disseminação – *lockdowns*, distanciamento social e tudo mais. Essa ação coletiva é necessária para eventualmente nos liberar enquanto indivíduos para vivermos como quisermos, porque não podemos fazer o que queremos agora. Curiosamente, isso acaba por ser uma boa metáfora para entendermos o que é o capital. Significa criar uma sociedade na qual boa parte de nós não está livre para fazer o que queremos, porque estamos efetivamente ocupados produzindo riqueza para a classe capitalista. Aqui, a pergunta que Marx talvez faria é: ora, se aqueles 26 milhões de desempregados efetivamente conseguirem encontrar alguma forma de obterem dinheiro suficiente para se sustentar, adquirir as mercadorias que precisam para sobreviver e alugar a casa que precisam para morar, então por que não buscariam emancipação em massa do trabalho alienante? Em outras palavras, queremos sair dessa crise dizendo simplesmente que há 26 milhões de pessoas que precisam voltar a trabalhar, voltar àqueles péssimos empregos que eles talvez estivessem executando antes? É assim que queremos sair da crise? Ou será que não seria o caso de nos perguntar: existe alguma maneira de organizar a produção de bens e serviços básicos de tal forma que todos tenham algo a comer, um lugar decente para viver, para que possamos implementar moratórias, suspendendo os despejos, e todos possam viver livres de ter de pagar aluguel? Este não seria um momento no qual poderíamos de verdade pensar seriamente a respeito da criação de uma sociedade alternativa?

Se somos arrojados e sofisticados o bastante para lidar com esse vírus, por que não enfrentar logo o capital junto? Em vez de dizer que queremos todos voltar a trabalhar, recuperar aqueles empregos e restaurar tudo da forma que estava antes desta crise ter começado, talvez devamos dizer: por que não sair desta crise criando uma ordem social inteiramente diferente? Por que não pegamos aqueles elementos dos quais a atual sociedade burguesa em colapso está grávida – sua impressionante capacidade produtiva, ciência e tecnologia – e os liberamos, fazendo uso de inteligência artificial e transformações tecnológicas e formas organizacionais para que possamos efetivamente criar algo radicalmente diferente de tudo que existiu antes? Afinal, em meio a esta emergência já estamos experimentando todo tipo de sistemas alternativos, desde o abastecimento gratuito de alimentos básicos a grupos e bairros pobres, passando por tratamentos médicos gratuitos, estruturas alternativas de acesso via internet e por aí vai. De fato, os contornos de uma nova sociedade socialista já estão se revelando – o que talvez explique por que a direita e a classe capitalista estão tão ansiosas para nos reconduzir de volta ao *status quo ante.*

Este é um momento de oportunidade para refletir sobre como seria uma alternativa. É um momento no qual a possibilidade de uma alternativa de fato existe. Em vez de simplesmente reagir de maneira automática focando só em querer recuperar imediatamente esses 26 milhões de postos de trabalho, talvez devamos pensar em ampliar algumas das coisas que já estão acontecendo, tais como a organização de provisão coletiva. Isso já está ocorrendo no campo do atendimento de saúde, mas também está começando a acontecer por meio da socialização do fornecimento de alimentos e inclusive refeições prontas. Em Nova York, vários sistemas de restaurantes permaneceram abertos e graças a doações estão efetivamente fornecendo refeições gratuitas para a população que perdeu seus empregos e não tem condições de se locomover. Em vez de dizer: "Bem, está certo, é isso que fazemos em uma situação de emergência", por que não pensar que este é o momento em que podemos começar a dizer para esses restaurantes: sua missão é alimentar a população de modo que todos tenham uma refeição decente ao menos uma ou duas vezes ao dia. E já temos elementos de tal sociedade aqui: muitas escolas fornecem merenda, por exemplo. Então vamos manter e ampliar isso, ou ao menos aprender a lição do que é possível se verdadeiramente nos importarmos. Não é este um momento em que podemos usar essa imaginação socialista para construir uma sociedade alternativa?

Isso não é utópico. É dizer, tudo bem, veja todos aqueles restaurantes no Upper West Side* que fecharam e agora estão lá parados, dormentes. Vamos botar pessoas de volta nesses lugares – elas podem começar produzindo comida e alimentando a população nas ruas e nas casas, podem fornecer para os idosos. Precisamos desse tipo de ação coletiva para que todos nós nos tornemos individualmente livres. Se os 26 milhões de pessoas atualmente desempregadas precisam voltar a trabalhar, então que seja por seis e não doze horas por dia, para que possamos celebrar a ascensão de uma compreensão diferente do que significa viver no país mais rico do mundo. Talvez seja isso que possa verdadeiramente "tornar a América grande" (deixando o "novamente" para apodrecer na lata de lixo da história)**. Este é o argumento que Marx apresenta repetidamente: a raiz do verdadeiro individualismo, da liberdade e da emancipação (em oposição ao falso individualismo constantemente apregoado pela ideologia burguesa) é uma situação na qual todas as nossas necessidades são atendidas por meio da ação coletiva, de forma que só precisamos trabalhar seis horas por dia e podemos usar o restante do tempo exatamente como bem entendermos. Ou seja, para concluir: este não seria um momento interessante para de fato refletir sobre o dinamismo e as possibilidades de construir uma sociedade alternativa, socialista? Mas para ingressar em um caminho emancipatório desses precisamos primeiro emancipar a nós mesmos para poder enxergar que um novo imaginário é possível, junto com uma nova realidade.

---

*   Bairro nobre, de classe média alta, de Manhattan (Nova York). (N. T.)

** Referência ao slogan trumpista *Make America Great Again*. (N. T.)

Questões e leituras para aprofundar a discussão

CAPÍTULO 1: MUNDO EM TURBULÊNCIA

LEITURAS SUGERIDAS

- David Harvey, *O neoliberalismo: história e implicações* (trad. Adail Sobral e Maria Stela Gonçalves, São Paulo, Loyola, 2008).
  - Capítulo 1: "Liberdade é apenas mais uma palavra...".
- David Harvey, *Cidades rebeldes: do direito à cidade à revolução urbana* (trad. Jeferson Camargo, São Paulo, Martins Fontes, 2014).
  - Capítulo 5: "Reivindicando a cidade para a luta anticapitalista".
- Karl Marx, *A guerra civil na França* (trad. Rubens Enderle, São Paulo, Boitempo, 2011).

QUESTÕES DE TRABALHO

1. O que a atual onda de rebeliões nos ensina sobre as contradições do capitalismo?
2. Por que é crucial entender o problema do crescimento exponencial?
3. Que tipo de caminho um programa anticapitalista e socialista precisaria negociar na atual crise?

CAPÍTULO 2: UMA BREVE HISTÓRIA DO NEOLIBERALISMO

LEITURAS SUGERIDAS

- David Harvey, *O neolilberalismo: história e implicações* (trad. Adail Sobral e Maria Stela Gonçalves, São Paulo, Loyola, 2008).
- Lewis F. Powell Jr. e Eugene Sydnor, "Attack on American Free Enterprise System", 23 ago. 1971. Ed. bras.: "O Memorando Powell" (trad. Henrique Pereira Braga, *Marx e o Marxismo: Revista do NIEP-Marx*, Niterói, v. 4, n. 7, jul/dez 2016, p. 361-79).

218 / Crônicas anticapitalistas

- Daniel Yergin e Joseph Stanislaw, *The Commanding Heights: The Battle for the World Economy* (Nova York, Simon & Schuster, 2002).

QUESTÕES DE TRABALHO
1. O que provocou a quebra no sistema financeiro em 2007-2008?
2. O que Margaret Thatcher quis dizer com a frase "there is no alternative" [não há alternativa]?
3. O neoliberalismo acabou em 2007-2008?

CAPÍTULO 3: CONTRADIÇÕES DO NEOLIBERALISMO

LEITURAS SUGERIDAS
- Karl Marx, *O capital: crítica da economia política,* Livro I: *O processo de produção do capital* (trad. Rubens Enderle, São Paulo, Boitempo, 2013 [1867]).
  • Capítulo 24, item 7: "Tendência histórica da acumulação capitalista".
- David Harvey, *Para entender* O capital*: livros II e III* (trad. Rubens Enderle, São Paulo, Boitempo, 2015).
- Jim Mann, *Rise of the Vulcans: The History of Bush's War Cabinet* (Nova York, Viking, 2004).

QUESTÕES DE TRABALHO
1. Se o capital é compelido a reduzir cada vez mais os salários, de onde virá o mercado para os bens produzidos?
2. Quem foi culpabilizado pela crise financeira de 2007-2008?
3. Depois da crise de 2007-2008, os Estados socorreram os bancos e não as pessoas. Como se deu a restauração da legitimidade política no alvorecer da crise?

CAPÍTULO 4: A FINANCEIRIZAÇÃO DO PODER

LEITURAS SUGERIDAS
- David Harvey, *A loucura da razão econômica: Marx e o capital no século XXI* (trad. Artur Renzo, São Paulo, Boitempo, 2017).

QUESTÕES DE TRABALHO
1. O que Lloyd Blankfein, CEO da Goldman Sachs, quis dizer quando falou que o grupo financeiro estava "fazendo o trabalho de Deus"?
2. O setor financeiro produz valor?

CAPÍTULO 5: A GUINADA AUTORITÁRIA

LEITURAS SUGERIDAS
- Juan Gabriel Valdés, *Pinochet's Economists: The Chicago School of Economics in Chile* (Cambridge, Cambridge University Press, 1995).

Jane Mayer, *Dark Money: The Hidden History of the Billionaires Behind the Rise of the Radical Right* (Nova York, Anchor Books, 2017).

QUESTÕES DE TRABALHO

1. Por que a Faria Lima e o mercado financeiro brasileiro apoiaram uma figura neofascista como Jair Bolsonaro?
2. Que cara tem a aliança nascente entre economia neoliberal e populismo de direita no país em que você vive?

CAPÍTULO 6: SOCIALISMO E LIBERDADE

LEITURAS SUGERIDAS

- Karl Marx, *O capital: crítica da economia política*, Livro III: *O processo global da produção capitalista* (trad. Rubens Enderle, São Paulo, 2017 [1894]).
- Capítulo 48: "A fórmula trinitária".
- Karl Marx, *O capital: crítica da economia política*, Livro I: *O processo de produção do capital* (trad. Rubens Enderle, São Paulo, 2013 [1867]).
- Capítulo 4, item 3: "A compra e a venda da força de trabalho";
- Capítulo 8: "A jornada de trabalho".
- Karl Polanyi, *A grande transformação: as origens da nossa época* (trad. Fanny Wrobel, Rio de Janeiro, Compus, 2000 [1944]).
- Naomi Klein, *A doutrina do choque: a ascensão do capitalismo de desastre* (trad. Vania Cury, Rio de Janeiro, Nova Fronteira, 2008 [2007]).

QUESTÕES DE TRABALHO

1. O socialismo requer abrir mão da liberdade individual?
2. O que Marx quis dizer quando falou que "o reino da liberdade só começa onde cessa o trabalho determinado pela necessidade e pela adequação a finalidades externas"?
3. Qual é a relação entre socialismo e tempo livre?

CAPÍTULO 7: A IMPORTÂNCIA DA CHINA NA ECONOMIA MUNDIAL

LEITURAS SUGERIDAS

- Xi Jinping, *The Governance of China* (Pequim, Foreign Languages, 2014).
- Kai-Fu Lee, *Inteligência artificial: como os robôs estão mudando o mundo, a forma como amamos, nos relacionamos, trabalhamos e vivemos* (trad. Marcelo Barbão, Rio de Janeiro, Globo, 2019).

220 / Crônicas anticapitalistas

QUESTÕES DE TRABALHO
1. Qual foi a resposta dada pela China à crise financeira de 2007-2008? De que maneira ela se diferenciou das respostas dadas pelo resto do mundo?
2. A China é o futuro do capitalismo ou o futuro do socialismo?
3. Que cara poderia ter um socialismo baseado em inteligência artificial?

CAPÍTULO 8: A GEOPOLÍTICA DO CAPITALISMO

LEITURAS SUGERIDAS
- David Harvey, *A produção capitalista do espaço* (trad. Carlos Szlak, São Paulo, Annablume, 2005).
  - Capítulo 4: "O ajuste espacial: Hegel, Von Thunen e Marx".
- David Harvey, *O novo imperialismo* (trad. Adail Sobral e Maria Stela Gonçalves, São Paulo, Loyola, 2005 [2003]).
- Giovanni Arrighi, *O longo século XX: dinheiro, poder e as origens de nosso tempo* (trad. Vera Ribeiro e César Benjamin, Rio de Janeiro/São Paulo, Contraponto/Unesp, 2007 [1994]).
- Rosa Luxemburgo, *A acumulação do capital: estudo sobre a interpretação econômica do imperialismo* (trad. Moniz Bandeira, Rio de Janeiro, Civilização Brasileira, 2021 [1913]).

QUESTÕES DE TRABALHO
1. Qual é a relação entre os detentores de títulos da dívida pública e o poder político?
2. O que é "ajuste espacial"?
3. Que problema tal ajuste busca resolver? Por que ele nunca poderá solucioná-lo permanentemente?

CAPÍTULO 9: A SÍNDROME DO CRESCIMENTO

LEITURAS SUGERIDAS
- Karl Marx, *O capital: crítica da economia política*, Livro I: *O processo de produção do capital* (trad. Rubens Enderle, São Paulo, Boitempo, 2013 [1867]).
  - Capítulo 12: "Divisão do trabalho e manufatura";
  - Capítulo 13: "Maquinaria e grande indústria".
- Karl Marx, *O capital: crítica da economia política*, Livro III: *O processo global da produção capitalista* (trad. Rubens Enderle, São Paulo, 2017 [1894]).
  - Seção III – A lei da queda tendencial da taxa de lucro.
    - Capítulo 13 – "A lei como tal";
    - Capítulo 14 – "Causas contra-arrestantes";
    - Capítulo 15 – "Desenvolvimento das contradições internas da lei".

Questões e leituras para aprofundar a discussão / 221

- Karl Marx, *Manuscritos econômico-filosóficos* (trad. Jesus Ranieri, São Paulo, Boitempo, 2004).
- David Harvey, *Paris, capital da modernidade* (trad. Magda Lopes e Artur Renzo, São Paulo, Boitempo, 2015).

QUESTÕES DE TRABALHO

1. As fábricas parecem ter desaparecido em boa parte do Norte global. O que surgiu em seu lugar?
2. Em que sentido a lei da queda tendencial da taxa de lucro é uma faca de dois gumes?
3. Por que focar apenas na *taxa* de crescimento, ignorando a *massa* de crescimento, pode induzir ao erro?

CAPÍTULO 10: A EROSÃO DAS ESCOLHAS DO CONSUMIDOR

LEITURAS SUGERIDAS

- Karl Marx, *O capital: crítica da economia política*, Livro I: *O processo de produção do capital* (trad. Rubens Enderle, São Paulo, Boitempo, 2013 [1867]).
  - Capítulo 13: "Maquinaria e grande indústria".
- David Harvey, *Cidades rebeldes: do direito à cidade à revolução urbana* (trad. Jeferson Camargo, São Paulo, Martins Fontes, 2014).
- André Gorz, *Metamorfoses do trabalho: crítica da razão econômica* (trad. Ana Montoia, São Paulo, Annablume, 2003).

QUESTÕES DE TRABALHO

1. Em que medida somos autônomos em termos das nossas escolhas de consumo?
2. O que puxa o desenvolvimento urbano hoje?
3. Em que medida o extrativismo é necessário para a reprodução dos modos de vida contemporâneos?

CAPÍTULO 11: ACUMULAÇÃO PRIMITIVA OU ORIGINÁRIA

LEITURAS SUGERIDAS

- Rosa Luxemburgo, *A acumulação do capital: estudo sobre a interpretação econômica do imperialismo* (trad. Moniz Bandeira, Rio de Janeiro, Civilização Brasileira, 2021 [1913]).
- Karl Marx, *O capital: crítica da economia política*, Livro I: *O processo de produção do capital* (trad. Rubens Enderle, São Paulo, Boitempo, 2013 [1867]).
  - Capítulo 24 – "A assim chamada acumulação primitiva":
  - Capítulo 25 – "A teoria moderna da colonização".

222 / Crônicas anticapitalistas

- Michael Perelman, *The Invention of Capitalism: Classical Political Economy and the Secret History of Primitive Accumulation* (Durham, NC, Duke University Press, 2000).
- Hannah Arendt, *Origens do totalitarismo* (trad. Roberto Raposo, São Paulo, Companhia das Letras, 1989 [1951])
  - Parte II: "Imperialismo".

QUESTÕES DE TRABALHO
1. Quais eram os principais propósitos da assim chamada "acumulação primitiva"?
2. Em que medida os processos da acumulação primitiva descritos por Marx permanecem conosco hoje?

CAPÍTULO 12: ACUMULAÇÃO POR DESPOSSESSÃO

LEITURAS SUGERIDAS
- David Harvey, *O novo imperialismo* (trad. Adail Sobral e Maria Stela Gonçalves, São Paulo, Loyola, 2005 [2003]).
  - Capítulo 4: "Acumulação por despossessão".

QUESTÕES DE TRABALHO
1. Qual é a diferença entre "acumulação primitiva" e "acumulação por despossessão"?
2. Cite exemplos de lutas contra a acumulação por despossessão.

CAPÍTULO 13: PRODUÇÃO E REALIZAÇÃO

LEITURAS SUGERIDAS
- Karl Marx, *Miséria da filosofia: resposta à* Filosofia da miséria, *do sr. Proudhon* (trad. José Paulo Netto, São Paulo, Boitempo, 2017).
  - Passagem final: §5. "As greves e as coalizões dos operários", p. 141-7.
- Karl Marx, *Grundrisse: manuscritos econômicos de 1857. Esboços da crítica da economia política* (trad. Mario Duayer e Nélio Schneider, São Paulo/Rio de Janeiro, Boitempo/UFRJ, 2011).
- Silvia Federici, *Calibã e a bruxa: mulheres, corpo e acumulação primitiva* (trad. Coletivo Sycorax, São Paulo, Elefante, 2017).

QUESTÕES DE TRABALHO
1. Qual é a importância de compreender a diferença entre aquilo que Marx denominava "classe-em-si" e o que chamava de "classe-para-si"?
2. O transporte produz valor?

3. O que o impacto dos fechamentos ocorridos por conta da pandemia de covid-19 revela sobre a atual constituição da classe trabalhadora onde você mora?

CAPÍTULO 14: EMISSÕES DE DIÓXIDO DE CARBONO E MUDANÇA CLIMÁTICA

LEITURAS SUGERIDAS

- David Harvey, *Os sentidos do mundo: textos essenciais* (trad. Artur Renzo, São Paulo, Boitempo, 2020).
  - Capítulo 7: "A natureza do meio ambiente: a dialética das transformações sociais e ambientais", p. 181-243.

QUESTÕES DE TRABALHO

1. De onde veio o aumento na massa de dióxido de carbono acumulada na atmosfera?
2. De que forma os ativistas podem se organizar para promover a retirada desse gás da atmosfera? Para onde ele iria?

CAPÍTULO 15: TAXA *VERSUS* MASSA DE MAIS-VALOR

LEITURAS SUGERIDAS

- Karl Marx, *O capital: crítica da economia política*, Livro I: *O processo de produção do capital* (trad. Rubens Enderle, São Paulo, Boitempo, 2013 [1867]).
  - Capítulo 1: "A mercadoria";
  - Capítulo 8: "A jornada de trabalho";
  - Capítulo 9: "Taxa e massa do mais-valor".
- Karl Marx, *O capital: crítica da economia política*, Livro III: *O processo global da produção capitalista* (trad. Rubens Enderle, São Paulo, 2017 [1894]).
  - Seção III – "A lei da queda tendencial da taxa de lucro":
    - Capítulo 13 – "A lei como tal";
    - Capítulo 14 – "Causas contra-arrestantes";
    - Capítulo 15 – "Desenvolvimento das contradições internas da lei".
- Paul M Sweezy e Paul A. Baran, *Capitalismo monopolista: ensaio sobre a ordem econômica e social americana* (trad. Waltensir Dutra, Rio de Janeiro, Zahar, 1966).
- Blog do professor Michael Roberts: <https://thenextrecession.wordpress.com>.

QUESTÕES DE TRABALHO

1. Os capitalistas estão mais preocupados com a massa ou com a taxa de mais-valor?

2. Qual é o argumento de Marx sobre a equalização da taxa de lucro?
3. Como esse achado de Marx nos ajuda a compreender o período da globalização, iniciado nos anos 1980?

CAPÍTULO 16: ALIENAÇÃO

LEITURAS SUGERIDAS

- Karl Marx, *Manuscritos econômico-filosóficos* (trad. Jesus Ranieri, São Paulo, Boitempo, 2004).
- Karl Marx, *Grundrisse: manuscritos econômicos de 1857. Esboços da crítica da economia política* (trad. Mario Duayer e Nélio Schneider, São Paulo/Rio de Janeiro, Boitempo/UFRJ, 2011).
- Karl Marx, *O capital: crítica da economia política*, Livro I: *O processo de produção do capital* (trad. Rubens Enderle, São Paulo, Boitempo, 2013 [1867]).
- Capítulo 8: "A jornada de trabalho".
- Émile Zola, *O paraíso das damas* (trad. Joana Canêdo, São Paulo, Estação Liberdade, 2008).

QUESTÕES DE TRABALHO

1. Como Marx definia o conceito de alienação?
2. De que forma a teoria marxiana da alienação pode nos ajudar a compreender as atuais condições de trabalho?

CAPÍTULO 17: ALIENAÇÃO NO TRABALHO: A POLÍTICA DE UM FECHAMENTO DE FÁBRICA

LEITURAS SUGERIDAS

- Paul A. Baran e Paul M. Sweezy, *Capitalismo monopolista: ensaio sobre a ordem econômica e social americana* (trad. Waltensir Dutra, Rio de Janeiro, Zahar, 1966).
- LaToya Ruby Frazier, Karsten Lund e Solveig Øvstebø (eds.), *LaToya Ruby Frazier: The Last Cruze* (Chicago, The Renaissance Society/University of Chicago Press, 2020)

QUESTÕES DE TRABALHO

1. O que o ensaio fotográfico de LaToya Ruby Frazier nos ensina sobre o impacto do fechamento da fábrica da General Motors para os trabalhadores, suas famílias e comunidade?
2. Por que as grandes montadoras automotivas de Detroit são bons exemplos de capitalismo monopolista?
3. Como a globalização alterou a maneira pela qual o capital enxerga o trabalho?

Questões e leituras para aprofundar a discussão / 225

CAPÍTULO 18: POLÍTICA ANTICAPITALISTA EM TEMPOS DE CORONAVÍRUS

LEITURAS SUGERIDAS

- Karl Marx, *Grundrisse: manuscritos econômicos de 1857. Esboços da crítica da economia política* (trad. Mario Duayer e Nélio Schneider, São Paulo/Rio de Janeiro, Boitempo/UFRJ, 2011).
- David Harvey, *Anticapitalismo em tempos de pandemia: marxismo e ação coletiva* (trad. Artur Renzo, Cauê Ameni, Murillo van der Laan, São Paulo, Boitempo, 2020).

QUESTÕES DE TRABALHO

1. De que forma o modelo econômico neoliberal dominante – que já se encontra com legitimidade periclitante e em condição delicada de saúde – poderia dar conta de garantir sua sobrevida após uma pandemia, absorvendo os impactos inevitáveis desse processo?
2. Como avaliar o mito conveniente de que doenças infecciosas não conhecem barreiras sociais nem de classe?

CAPÍTULO 19: A RESPOSTA COLETIVA A UM DILEMA COLETIVO

LEITURAS SUGERIDAS

- Karl Marx, *Grundrisse: manuscritos econômicos de 1857. Esboços da crítica da economia política* (trad. Mario Duayer e Nélio Schneider, São Paulo/Rio de Janeiro, Boitempo/UFRJ, 2011).
- Karl Marx, *A guerra civil na França* (trad. Rubens Enderle, São Paulo, Boitempo, 2011).

QUESTÕES DE TRABALHO

1. De que maneira a mobilização de ciência e tecnologia como formas de conhecimento afeta o modo pelo qual a mão de obra é incorporada em processos de produção no interior do capitalismo?
2. Qual é o argumento apresentado por Marx a respeito da autoemancipação dos trabalhadores?
3. Em que sentido os ativistas poderiam enxergar a atual crise como uma oportunidade para vislumbrar uma sociedade socialista alternativa?

Agradecimentos

Somos gratos ao The People's Forum pelo apoio a este projeto e, em particular, a Claudia De la Cruz, Manolo De Los Santos, Layan Fuleihan, David Chung, Belén Marco Crespo, Bryant Diaz, Juan Peralta e Rita Henderson, entre muitos outros. Trabalhar com o editor de aquisições David Shulman foi um prazer. Queremos estender nossos agradecimentos a ele e aos seus colegas David Castle e Veruschka Selbach, da Pluto Press, pelo estímulo e apoio à Red Letter. Robert Webb nos conduziu pelo processo de produção. Nosso muito obrigado a Aya Ouais pela assistência de pesquisa e pelas transcrições deste livro, a Elaine Ross pela preparação textual, e a Melanie Patrick pela arte da capa. Nossos mais profundos agradecimentos a Christina Heatherton, Manu Karuka, Kanishka Goonewardena e ao grupo de trabalho sobre capitalismo racial do Centro de Estudos da Diferença Social da Universidade Columbia, pelas inestimáveis informações que levaram a esta publicação.

Jordan T. Camp gostaria de agradecer ao Center for Place, Culture and Politics da pós-graduação da Cuny por oferecer uma comunidade intelectual estimulante e vital, decisiva para que ele completasse o livro na condição de pesquisador visitante. As conversas com Ruth Wilson Gilmore, David Harvey, Peter Hitchcock, Zifeng Liu, Maria Luisa Mendonça, Lou Cornom, Mary Taylor e muitos outros nutriram o processo de edição.

Chris Caruso gostaria de agradecer a David Harvey pela generosidade que demonstrou neste projeto editorial, pelo seu apoio a iniciativas de movimentos sociais em todo o mundo e pela parceria de quinze anos no trabalho de educação política on-line. Sou grato também aos camaradas e mentores Willie Baptist, Roy Singham, General Baker, Marian Kramer, Kathleen Sullivan e Ronald Casanova pela insistência na necessidade de uma educação política rigorosa no sentido de desenvolver intelectuais orgânicos das fileiras dos pobres e despossuídos. Agradeço à minha esposa, Liz, e aos nossos filhos Sophia e Luke, pela esperança e inspiração.

Os editores brasileiros são gratos a LaToya Ruby Frazier e à Galeria Gladstone pela gentileza de terem cedido fotografias do projeto *The Last Cruze* especialmente para esta edição. O par de obras da série To Fix It que ilustra a capa deste livro é generosa cortesia da artista plástica Liliana Porter, cujo trabalho também estampa a capa de *A loucura da razão econômica*, de David Harvey.

ÍNDICE

11 de setembro de 2001, atentados 149

5G, sistema de comunicações 87

ação coletiva 211, 213, 215

aceleração, modos de produção 126

acumulação de capital
  centros alternativos de 105
  por despossessão 137, 139-42
  e mudança climática 160

Administração Oceânica e Atmosférica
  Nacional (NOAA, na sigla em inglês; EUA)
  28, 153

África
  especulação imobiliária na 54-5
  investimentos chineses na 108

Agência de Proteção Ambiental dos Estados
  Unidos (EPA, na sigla em inglês) 47, 62, 64

agricultura: como forma de absorção de dióxido
  de carbono 158-9

ajuste espacial 100-4, 106-10

Alemanha 88, 105, 163, 167, 182
  e *Geopolitik* 108

alienação 45, 169-73
  aspecto subjetivo da 170-4
  do consumismo 176, 179-80
  do processo de trabalho 171-4

do processo político 180
dos capitalistas 171, 176

alimentos, preparação de 151

Allende, Salvador 8, 21, 36, 59

Alternative for Deutschland (partido político
  alemão) 60

Althusser, Louis 170, 172

Amazon (empresa) 43, 97, 124

América Latina, especulação fundiária na 54-5,
  130

American Airlines 140

Apple Inc. 77-8, 83, 142

aquecimento global 115, 118, 125, 150, 155

Arendt, Hannah 133

Argentina 101

Arrighi, Giovanni 99, 100, 107

associações de apoio mútuo 55

austeridade (políticas econômicas) 82

Austrália 83, 87

autoemancipação, transformação de "si" 206, 210

automação 174-5, 207

Bagdá 21

Baltimore 146, 156

230 / Crônicas anticapitalistas

Banco Central Europeu 52, 97

Banco Mundial 26, 95

bancos e atividade bancária 34, 46

Banco da Inglaterra: relatório sobre flexibilização quantitativa 52-3, 114, 119

Banco de Compensações Internacionais (BIS, na sigla em inglês) 95

Bangladesh 24, 163, 164

Bannon, Steve 60

Baran, Paul 167

Barcelona: impacto do turismo em 180

Barra, Mary 190

black blocs 26

Blackstone (empresa de private equity) 45, 138

Blair, Tony 36

Blankfein, Lloyd 49

Blanqui, Louis 206

Bloomberg, Michael 50, 63-5, 73

Bolívia 23

Bolsonaro, Jair 10-1, 23, 27, 57-9, 65, 159, 182

Brasil 7, 10-2, 17, 25-7, 55, 58-9, 63, 65, 158--60, 182
Bolsa Família (programa) 59
desmatamento e meio ambiente 159
eleição de 2019 57-8
partidos políticos 27

Breitbart News 47

Bretton Woods, acordo de (1944) 98, 166-8, 188

Brexit 49

Bureau Nacional de Pesquisa Econômica (EUA) 35

Burger King 146, 151

Bush, George W. 44-5, 149

Business Roundtable [Mesa-redonda de Negócios] 34

Cabet, Étienne 206

calota polar da Groenlândia 154

Canadá 62

capacidade produtiva excedente 101-2, 109

capital
acumulação de 95, 97, 137-8
acumulação primitiva de 129, 132, 133, 142
centralização de 137
circulação de 31-2, 41
concentração em áreas metropolitanas 165
crescimento de 29, 50-1, 109
expansão geográfica de 100
geopolítica de 9
legalidade do 132-3
origens do 129-30
subserviência do Estado ao 98
subsídio do Estado ao 44
excedente de 101-4

capital em movimento, valor do 95-6

capital excedente, investimento de 101-2, 106

capital fictício 103

capital fixo 210-1

capital mercantil 142

capitalismo 25, 29
contradições do 11, 28, 30-1, 41-2, 161-2
e cristianismo 130
dinamismo do 104, 116, 134, 207-8
e modos de produção 91

"capitalismo consciente" 25

"capitalismo gladiador" 88

Carte Bleue (cartão de crédito) 96

Central Intelligence Agency (CIA) 8

Centre Georges Pompidou, Paris 123

Centro de Controle de Doenças (EUA) 199

centros metropolitanos: concentração de capital nos 165

Cheney, Dick 44

Chile 8, 10-1, 21-5, 36, 59, 82

China 42, 51, 62, 89, 100, 117-8
acordos tarifários com os Estados Unidos 62, 83-4
aliança com a Rússia 108-9
e a Apple Inc. 77
consumo de cimento 51, 81, 125, 157

e covid-19 197-9
e direitos de propriedade intelectual 87, 164
empreendedorismo na 84-6
e epidemias 197-9, 201
fonte de elevação nas emissões de dióxido de
  carbono 157-8
e Guerras do Ópio 102, 134
e indústrias de TI (tecnologia e informação)
  77, 85
investimento em infraestrutura 81-2
investimentos na África 108
investimentos na Ásia Central 108-9
mercado consumidor na 83
níveis de pobreza na 79-80
papel dos prefeitos locais 84-5
Partido Comunista 78
passagem para uma economia de mercado 166
passagem para uma economia intensiva em
  capital 164, 98
políticas de combate à corrupção 58
presença na economia global 78
resposta à crise financeira global de 2007-08
  52, 80-3, 107, 157
e o setor de linhas aéreas 150
sistema bancário 84
sistema descentralizado de economia 84-5
sistema político 199
startups (empresas) 86
tensões econômicas com os EUA 164, 168
uigures muçulmanos na 109
urbanização 80-1
Chrysler (empresa automotiva) 186
Cidade do México, terremoto na (1985) 202
ciência e tecnologia 208-9
cimento: consumo por parte da China 51, 82,
  158, 159
"círculos de qualidade" de trabalho (década de
  1970) 173
City de Londres (centro financeiro) 49
classe capitalista 61, 63
  diferenças internas 47, 64
classe corporativa 33-4
  financiamento de *think tanks* pela 27
classe de investidores 55

"classe-em-si" 146
classe social 59
  e epidemias 201-2
classe trabalhadora 60-1, 68, 145-6, 148, 167
  sentimentos anti-imigrante no interior da 167
  ver também nova classe trabalhadora
Clinton, Bill 35, 96
Cohen, Leonard *Everybody Knows* (canção) 57
Comuna de Paris (1871) 32, 207
Comunismo 105
"comunismo dos capitalistas" 162
concorrência, leis coercitivas da 29, 78, 171-2
consumismo 121, 125, 127, 176
  impacto da covid-19 no 176
  ver também consumismo compensatório
"consumismo compensatório" 176-81, 201
  alienação do 182
consumo e sobreconsumo 202-3
controladores de tráfego aéreo, greve de 148
controle de capitais 98, 166-8, 188
Coreia do Sul 63, 80, 105-6, 198-9
coronavírus *ver* covid-19
corporações, subsídios do Estado às 44
Correa, Rafael 23
corrupção 58
covid-19 12, 196-9, 202
  impacto no consumismo 200-1
  impacto no mercado financeiro 199
  impacto no turismo 201
  impacto nos hábitos alimentares 151
  e o meio ambiente 203
crédito
  crescimento do 42, 56
  sistema de 55-6
crescimento exponencial 29-30, 50-1, 89
crescimento populacional 156-7
crescimento, taxa de 114-5, 117-9
crise financeira global (2008) 11, 37-9, 45, 203
  explicações dadas para a 46-7
  impacto na indústria automotiva 188-9

232 / Crônicas anticapitalistas

intervenção estatal na 45, 104
reação da China à 80-1, 107
respostas à 52-3
socorro pelos governos 37, 202-3
cristianismo: e capitalismo 130
culpabilização da vítima 38
curva de crescimento 50

degradação ambiental 28, 31, 63, 125, 155-7, 202
Deng Xiaoping 78-9
dengue 197
Derrida, Jacques 130
desastres naturais: e crises econômicas 12, 31
descolonização 104
desigualdade 24, 25, 30, 36, 54
desindustrialização 145-6
despossessão, acumulação de capital por 137, 139-42
desregulamentação dos serviços financeiros 35, 50
Detroit
indústria automotiva 167, 186, 188, 189, 203
rebelião (1967) 8
Dia da Terra (evento) 155, 156
mistura étnica do público presente no 155
dinheiro 94-6
capital monetário 30, 32
empréstimos monetários 131
movimentação de 98-9
oferta monetária, expansão da 52
direitos de propriedade intelectual 87, 164
direitos previdenciários 140-1
disparidade de riqueza 37, 38, 53, 65, 114-5
dívida, crescimento da 43-4, 56
divisão do trabalho 174
Duterte, Rodrigo 58, 65, 182

ebola 197, 199
economia da cópia 86-89
economia do lado da oferta 34

economia global 30-1, 77-8, 83
crescimento no pós-Segunda Guerra Mundial 104-5
expansão da 51-2
economia política utópica 132
economias intensivas em capital 162-4, 168
economias intensivas em trabalho 162-4, 168
educação: e neoliberalismo 64-5
efeito estufa, emissões de gases do 115, 118, 150, 157
eficiência-X 173, 184
Egito 182
Ehrlich, Paul: e aposta com Julian Simon 156-7
eleições, financiamento 34-5, 46-7
Elizabeth II, rainha 39
emissões de dióxido de carbono 153-4, 157, 158-60
Engels, Friedrich 28, 116
epidemias 201
da gripe espanhola (1918) 197
de cólera 201
de opioides 45-6, 193
Equador 22-4
Erdogan, Recep Tayyip 25, 65, 182
Escola de Chicago ("Chicago Boys") 11, 21, 59
Estado territorial 93-5, 97
Estado, o 43-4, 93-7
Estados militarizados 44, 65
ver também Estado territorial
subserviência ao capital privado 98
subsídios estatais ao capital 43-4
Estados Unidos 12, 23, 27-8, 56, 103-4, 99-100
e acordos tarifários com a China 62, 82-3
classe trabalhadora 201-2, 213
colapso do mercado imobiliário 45, 138-9, 142
covid-19 nos 12, 213
desemprego 212-3
e direitos de propriedade intelectual 164
etnia dos trabalhadores 148
impacto da crise financeira global de 2007-08 nos 45, 80-1, 188-9, 202-3
perda de direitos trabalhistas 140-1

Índice / 233

programa de agricultura 159
proibição do 5G 87
reformas tributárias 47, 62-3, 141
sistema de partidos políticos 64
e tensões com a China 84, 164, 166-7
estrutura de classe 60-1
estruturas de comércio 166
expropriação violenta 132-3

Facebook 124
falta de moradia 72
fascismo 64-5
fast food, setor de 146, 150-1
febre do Nilo Ocidental 197
feudalismo, erosão do 131
filantropia 63
Filipinas 58, 182
Financial Times 21, 114, 117
flexibilização quantitativa 52-3, 114-5, 118
floresta amazônica 158-9
florestas úmidas 159
força de trabalho 34-5
força de trabalho, organização da 147, 149-50
Ford Motors 186
Fortune (revista) 155
Fourier, Charles 206
Fox News 47
Foxconn 44, 97, 106-7
França 23, 95-6, 104, 167, 182, 206
Franco, Francisco 65
Frazier, LaToya Ruby 183-5, 187, 189, 191, 193
Friedman, Milton 70, 80, 171
Fromm, Erich 170
Fundação Heritage 35
Fundação Olin 35
Fundo Europeu de Estabilização Financeira 97
Fundo Monetário Internacional (FMI) 22-3, 26, 81, 95, 97

fundos de pensão 55
Furacão Katrina (2005) 9

Game of Thrones (série de tv) 93
General Motors 54, 147, 183-4, 186-7, 189-90, 192-3, 203
e direitos trabalhistas 188-9
General Motors Acceptance Corporation 54
Gênova, crescimento do poder financeiro em 99
geopolítica 107-10
gilets jaunes, movimento 23
Giuliani, Rudolph 149
Glass Steagall Act (1933) 35-6, 96
globalização: e disseminação de doenças 197-8
Goldman Sachs 49-50, 56, 96
papel no governo dos EUA 56, 96
Google 84, 86, 124, 138, 142
Gorz, André 176, 201
Gramsci, Antonio 9-11
e o intelectual orgânico 11-12
Grécia 82, 97, 140, 163
greve dos mineiros (Reino Unido, 1984-5) 149
gripe aviária 197
gripe suína 197
Grubhub 151
Guedes, Paulo 59
Guerra do Iraque 44
Guerras do Ópio 102, 134
guerras tarifárias 62

Harvey, David
"A natureza do meio ambiente: a dialética das transformações sociais e ambientais" 196
"Organizing for the Anti-Capitalist Transition" (palestra no FSM de 2010) 11
Justiça social e a cidade 70
A loucura da razão econômica 15, 91
O neoliberalismo: história e implicações 7, 15, 33, 41
Paris, capital da modernidade 113, 177, 206

234 / Crônicas anticapitalistas

Haushofer, Karl 108
Hayek, Friedrich 70
Himalaias 154
Hitler, Adolf 65
HIV/aids 197
Holanda, crescimento do poder financeiro na 99
Hong Kong 79, 106
Huawei (empresa) 77, 87
Hubei (província) 199
Hudson Yards, Nova York 122-7
Hungria 63, 65, 182
imigração: e mercado de trabalho 61-2, 167

Império Britânico
    e a construção de ferrovias na Índia 102
    e as Guerras do Ópio 102, 134
    e a indústria têxtil indiana 102, 104, 134
Índia 12, 24, 31, 51, 63, 65, 100-2, 104, 134-5, 154, 160, 182
    ferrovias construídas pela Inglaterra 102
    e as Guerras do Ópio 102, 134
    indústria têxtil 102, 104, 134
    Marx sobre 102
indústria automotiva 54, 112, 118, 186, 190-2
    impacto da CFG na 188-9
    e sindicatos 186
indústria do turismo 149-50, 179-80
impacto da covid-19 na 200, 202
indústria dos transportes, produção de valor da 147
indústria farmacêutica 199
indústrias de tecnologia 207-8
indústrias de tecnologia de ponta 88
Inglaterra 49
    e 5G 87
    e a City de Londres 49
    política habitacional 71-2
    privatização do transporte público 73-4
    e a Revolução Industrial 99
Iniciativa do Cinturão e Rota (projeto do governo chinês) 107-10

inovação e capitalismo 208-10
Instituto Manhattan 35
Instituto de Tecnologia da California (Caltech) 209
intelectual orgânico (Gramsci) 11
inteligência artificial (IA) 88-9, 161, 174, 210-11
internet 124
Irã 23, 199
Iraque 23
Irlanda 98
Islândia
    erupção vulcânica (2010) 149, 201
    resposta à crise financeira global 46
Itália 99-100, 199

Japão 79, 82, 88, 104-9, 163
    Banco Central japonês 52
    e indústria automotiva 112, 188
jornada de trabalho 68, 172, 212
juros compostos 29-30, 50
juros simples 29-30

Kai-Fu Lee 86
Kentucky Fried Chicken 146-7
Koch Industries 60-1, 63
Koch, irmãos (Charles e David) 46-7, 60-4
    e filantropia 63

Lebensraum, teoria geopolítica do 108
Left Bank jazz club, Baltimore: mistura étnica do público no 156
Lei Dodd-Frank de Reforma de Wall Street e Proteção ao Consumidor (Estados Unidos, 2010) 50
Lênin, Vladímir Ilitch 11, 78
levantes de Watts (1965) 8
Líbano 10, 23, 26
liberdade 67-71, 124
liberdade do indivíduo 37, 67-8, 70, 74, 176, 211

Liga de Trabalhadores Negros Revolucionários (Detroit) 186

Lincoln Center 63

linhas aéreas, setor de 54, 148-50

livre-comércio 105-6, 165

livres-mercados balizados pelo Estado 59-60

Locke, John 132

Lordstown General Motors 183-9, 191-3

lucro
  equalização da taxa de 162-3, 165-7
  maximização da taxa de 41
  queda tendencial da taxa de 116, 125, 161
  taxa de 119, 162

Lula da Silva, Luiz Inácio 23, 58

Luxemburgo, Rosa 133-5
  A acumulação do capital 102

Mackinder, Halford 107-9

Mahan, Alfred Thayer 107

Mais-valor 161, 170, 212

máquinas e maquinaria 121-2
  Marx sobre 111, 121-2
  substituição da mão de obra por 209-11

Mar da China Meridional 108

Marx, Karl 28-30
  A guerra civil na França 32, 205-6
  e o ajuste espacial 101
  Grundrisse 170-1, 175, 207-11
  idealismo de 169
  Manifesto Comunista 207
  Manuscritos econômico-filosóficos 169-70, 173, 175
  sobre o sistema fabril 111-2, 121-2
  O 18 de brumário de Luís Bonaparte 32, 205
  O capital 41, 68, 91, 116, 129, 161-2
  sobre a centralização do capital 137-8
  sobre a Comuna de Paris 32, 205-7, 210
  sobre a Índia 102-3
  sobre a liberdade do indivíduo 211
  sobre a queda tendencial da taxa de lucro 116, 161
  sobre alienação 169-73
  sobre as origens do capital 130

sobre ciência e tecnologia 208-10
  sobre John Stuart Mill 178
  sobre liberdade 67-8, 73, 123-4
  sobre o sistema financeiro 55
  sobre socialismo utópico 206
  sobre tempo livre 123-4

marxismo 16

massa, economia da 114-9, 157-8, 161

Massachusetts Institute of Technology (MIT) 209

Massively Open Online Course (MOOC) 16

May, Theresa 115

McDonald's 146-7, 151, 198

McKinsey & Company 95

mercado habitacional 52, 139
  colapso do 38, 42-3, 45
  e gentrificação 139

mercado imobiliário 52, 72-3

México 43, 62

mídia, controle corporativo da 35

mídias sociais 16

Mill, John Stuart 122, 178

Mitterrand, François 95-6

mobilizações de massa 26, 28

Modi, Narendra 63

moradia 25-6
  valor de troca da 71-2
  privatização da 71

Morales, Evo 23

Moreno, Lenín 23

Movimento dos Trabalhadores Rurais Sem Teto (MST), Brasil 7, 11

movimento Occupy Wall Street 26, 46, 50, 56

movimentos anticapitalistas 9-11, 36, 46, 145, 155-6

movimentos antiglobalização 26

movimentos de 1968 176

movimentos de extrema direita 59, 64-5

movimentos de libertação nacional 8

movimentos de protesto 8, 23-7, 196
  gatilhos 21-2, 24

236 / Crônicas anticapitalistas

organização 27

movimentos estudantis de protesto 35, 70, 155

movimentos nacionalistas 65

Movimento Sindical Revolucionário da Dodge, de Detroit 186

mudança climática 28, 64-5, 154, 159
  e acumulação de capital 159-60

mudança tecnológica 145-6
  e capitalismo 207-8
  impacto sobre os empregos 145-6

mulheres
  como consumidoras 177
  na força de trabalho 151
  preparo de alimentos por 151

Museu de História natural (Nova York) 63

Mussolini, Benito 65

Myrdal, Gunnar 165

nacional socialismo (nazismo) 65

Naomi Klein 69

negociação de painel (sindical) 186

neoconservadorismo (neocons) 44

neofascismo 8, 10, 60, 65

neoliberalismo 7, 10, 21, 24-5, 33-4, 36-7, 44-5, 60
  contradições 41
  Estado neoliberal 11-2
  e a Europa 60
  guinada neoliberal 9, 21
  ligações com a extrema direita 60, 64-5
  perda de legitimidade do 37

Netflix 179

Nicarágua: terremoto na (1972) 202

Nixon, Richard 8, 155-6

nova classe trabalhadora 148-50, 214

Nova York (cidade) 97, 146
  ação coletiva em 214
  moradia em 72-3, 123

Nova Zelândia 87

Obama, Barack 61

offshoring 146

Ohio 193

Oppo (empresa) 77

Orbán, Viktor 65

Organização Mundial do Comércio (OMC) 26, 96

Oxfam: relatório sobre distribuição de riqueza 65

padrão-ouro 30

Partido Democrata (EUA) 34-5, 62-5, 70

Partido dos Trabalhadores (PT), Brasil 27, 57-9

Partido Republicano (EUA) 33, 61, 82
  controle sobre o Congresso 61-2

Partido Trabalhista (Reino Unido) 73-4

partidos de esquerda, colaboração de 27-8

permafrost do Ártico 155

Piketty, Thomas. *O capital no século XXI* 36

Piñera, Sebastián 21-2

Pinochet, Augusto 10, 21, 36, 59

Plano Marshall 104

pobreza, autoculpabilização pela 36-7

poder, lógicas do 95-6

Polônia 63, 182

Polyanyi, Karl. *A grande transformação* 69-70, 79

populismo de direita, ascensão do 59-60, 182

Powell, Lewis 33

Price, Richard 29

privatização 73, 142-3

processo de trabalho
  alienação do 174-6
  descentralização do 113-4

processo político: alienação do 181-2

produção
  como forma do capital 99
  modos de 91, 126-7
  e realização 31, 151
  sistemas alternativos de 103

Produto Interno Bruto (PIB) 43

programa socialista de Mitterrand 95-6

protestantismo 130

Proudhon, Pierre-Joseph 206

quakerismo 130

Reagan, Ronald 36-7, 43, 64, 148

realização e produção 30, 151

recursos energéticos 155

reflorestamento e emissões de dióxido de
carbono 158-9

reforma prisional 61
e o mercado de trabalho 61

relações de trabalho 184-7

religião, surgimento da 180

Reserva Federal (EUA) 30, 52, 198

Revolução Industrial 99

Ricardo, David 132

Rice, Condoleezza 44

Riqueza 211-2

Roberts, Michael 164

Rousseff, Dilma 10, 58

Rubin, Robert 96

Rumsfeld, Donald 44

Rússia 42, 109

Saint-Simon, Henri de 206

salários, redução nos 41, 46

Santa Barbara, movimento estudantil de
protesto em 155

São Paulo 192

Sars 197-9

saúde pública: impacto das políticas de
austeridade sobre 198-9

Schwartzman, Steven 45

"senso comum" 9-10

sentimentos anti-imigrante 164

ser genérico 169

Shakespeare, William. *A vida e morte do Rei João*
(peça) 91-2

Shed, The, (Hudson Yards, Nova York) 122,
127

shopping centers 122

Simon, Julian, e aposta com Paul Ehrlich 156

Sindicato Nacional dos Mineradores (Reino
Unido), greve do 149

Singapura 79, 163-4, 199

sistema de mercado 43, 171

sistema de saúde: e covid-19 199

sistema fabril 29, 111-4, 145
e maquinaria 121-2

sistema financeiro 55-6
desregulamentação do 35, 50
manipulação 54
e produção de valor 49-50

Smith, Adam 132, 171

sobreconsumo 202

socialismo 57, 73
e liberdade do indivíduo 67, 74
utópico 206

Soros, George 64

Starbucks 83, 198

startups: e a China 86-7

Stedile, João Pedro, 11

Steyer, Tom 64

Sweezy, Paul e Paul Baran. *Capital monopolista*
151

Syriza (partido grego) 97

Taiwan 79, 106-7, 199

Tea Party, movimento 46, 61

Teerã 21, 23-4

tempo livre 74-5, 123-4, 174, 211-2

Tempos modernos (1936), filme de Charlie
Chaplin 121

teoria da mercadoria 91, 99

238 / Crônicas anticapitalistas

teoria do heartland da Europa Central (Halford Mackinder) 107-8

terra
apropriação 131, 140
comum 131-2
especulação 54-5, 140

Thatcher, Margaret 36-7, 71, 142, 149
e greve do Sindicato dos Mineiros 149

The People's Forum 7

think tanks 34-5

trabalhadores
alienação do processo de trabalho 169-70
autoemancipação dos 206, 210
autonomia dos 121

trabalhadores aeroportuários 147-9

trabalhadores da saúde, classe social e etnia dos 201-2, 213

trabalho
divisão do 173
divisões especializadas de 113
e o sistema fabril 112

transporte público, privatização do 73

Tratado de Vestfália (1648) 93

Tratado Norte-Americano de Livre-Comércio (Nafta, na sigla em inglês) 35

Troika (sistema bancário europeu) 97

Trump, Donald 11, 46, 62, 118, 153
e covid-19 12, 199-200, 203
e a extrema direita 60
e o meio ambiente 64, 159
paralisação do governo (janeiro de 2019) 148
políticas econômicas de 187-8
revogação de ordens executivas de Obama 61

Turquia 25, 65

União Europeia 97
programa de agricultura da 159

União Soviética, países da antiga 42, 51, 80

United Airlines (companhia aérea) 140

United Way (instituição caridosa) 190

Universidade de Harvard 54

urbanização 125, 155

utopismo liberal 70

Vale do Silício 86, 138

valor 164
transferência de 162-4

Veneza: crescimento do poder financeiro em 99

Venezuela 109

vírus 197

Vivo (empresa chinesa) 77

Wall Street 37

Washington Square, Nova York 123

Weber, Max. *A ética protestante e o "espírito" do capitalismo* 130

Wisconsin 44, 97

Wuhan, China 197-9, 202

Xangai 134

Xi Jinping 199

Xiaomi (empresa) 77

Zola, Émile 177

David Harvey em ato com ativistas do movimento Ocupe Estelita, em frente aos armazéns do Cais José Estelita. Recife, 2014.

Publicado em maio de 2024, dez anos após o ciclo de conferências "A economia política da urbanização", em que David Harvey falou a milhares de ativistas e estudantes de diversas cidades brasileiras, este livro foi composto em Adobe Garamond Pro, corpo 11/13,5, e impresso em papel Pólen Natural 80 g/m² pela gráfica Rettec, para a Boitempo, com tiragem de 4 mil exemplares.